Sabina Pauen

WAS BABYS DENKEN

Babys sind faszinierende Wesen. Es macht Spaß, sich mit ihnen zu beschäftigen. Schade, dass sie nicht sprechen können! So bleiben wir darauf angewiesen, aus ihrer Körperhaltung und Mimik, ihren Bewegungen und Lauten zu erschließen, wie es ihnen gerade geht, was sie mögen und was sie stört. Das schaffen die meisten Eltern ohne große Probleme.

Schwieriger ist es jedoch zu wissen, was für die geistige Entwicklung eines Babys förderlich ist. Wie viel Anregung und wie viel Ruhe braucht ein Säugling? Gibt es Chancen, die ein Kind verpasst, wenn man ihm in der entscheidenden Phase bestimmte Reize vorenthält? Wann ist ein Kind über- und wann ist es unterfordert? Um Fragen dieser Art beantworten zu können, muss man zunächst besser verstehen, was in den Köpfen der Babys vor sich geht.

Sabina Pauen schildert die geistigen Leistungen der ersten Monate: was Babys mit auf die Welt bringen, wie das Denken bei ihnen entsteht und was sie in ihrem ersten Lebensjahr schon wissen.

Sabina Pauen ist Professorin für Entwicklungspsychologie und Biologische Psychologie an der Universität Heidelberg. Die renommierte und mehrfach ausgezeichnete Säuglingsforscherin ist selbst Mutter von zwei Kindern, Helena und Hannah Cosima.

Sabina Pauen

WAS BABYS DENKEN

Eine Geschichte des ersten Lebensjahres

Verlag C. H. Beck

Mit 13 Schaubildern

Satz: Fotosatz Otto Gutfreund GmbH, Darmstadt
Druck und Bindung: Pustet, Regensburg
Umschlagentwurf und Umschlagbild: roland angst, berlin + stefan vogt, München
Gedruckt auf säurefreiem, alterungsbeständigem Papier
(hergestellt aus chlorfrei gebleichtem Zellstoff)
Printed in Germany
ISBN-10: 3 406 54882 2
ISBN-13: 978 3 406 54882 6

www.beck.de

Für Viola Gola,
die beste Hebamme, die sich eine Frau wünschen kann!

INHALT

EINFÜHRUNG

Babys sind für die meisten Menschen faszinierende Wesen. Es macht einfach Spaß, sich mit ihnen zu beschäftigen! Weil sie noch nicht sprechen können, bleiben wir darauf angewiesen, ihr offenes Verhalten zu deuten – aus ihrer Körperhaltung und Mimik, ihren Bewegungen und Lautäußerungen zu erschließen, wie es ihnen gerade geht, was sie mögen und was sie stört. Zum Glück hat uns die Natur gut für diese Aufgabe gerüstet: Auch wenn Eltern häufig nicht klar ist, wie sie es machen, schaffen sie es in der Regel herauszufinden, ob ihr Kind gerade Hunger, Durst, Schmerzen oder Langeweile haben könnte, spielen oder schlafen will, sich bewegen möchte oder getröstet werden muss. Dieses Verhalten bezeichnet man als *intuitives Elternverhalten (intuitive parenting)*.

Schwieriger ist es aber zu wissen, was förderlich für die geistige Entwicklung von Babys ist. Wie viel Ruhe und wie viel Anregung braucht ein Säugling? Welches Spielzeug ist in welchem Alter am besten geeignet? Gibt es Reize, denen man Säuglinge möglichst wenig aussetzen sollte? Gibt es Chancen, die ein Kind verpasst, wenn man ihm in der entscheidenden Phase bestimmte Informationen vorenthält? Wann ist ein Kind über- und wann ist es unterfordert?

Auch wenn inzwischen viele Ratgeber zu diesen Themen geschrieben wurden, bleibt es schwer, wissenschaftlich qualifizierte Antwort zu geben. Denn dazu müsste man zunächst besser verstehen, was in den Köpfen der Kleinen vor sich geht. Wir teilen die gleiche Umwelt, aber das, was Babys und Kleinkinder mit ihren Sinnesorganen wahrnehmen und wie sie es in ihrem Gehirn verarbeiten, unterscheidet sich doch deutlich von Erwachsenen.

Warum ich dieses Buch schreibe

Als ich vor zehn Jahren während eines beruflichen Aufenthalts an der Cornell University in Amerika zum ersten Mal ein Säuglingsforschungslabor betrat, war ich sehr beeindruckt: Elisabeth Spelke (sie ist inzwischen Professorin an der Harvard University) untersuchte dort, wie Babys über physikalische Phänomene denken. Bis zu meinem Besuch in ihrem Labor hätte ich mir nie vorstellen können, dass Babys überhaupt über physikalische Phänomene nachdenken – geschweige denn, dass es möglich sein sollte zu erfahren, welche Naturgesetze sie bereits anwenden, um das Verhalten von Objekten vorherzusagen.

Aufgaben zu entwickeln, mit denen man erschließen kann, wie Babys denken, ist eine große Herausforderung. Solche Aufgaben müssen einfach und ohne mündliche Anweisungen durchzuführen sein – denn man kann Säuglingen nicht erklären, was sie tun sollen. Die Aufgaben müssen für das Kind interessant sein und dürfen nicht lange dauern – sonst machen die kleinen Versuchspersonen nicht mehr mit. Messen kann man nur elementare Verhaltensweisen, die Säuglinge gut beherrschen – zum Beispiel Saugen oder Schauen. Folglich sind die Möglichkeiten, standardisierte Beobachtungssituationen zu schaffen, stark begrenzt. Wie ich in Cornell erleben durfte, lässt sich trotz dieser Einschränkungen eine große Bandbreite an Fragen untersuchen – sogar ohne allzu großen technischen Aufwand.

Zurückgekehrt nach Deutschland, habe ich zusammen mit einer Gruppe von Psychologiestudentinnen zum ersten Mal ein eigenes Baby-Experiment konzipiert und realisiert. Es brachte überraschende Ergebnisse, von denen ich später noch berichten werde. Ermutigt durch diesen positiven Start stellte ich bei der Deutschen Forschungsgemeinschaft einen umfassenderen Projektantrag. Wir hatten Glück und erhielten die benötigten Gelder – zunächst allerdings nur für ein Jahr. Die Gutachter waren skeptisch, denn diese Art von Forschung gab es in unserem Land bis dahin kaum. Unter großem Bewährungsdruck arbeiteten wir weiter – unterstützt von vielen Eltern, die mit ihren Kindern an den Versuchen teilnahmen, ohne dafür Geld zu bekommen. Gemeinsam mit einem damals noch sehr kleinen Team begann ich, mich immer tiefer in die Materie einzuarbeiten. Dann wurde ich selbst schwanger …

Die Geburt meiner eigenen Kinder (Helena und vier Jahre später Hannah Cosima) war gleich in mehrfacher Hinsicht eine Offenbarung: Zunächst lernte ich, dass es neben der Forscherperspektive auch noch die Elternperspektive gibt. Aus der Perspektive einer Wissenschaftlerin interessiert mich, wie Kinder einer bestimmten Altersgruppe in einer Versuchssituation *typischerweise* reagieren und was sich *typischerweise* mit dem Alter verändert. Aus der Perspektive der Mutter will ich verstehen, warum *mein Kind* sich so oder so verhält und was ich am besten tun kann, um seine Entwicklung zu fördern. Wichtig war auch die Erfahrung, wie unterschiedlich Kinder sind. Jede unserer Töchter hat von der ersten Lebensstunde an ihre ganz eigenen Interessen gehabt und ihren eigenen Stil, mit verschiedenen Situationen umzugehen. In vielerlei Hinsicht sind sie sich dabei bis heute treu geblieben.

Die eigene Mutterschaft hat meine Einstellung zur Säuglingsforschung maßgeblich geprägt: Ich habe erkannt, dass man sehr vorsichtig sein muss, wenn man aus wissenschaftlichen Ergebnissen, die sich normalerweise auf ganze Gruppen von Kindern beziehen, direkte Rückschlüsse auf einzelne Kindern ziehen will. Aber auch umgekehrt habe ich in meiner Rolle als Mutter von der eigenen wissenschaftlichen Arbeit profitiert: Die Beschäftigung mit Methoden und Erkenntnissen der modernen Säuglingsforschung eröffnete mir den Blick für die Möglichkeit, dass Kinder ihre Umwelt qualitativ anders wahrnehmen als wir Erwachsene und regte mich an, darüber nachzudenken, wie jedes meiner eigenen Kinder bestimmte Erfahrungen wohl verarbeiten mag.

Manchmal werde ich gefragt, ob ich durch meine wissenschaftlichen Vorkenntnisse überhaupt noch unbefangen auf meine Kinder reagieren könne oder sie stets mit dem Blick einer Forscherin als Objekte analysiere. Letzteres kann ich ohne jede Einschränkung verneinen. Die unmittelbare Beziehung zwischen meinen Kindern und mir wurde durch das Fachwissen nicht beeinträchtigt, sondern eher unterstützt.

Trotz all dieser wichtigen Einsichten, die ich in den vergangenen zehn Jahren erworben habe, muss ich jedoch bekennen, dass Babys für mich noch immer ein Rätsel sind. Auf bestimmte Art und Weise wird das wohl auch (hoffentlich) in Zukunft so bleiben. Wir müssen uns damit abfinden, dass die eigene frühe Kindheit unwiederbringlich vorbei ist und wir nie mehr direkt erleben können, wie die Welt aus der Sicht eines wenige Monate alten Säuglings aussieht. Wir können uns dieser Welt immer nur annähern, in Teilbereichen unsere Erkenntnisse erweitern und versuchen, Puzzlesteine zusammenzufügen, ohne den Anspruch erheben zu dürfen, jemals vollkommen zu verstehen, wie Säuglinge denken.

Das vorliegende Buch bietet eine Zwischenbilanz nach rund 70 Jahren Forschung zur Denkentwicklung von Säuglingen. Es versucht, den gegenwärtigen Erkenntnisstand in wissenschaftlicher, aber hoffentlich trotzdem verständlicher Form zusammenzufassen. Ich habe es geschrieben für alle, die mehr über die Anfänge menschlichen Denkens erfahren möchten. Es enthält keine Normentabellen, aus denen man ablesen könnte, ob ein Kind sich altersgemäß entwickelt, und auch keine Anleitung in dem Sinne «Wie mache ich ein Genie aus meinem Kind». Es ist für alle geschrieben, die wissenschaftlich interessiert und neugierig darauf sind, was im Kopf von Säuglingen vor sich geht. Außerdem möchte ich die Leser teilhaben lassen an der faszinierenden Einsicht, dass unser menschliche Geist sich vom ersten Lebenstag an rege betätigt und so in jedem einzelnen Kind die Voraussetzungen für den Aufbau komplexer Einsichten und differenzierter Wissensstrukturen schafft, die unser Denken als Erwachsene prägen.

Das Bild vom Säugling im historischen Wandel

Noch in der Nachkriegszeit war man der Ansicht, dass Säuglinge kaum etwas von ihrer Umwelt wahrnehmen und die meiste Zeit vor sich hin dämmern. Aus dem Bauch der Mutter wurden sie zumeist recht unsanft von Ärzten in sterilen Kitteln geholt, anschließend erst einmal kopfüber gehalten und mit einem Klaps auf den Po versehen (wenn sie nicht freiwillig von sich aus schreien wollten). Dann hat man sie gereinigt, gewogen, gemessen und so fest in Tücher eingewickelt, dass nur noch der Kopf herausschaute. Dieses eng geschnürte Bündel überreichte man schließlich wie ein fein verpacktes Geschenk mit Schleife den Müttern, die es in den ersten Tagen nach der Entbindung ohnehin nur zu Fütterzeiten sahen. Mehr schien auch nicht notwendig, denn schließlich ging man davon aus, dass die wichtigsten Aktivitäten eines Neugeborenen im Schlafen und Trinken bestanden.

In Einklang mit dieser Vorstellung richtete sich das Hauptaugenmerk von Ärzten und Müttern darauf sicherzustellen, dass ein Kind zu festen Zeiten eine definierte Menge an Flüssigkeit zu sich nahm. Man wog das Baby regelmäßig vor und nach dem Stillen, um die entsprechenden Werte anschließend in einen Protokollbogen einzutragen. Wichtig schienen auch regelmäßige Spaziergänge mit dem Kinderwagen, damit das Kind viel Sauerstoff bekam und an der frischen Luft gut schlafen konnte. Überhaupt spielten neben der Nahrung im Wesentlichen nur noch der Schlaf und die Hygiene eine zentrale Rolle. Die Kleinen durften nicht wund werden und in vielen Haushalten gehörte das Desinfektionsmittel ebenso zum Wickeltisch wie eine große Anzahl frisch gekochter Mull- und Molltontücher. Im Grunde behandelte man Babys wie kleine

Pflanzensprösslinge, die nach einem festgelegten biologischen Plan reifen, wenn man für die richtigen physikalischen Rahmenbedingungen sorgt und sie ansonsten möglichst in Ruhe lässt. Sich allzu sehr um das geistige Wohl eines wenige Wochen alten Säuglings zu kümmern, schien eher übertrieben, denn Babys «bekommen sowieso noch nicht viel mit». Zum Glück sorgte die Freude über den eigenen Nachwuchs bei den meisten Familien dafür, dass die Kleinen doch oft genug hochgenommen wurden und dass man versuchte, von Angesicht zu Angesicht mit ihnen zu kommunizieren. So erhielten sie auch ohne wissenschaftliche Empfehlungen die Anregung, die sie dringend brauchten.

Was hat sich getan seit dieser Zeit, dass unser Interesse an Säuglingen und unser Bild von ihren Fähigkeiten heute ein ganz anderes ist als damals? Im Jahr 1945 veröffentlichte René Spitz eine Studie, in der er zeigte, dass Waisenkinder in Heimen ohne genügend Ansprache und emotionale Zuwendung auch bei richtiger Fütterung, ausreichend Ruhe und sauberen Hosen nicht gedeihen konnten oder sogar starben. Diese eindrucksvolle Studie machte deutlich, dass Babys zum Überleben mehr brauchen als Nahrung, Sauberkeit und Schlaf. Was genau nötig war, blieb zunächst noch ziemlich unklar. War es der Hautkontakt mit anderen Menschen? War es die liebevolle Ansprache von Erwachsenen? Oder waren es andere geistige Anregungen?

Die Arbeiten von Spitz hatten anfangs kaum Auswirkungen auf den Umgang mit Säuglingen in der breiten Bevölkerung. Sie machten jedoch klar, dass ein Minimum an Anregung und Beziehung notwendig ist, damit ein Kind sich entwickeln kann. Das schien bedeutsam für den Umgang mit Waisenkindern und die Vermeidung von Hospitalismus, aber nicht unbedingt relevant für die Erziehung von Kindern, die normal in Familien aufwuchsen.

Auf die mögliche Bedeutung ganz früher Erfahrungen für die normale Entwicklung deuteten etwa zur gleichen Zeit Untersuchungen von Konrad Lorenz (1943) hin. Der Biologe Lorenz hatte festgestellt, dass Gänse auf die ersten Objekte, mit denen sie nach dem Schlüpfen Kontakt haben, geprägt werden können. Ob es beim Menschen auch so etwas gab? Vielleicht war es ja wichtig, dass die Mutter unmittelbar nach der Geburt engen Kontakt mit ihrem Kind haben konnte, damit zwischen beiden eine Bindung entstand?

Ausgehend von dieser Überlegung wurde in den siebziger Jahren das *Rooming-in* eingeführt. Von nun an durften Mütter ihre Kinder auf der Wöchnerinnenstation außerhalb der Fütterzeiten bei sich behalten. Auch über die Gestaltung des Geburtsvorgangs machte man sich nun mehr Gedanken. Die Kreißsäle wurden mancherorts mit warmen Wandfarben, Gardinen, Sesseln und allerlei anderen klinikfremden Gegenständen geschmückt, man diskutierte über Geburtsstellungen, Haus- und Wassergeburten – über alles, was dazu geeignet schien, Mutter und Kind eine *sanfte Geburt* und frühen Kontakt zu ermöglichen. Als neues (und bis heute gültiges) Ideal für eine gute Gestaltung der Geburt und der Säuglingszeit galt nun das Vorgehen von Naturvölkern.

Die Bemühungen, das Geburtserlebnis schön und vor allem «natürlich» zu gestalten, gehen aber nicht alleine auf die Beobachtungen von Konrad Lorenz zurück. Dazu beigetragen hat auch die Auseinandersetzung mit einer anderen Theorie, die etwa zeitgleich mit den verhaltensbiologischen Ansätzen publiziert wurde und die in Deutschland vor allem von den sechziger bis achtziger Jahren die Diskussionen über Persönlichkeitsentwicklung in einer breiteren Öffentlichkeit prägte: die Psychoanalyse. Sigmund Freud sah die Wurzeln zahlreicher Verhaltensstörungen, die er bei seinen psychiatrisch erkrankten Patienten beobachten konnte, in den Erfahrungen, die diese als Säuglinge und Kleinkinder gemacht hatten. So stellte die Geburt nach seiner Auffassung fast immer ein traumatisches Erlebnis für das Kind dar, welches sein späteres Leben negativ beeinflussen konnte. Es schien also auch aus psychodynamischen Gründen notwendig, dieser Erlebnis für das Kind so angenehm wie möglich zu gestalten.

Noch größere Bedeutung schrieb der Analytiker dem Umgang mit sexuellen Bedürfnissen von Säuglingen und Kleinkindern zu: Das Nuckeln an der mütterlichen Brust wurde als zentrale Ausdrucksform der *oralen* Sexualität von Babys begriffen und erhielt damit neben der Nahrungsaufnahme noch eine ganz andere Funktion. Kam ein Kind hier nicht hinreichend auf seine Kosten – so die Vorstellung von Freud – würde eine *orale Fixierung* entstehen. Diese konnte im Erwachsenenalter zu Essstörungen oder anderen Verhaltensauffälligkeiten führen. Die Verantwortung für die Entstehung entsprechender Störungen wurde primär der Mutter zugeschrieben. (Heute sieht die Psychoanalyse das differenzierter!) Ganz generell postulierte Freud eine weitgehende Symbiose zwischen Mutter und Kind, die sich seiner Auffassung nach nur ganz allmählich auflöst, beginnend mit der *analen Phase*, wenn das Kind im Alter von zwei bis drei Jahren erstmals versucht, Kontrolle über sich und seinen Körper zu erlangen, indem es seine Ausscheidungen selbst steuert. Auch sonst zeigt ein Kind des betreffenden Alters vielfältige Anwandlungen mitzubestimmen und tut seinen eigenen Willen oft eindringlich kund.

Sowohl aus der Perspektive des Verhaltensforschers Konrad Lorenz als auch aus der Sicht des Arztes Sigmund Freud blieben Säuglinge unselbständige Wesen, deren Reaktionen von intern gesteuerten biologischen Entwicklungsprogrammen oder Trieben einerseits und von dem Verhalten naher Bezugspersonen andererseits total abzuhängen schienen, bis sie anfingen, ihre Wünsche sprachlich zu kommunizieren und auch gegen Widerstände durchzusetzen. Erst jetzt begann nach psychoanalytischer Vorstellung die Entstehung des *Ich*.

Vertretern beider Forschungsrichtungen, der verhaltensbiologischen und der psychoanalytischen, verdanken wir eine Erkenntnis, die die weitere Forschung beflügelte: Sie wiesen mit Nachdruck darauf hin, dass schon Neugeborene sensibel auf ihre Umwelt reagieren und dass ihre Erfahrungen großen Einfluss auf ihr weiteres Leben haben können. Die Einsicht, dass der Grundstein für eine gesunde psychische Entwicklung schon in den ersten Stunden, Tagen, Wochen und Monaten des Lebens gelegt werden kann, schärfte den Blick von Erwachsenen für die Bedürfnisse Neugeborener und weckte das Interesse der Öffentlichkeit an der Frage, was genau Säuglinge zu welcher Zeit wahrnehmen und verarbeiten können.

Zunächst bekam die wissenschaftliche Bindungsforschung durch diese neue Haltung einen Schub. Ausgehend von den Arbeiten des Analytikers John Bowlby, der zwischen den fünfziger und siebziger Jahren seine zentralen Arbeiten veröffentlichte, begann man empirisch zu erforschen, wovon es abhängt, ob sich ein Kind an Mutter, Vater oder eine andere Person gebunden fühlt, welche Arten von Bindung man unterscheiden kann und welche Konsequenzen es für die weitere Entwicklung eines Menschen hat, wenn er als Kind keine sichere Bindung aufbauen konnte. Diese Art von Forschung hat entscheidend zu unserem heutigen Wissen über förderliche emotionale Rahmenbedingungen für die Betreuung von Säuglingen und Kleinkindern beigetragen. So wissen wir etwa, dass ein häufiger Wechsel der primären Betreuungspersonen (z.B. häufige Änderungen in der Unterbringung von Heimkindern) und fehlender emotionaler Bezug der Eltern bzw. anderer Betreuungspersonen zum Kind tatsächlich langfristige Fehlentwicklungen des Beziehungsverhaltens zur Folge haben können.

Entsprechende Erkenntnisse spielen für die Familienrechtsprechung, den Umgang mit Adoptionen und die Organisation von Heimen eine ebenso zentrale Rolle wie in den aktuellen Diskussionen um die Berufstätigkeit von Müttern, die Unterbringung von Kleinkindern in Krippen und den rechten Umgang mit Säuglingen zu Hause. Sie spiegeln sich wider in Fragen, auf die man in regelmäßigen Abständen kluge Antworten aus Elternzeitschriften oder Ratgeberbüchern erhält: Soll das Baby-Bettchen im Schlafzimmer stehen? Ist es wichtig, das Kind viel am Körper zu tragen? Wie viel Kontakt mit Mutter und Vater braucht ein Baby? Die Bindungsforschung ist in Deutschland vergleichsweise stark vertreten und hat zahlreiche interessante Befunde zutage gefördert. Sie erhält in jüngster Zeit neuen Aufschwung durch eine Verknüpfung mit der Frage, wie sich Bindungserfahrungen auf die Gehirnentwicklung auswirken.

Auch die Wahrnehmungs- und Denkentwicklung fand zunehmend Beachtung, allerdings zunächst nur im Ausland. Der französische Biologe und Psychologe Jean Piaget unternahm in den vierziger und fünfziger Jahren erstmals den Versuch, die Denkentwicklung von Kindern im Rahmen einer übergreifenden Theorie zu erklären, und baute dabei auf zahlreiche in seinem Tagebuch fixierte Beobachtungen des eigenen Nachwuchses auf. Piaget stellte fest, dass der Mensch schon mit bestimmten kognitiven Fähigkeiten geboren wird, wobei sich diese Fähigkeiten auf angeborene Reflexe und Wahrnehmungsschemata beschränken sollten. So ausgestattet wurden Kinder von der ersten Lebensstunde an als aktive «Konstrukteure der Wirklichkeit» interpretiert. Piagets Theorie spielt bis heute eine zentrale Rolle in der Entwicklungspsychologie und der Pädagogischen Psychologie, obwohl zahlreiche Einzelphänomene, die der Autor beschrieben hat, mittlerweile anders erklärt werden als dies seine Theorie nahe legt. Für die weitere Forschung besonders inspirierend waren die vielen unterschiedlichen Beobachtungssituationen, die sich Piaget ausgedacht hatte, um das Denken seiner Kinder zu untersuchen. Ein Beispiel mag an dieser Stelle genügen, um dies zu illustrieren:

Piaget verband das Beinchen seiner Tochter Jacqueline durch eine Schnur mit einem Mobile, das über ihrem Bettchen aufgehängt war und beobachtete, wie sich das Strampeln von Jacqueline veränderte. Er stellte fest, dass seine Tochter nach kurzer Zeit zunehmend Freude daran gewann, das Mobile durch ihre Körperbewegungen zum Tanzen zu bringen. Mit Hilfe dieser einfachen Aufgabe untersucht man heute das Gedächtnis für Handlungen bei Säuglingen, indem man analysiert, wie viele Tage sich das Kind an den Zusammenhang zwischen Strampeln und Mobile-Tanz erinnert oder unter welchen Umständen es eine entsprechende Erfahrung auf neue Situationen überträgt (dazu später mehr ...). Piagets Beschreibungen deuteten erstmals an, dass man auch mit Kindern im vorsprachlichen Alter experimentieren kann. Gleichzeitig wandelte sich das Bild vom Säugling als einem passiven, abhängigen Bündel hin zu einem aktiven Wesen, das schon früh damit beginnt, über seine Umwelt nachzudenken und seinen Umgang mit Reizen selbst zu steuern.

So kommt es, dass die heutige Bindungsforschung sich verstärkt für die Analyse von *Interaktionsmustern* in standardisierten Beobachtungssituationen zwischen Kindern und ihren primären Bezugspersonen interessiert, und nicht mehr nur fragt, welches Verhalten Mütter bzw. Väter zeigen müssen, damit eine gute Bindung entstehen kann. So kommt es aber auch, dass man mehr über die Fähigkeiten erfahren möchte, mit denen Babys zur Welt kommen. Mögen Neugeborene bestimmte Stoffe lieber riechen oder schmecken, bestimmte Dinge lieber anschauen, bestimmte Töne, Klänge, Geräusche, Stimmen lieber hören als andere? Können sie durch Beobachtung lernen und sich bewusst an Dinge erinnern?

Um solche Fragen untersuchen zu können, braucht man spezielle Methoden, deren Entwicklung in den sechziger Jahren ihren Anfang nahm. Es begann die Phase der *experimentellen Säuglingsforschung*. Das vorliegende Buch wird vor allem von Befunden dieser Forschung berichten, denn sie hat unsere heutige Sichtweise vom Baby entscheidend verändert. Es ist die Rede vom «Forschergeist in Windeln» oder vom «Kompetenten Säugling» (so zwei bekannte Buchtitel). Das Kind wird als Wesen verstanden, dem die Natur bei der Geburt soziale und kognitive Fähigkeiten mitgegeben hat und das seine Umwelt von Beginn des Lebens an aktiv mitgestaltet und erforscht.

Die teilweise überraschenden Hinweise auf früh vorhandene Fähigkeiten, Informationen komplex zu verarbeiten, haben in den vergangenen Jahren zu einer neuen «Denkmode» geführt, die man in Amerika mit dem Begriff *early compe-*

tence view beschreibt. Viele Forscher wollen zeigen, dass Säuglinge sehr frühzeitig Dinge können, von denen man bislang meinte, sie seien Errungenschaften der späteren Kindheit. Auf der anderen Seite formiert sich die Gruppe der Gegner dieser Sichtweise. Hier weist man auf Unzulänglichkeiten im methodischen Vorgehen und auf voreilige Schlussfolgerungen von Wissenschaftlern hin, die Säuglingen früh sehr viel zutrauen. Damit sind wir heute an einem Punkt angelangt, an dem heftig diskutiert wird, was Babys tatsächlich geistig leisten können und wo die Interpretationen der Säuglingsforscher möglicherweise zu weit gehen.

Neue Impulse kommen inzwischen auch aus anderen Fachgebieten, wie etwa aus der Tierforschung und der Neuropsychologie. Immer mehr Entwicklungspsychologen vergleichen das Verhalten von Säuglingen mit dem von Affen, um zu erfahren, in welchen Bereichen Parallelen und Unterschiede in der Denkentwicklung zu verzeichnen sind. Aber auch Erkenntnisse über die Zusammenhänge zwischen der Reifung bestimmter Hirnstrukturen und ihrer funktionalen Bedeutung für das menschliche Verhalten beeinflussen Versuche, das Denken von Babys in seiner Entwicklung zu verstehen. Es wird spannend sein zu verfolgen, wie sich unser Bild vom Säugling unter diesen Einflüssen in den nächsten 50 Jahren verändert.

Was den Leser erwartet

Das vorliegende Buch will den aktuellen Erkenntnisstand zur Denkentwicklung von Säuglingen zusammenfassen. Besonders wichtig ist es mir, meine Analyse weder unter die Überschrift zu stellen: «Es kann nicht sein, was nicht sein darf» (nämlich, dass Babys bereits im vorsprachlichen Alter denken), noch möchte ich mich an der Stärkung des Mythos vom «kleinen Einstein in Windeln» beteiligen und Säuglinge mit Wissenschaftlern gleichsetzen. Vielmehr geht es mir darum, die Kompetenzen und Inkompetenzen von Babys möglichst genau zu beschreiben. Außerdem liegt es mir am Herzen, die Denkentwicklung nicht als ein isoliertes Phänomen darzustellen, sondern Bezüge zwischen der Wahrnehmungsentwicklung, der motorischen Entwicklung, der sozialen Entwicklung *und* dem Denken deutlich zu machen. Schließlich hat die Veränderung geistiger Prozesse immer auch etwas damit zu, welche Ausschnitte der Wirklichkeit wir überhaupt wahrnehmen können, welche konkreten Handlungsmöglichkeiten wir tatsächlich haben und wie wir mit anderen Menschen kommunizieren.

KAPITEL 1

WAS BRINGEN BABYS MIT AUF DIE WELT?

Es ist kein Geheimnis, dass Kinder mit Augen zum Sehen, Ohren zum Hören und weiteren Sinnesorganen geboren werden. Was aber nehmen sie genau wahr? Und wie verarbeiten sie diese Information weiter? Welche Rolle spielt die Motorik für den Aufbau von Denkstrukturen? Wer solche Fragen beantworten möchte, muss sich zunächst dafür interessieren, mit welchen Fähigkeiten Babys auf die Welt kommen. Das vorliegende Kapitel soll erste Einblicke geben und macht zugleich deutlich, dass eine strikte Trennung zwischen Wahrnehmung, Handeln und Denken nicht sinnvoll ist.

Bewegung

Ein augenscheinliches Merkmal aller Lebewesen besteht darin, dass sie sich von alleine bewegen können. Erst Bewegung versetzt uns in die Lage, auf unsere Umwelt aktiv einzuwirken. Wenn man sich einmal klar macht, dass unser Gehirn vor allem dazu da ist, diesen aktiven Austausch mit der Umwelt zu optimieren, dann wird verständlich, warum Entwicklungpsychologen lange davon ausgingen, die motorische Entwicklung sei eine entscheidende Voraussetzung für die Denkentwicklung. Das wird besonders anschaulich in dem Ausdruck: «Begreifen kommt von Greifen.» Auch wenn die moderne Säuglingsforschung hier eine wesentlich differenziertere Haltung einnimmt, bleibt es richtig, dass man die Denkentwicklung letztlich nur verstehen kann, wenn man auch über die motorische Entwicklung gut Bescheid weiß. Den Ausgangspunkt bilden dabei die Reflexe.

Reflexe

Der Körper von Neugeborenen ist durch die Evolution und die Reifung im Mutterleib darauf vorbereitet, bestimmte Reize mit ganz bestimmten Reaktionen zu beantworten. Solche angeborenen Reiz-Reaktionsketten nennt man auch *Reflexe.* Wie schon in der Einleitung angedeutet, hat die motorische Entwicklung nach Auffassung von Jean Piaget eine zentrale Bedeutung für den Beginn der Denkentwicklung, weil Denken ein aktiver Prozess der Konstruktion von Wirklichkeit ist. Und tatsächlich lässt sich feststellen, dass Reflexe das Baby von Geburt an in die Lage versetzen, sich aktiv in Bewegung mit seiner Umwelt auseinander zu setzen.

Man unterscheidet mehr als zehn verschiedene Neugeborenen-Reflexe. Manche davon bleiben ein Leben lang erhalten, andere verlieren sich nach wenigen Wochen wieder. Bei einigen weiß man, wofür sie gut sind, bei anderen kann man nur darüber spekulieren. Sind einzelne Reflexe beim Neugeborenen gar nicht vorhanden oder verschwinden sie nicht zur rechten Zeit, kann das ein Zeichen für neurologische Fehlentwicklungen sein. Aus diesem Grund bestimmen Ärzte bei allen Säuglingen auf der Geburtsstation u.a. den *Reflexstatus.*

Zu den wichtigen Neugeborenen-Reflexen gehören jene, die für die Nahrungsaufnahme benötigt werden: Sobald das Baby auf einer Seite sanft an der Backe berührt wird, wendet es sein Köpfchen in die entsprechende Richtung und öffnet gleichzeitig den Mund. Dieses Verhaltensmuster nennt man *Wangensuchreflex;* es erleichtert das Finden der mütterlichen Brust. Sobald dann die Lippen die Brustwarze (oder einen anderen Gegenstand) umschließen, wird der *Saugreflex* ausgelöst. Zeitlich gekoppelt an diesen Vorgang ist der *Schluckreflex.* Beide Verhaltensmuster garantieren in Kombination, dass Milch in den Mund des Kindes gelangt und den richtigen Weg in die Speiseröhre findet. Auch wenn das Stillen nach einigen Wiederholungen zumeist besser funktioniert als am Anfang, scheint doch beachtlich, dass die meisten Neugeborenen schon beim ersten Anlegen gut trinken können. Die dafür wichtigen motorischen Programme sind komplex und spielten bereits vor der Geburt eine zentrale Rolle. So lässt sich etwa beobachten, dass Babys im Mutterleib am Daumen saugen. Wahrscheinlich hilft der Wangensuchreflex schon hier, den Daumen zu finden. Und auch das Schlucken (zunächst von Fruchtwasser) wird bereits geübt, bevor das Kind das Licht der Welt erblickt. So ist der Körper bestens vorbereitet, wenn es ernst wird.

Weil die Atmung beim Schluckvorgang automatisch unterdrückt wird, verschluckt sich das Baby selten. Wie das Schlucken, so funktioniert auch das Atmen von alleine – ohne dass wir darüber nachdenken müssen. Diese Verhaltensweisen werden vom Stammhirn gesteuert und sind ebenfalls schon beim Fötus beobachtbar. Während der Schwangerschaft trainiert das Kind seine Lungenmuskulatur, indem es Fruchtwasser einatmet. Sobald der Geburtsvorgang beendet ist und das Kind zum ersten Mal mit Sauerstoff in Kontakt kommt, setzt bei einem gesunden Baby der *Atemreflex* ein, der das ganze Leben erhalten bleibt. Trotzdem gibt es Situationen, in denen das Kind aufhört zu atmen. Das gilt etwa für den *plötzlichen Kindstod*, der in westlichen Industrienationen die häufigste Todesursache bei Säuglingen darstellt. Immerhin 40 Prozent aller Kinder, die im Säuglingsalter sterben, erhalten die Diagnose Plötzlicher Kindstod.

Als ein möglicher Grund für den plötzlichen Kindstod werden neurologische Probleme diskutiert, bei denen das Baby unter Sauerstoffmangel ein Verhaltensprogramm abruft, das nur im Mutterleib adaptiv ist: Wenn ein Fötus zu wenig Sauerstoff über die Nabelschnur bekommt (z.B. weil die Mutter raucht oder unter Stress steht), reduziert er alle Aktivitäten einschließlich der Atmung und bewegt sich kaum, damit die

Muskeln möglichst wenig Sauerstoff verbrauchen und das Gehirn als wichtigste Schaltzentrale weiterhin gut versorgt bleibt. Das lässt sich per Ultraschall beobachten. So sinnvoll dieses Verhalten vor der Geburt ist, so kontraproduktiv ist es außerhalb des Mutterleibes: Ein Baby, dem die Decke über den Kopf gerutscht ist oder das aus einem anderen Grund in seiner Atmung behindert wird, müsste aktiv sein und strampeln, um die Ursache des Sauerstoffmangels zu beseitigen. Diese Defensivreaktion erfolgt beim älteren Kind automatisch. Ebenso dreht ein Baby, das auf dem Bauch liegt, normalerweise reflexhaft den Kopf zur Seite, um nicht auf dem Gesicht zu liegen und die Atemwege frei zu bekommen *(Kopfwendereflex)*. Ferner führt Sauerstoffmangel bei Kindern und Erwachsenen normalerweise zu verstärkter Atmungsaktivität. Läuft bei einem Neugeborenen, das im Schlaf zu wenig Sauerstoff erhält, jenes Verhaltensprogramm ab, das vor der Geburt sein Überleben sicherte, dann kann das Kind unbemerkt ersticken. Es zeigt eben keine Defensivreaktionen und keinen Kopfwendereflex, sondern reduziert stattdessen alle Aktivitäten. Statistisch gesehen passiert das etwa genauso oft im Bett der Eltern wie im eigenen Bettchen. Das Kind stirbt unbemerkt, weil es äußerlich ganz ruhig bleibt und weder strampelt noch schreit.

Es scheint auffällig, dass der plötzliche Kindstod besonders oft auftritt, wenn die Mütter während der Schwangerschaft viel geraucht haben, was zu einer reduzierten Sauerstoffversorgung des Fötus führt. Kinder von Raucherinnen kommen vor der Geburt also regelmäßig in die Situation, ihre Aktivität reduzieren zu müssen, damit das Gehirn keinen Sauerstoffmangel erleidet. Möglicherweise wächst damit die Wahrscheinlichkeit, das gleiche Verhalten auch nach der Geburt zu zeigen und sich selbst akut zu gefährden. Allerdings passt eine andere Beobachtung nicht so gut zu dieser Erklärung: Der plötzliche Kindstod tritt vergleichsweise selten in den ersten Wochen nach der Geburt auf, sondern meist zwischen dem vierten und sechsten Lebensmonat, zu einer Zeit also, wenn das Kind eigentlich schon an die neuen Überlebensbedingungen angepasst sein sollte.

Über die Ursachen des plötzlichen Kindstods wurde in den vergangenen Jahren viel nachgedacht. In der Fachliteratur finden sich auch noch andere Erklärungsansätze, etwa die Idee, dass ein Bakterium *(Heliobacter)* die Atemprobleme verursacht. Es ist auch gut möglich, dass es gar keine einheitliche Erklärung gibt, sondern verschiedene Gründe parallel in Betracht kommen. In jedem Fall rät man jungen Eltern heute, auf das Rauchen im Schlafraum des Kindes zu verzichten (besser ganz aufzuhören!) und ihr Kind nicht in Bauchlage schlafen zu lassen oder anders in die Gefahr zu bringen, dass es von außen in seiner Atmung behindert wird. Schlafen an der frischen Luft – das wussten schon die Großmütter – ist dagegen sehr gesund.

Obwohl die Atmung im Allgemeinen unbewusst erfolgt und über das Stammhirn gesteuert wird, lässt sie sich prinzipiell schon früh willentlich beeinflussen. So kann man beobachten, dass manche Säuglinge und Kleinkinder die Luft anhalten, wenn ihnen etwas nicht gefällt – zuweilen sogar so lange, bis sie blau anlaufen. Es scheint, als würden sie den Vorgang aktiv einleiten, dann aber nicht selbst stoppen können. Man muss sie in solchen Situationen erschrecken (z.B. mit lautem Klatschen oder kaltem Wasser), damit sie wieder weiter atmen können.

Die Luft anzuhalten ist eine Fähigkeit, die jedes Baby normalerweise mit auf die Welt bringt. Auch hier handelt es sich um ein Verhalten, das unter bestimmten Umständen reflexhaft auftritt und dann sehr nützlich ist – so etwa, wenn der Kopf unter Wasser taucht. Selbst Neugeborene stoppen in diesen Fällen sofort das Atmen und können mehrere Sekunden unter Wasser bleiben, ohne es zu inhalieren. Wenn das Stammhirn eines Kindes nicht richtig schaltet und der Atemreflex nicht funktioniert, dann hat das zwangsläufig fatale Folgen für das Gehirn und den gesamten Organismus. Schließlich ist die Versorgung mit hinreichend Sauerstoff für das Überleben und eine gesunde Funktionsweise des Gehirns entscheidend.

Eine Reihe von anderen Reflexen haben etwas mit der Fortbewegung zu tun. So etwa der *Schwimmreflex*, der auch auf dem Trockenen ausgelöst werden kann. Liegt das Kind auf dem Bauch und wird sanft am seitlichen Rücken oberhalb der Taille gestreichelt, dann dreht es seinen Unterkörper in Richtung der Seite, an der es berührt wurde, fast so, als wolle es sich im Wasser schlängeln. Berührt man die Fußsohlen, während es auf dem Bauch liegt, dann versucht es, die Beine anzuziehen *(Krabbelreflex)*. Beim *Standreflex* wird das Kind aufrecht über eine Tischoberfläche gehalten. Wenn es mit den Füßen die Oberfläche berührt, spannt das Kind die Beinmuskulatur an, um sein Gewicht abzufangen. Beugt man das Baby im Stehen ein wenig nach vorne, ist der *Schreitreflex* zu sehen: Das Kind hebt und senkt abwechselnd den rechten und linken Fuß – genau wie beim Gehen.

Wie man sehen kann, sind später entwickelte Motorikprogramme in einer primitiven Form bereits beim Neugeborenen feststellbar. Allerdings führt die wiederholte Auslösung der genannten Reflexe nicht dazu, dass Kinder früher bewusst und gezielt schwimmen, stehen oder gehen lernen, denn die Steuerung erfolgt in beiden Fällen nicht über die gleichen neuronalen Schaltkreise im Gehirn. Kurse in Babyschwimmen fördern vor allem das Wohlbefinden von Müttern und Kinder, weil es schön ist, sich gemeinsam im Wasser zu bewegen, und sie können auch dazu beitragen, dem Kind die Scheu vorm offenen Wasser (jenseits der Badewanne) zu nehmen, aber sie sollten nicht als Schwimmtraining missverstanden werden.

Man vermutet, dass die angeborenen Bewegungsprogramme Teil des Erbes unserer tierischen Vorfahren sind. Da der Mensch sein Verhalten aber vor allem über das Großhirn (den *Kortex*) steuert, werden die ursprünglich vom Stammhirn gesteuerten Abläufe allmählich durch erfahrungsbasierte Prozesse abgelöst. Man spricht auch davon, dass *kortikale* Prozesse die *subkortikalen* Prozesse zunehmend ablösen. Das sieht man gut am Beispiel des Schwimmens: Neugeborene und Babys paddeln im Wasser wie kleine Hunde, während sie später lernen müssen, die Arme und Beine in ganz anderer Weise aufeinander abgestimmt zu bewegen, um sich auf Dauer ohne zu großen Energieaufwand über Wasser halten zu können. Dieses Lernen setzt normalerweise nicht vor dem dritten Lebensjahr ein. Beim Babyschwimmen lernen Kinder nicht, den Kopf über Wasser zu halten, sondern eigentlich viel eher, zu tauchen und zu paddeln.

Evolutionär betrachtet sind Säuglinge Traglinge – Wesen also, die zunächst von Artgenossen über Land fortbewegt werden und sich anders als viele Säugetiere nicht sofort auf die eigenen Füße stellen. Für das Überleben sind damit vor allem solche Reflexe wichtig, die garantieren, dass das Baby den Körperkontakt zur tragenden Person nicht verliert. Das gilt auch für den *Greifreflex*, der durch Berührung der Handinnenfläche ausgelöst wird. Neugeborene, die mit beiden Handinnenflächen eine Stange berühren, greifen diese mitunter so fest, dass man sie an der Stange hoch halten kann. Von sich aus lassen sie kaum los. Eine ähnliche, wenn auch weniger gut sichtbare Bewegung wird von den Füßen ausgeführt, wenn man Neugeborene an den seitlichen Fußsohlen streichelt. Zunächst spreizen die Kleinen ihre Zehen, um sie dann unter Krümmung des Fußes einzukrallen *(Babinsky-Reflex)* – fast so, als wollten sie sich mit den Zehen an etwas klammern. Ob das die ursprüngliche Funktion dieses Verhaltensmusters ist, weiß man allerdings nicht sicher.

Ein weiterer Reflex wird ebenfalls mit der Rolle von Babys als Traglingen in Verbindung gebracht: der *Moro-Reflex*. Hält man ein Neugeborenes hoch und nimmt kurzfristig die Unterstützung vom Rücken weg, so dass das Baby nach hinten zu fallen droht, dann führt es eine Umarmungsbewegung aus und spreizt dabei die Hände, um etwas zu finden, das ihm Halt geben könnte. Solche Bewegungen machen Neugeborene auch oft, wenn man sie in die Badewanne legt. Hier hat uns die Natur einmal mehr mit Reflexen ausgestattet, die wir heute faktisch gar nicht mehr benötigen, die aber noch für unsere nächsten Verwandten (z.B. Gorillas) eine zentrale Rolle spielen.

Neben Reflexen, die für die Regulierung der Zufuhr von Nahrung und Sauerstoff verantwortlich sind, oder solchen, die etwas mit Fortbewegung oder Festhalten zu tun haben, gibt es noch eine Gruppe, die man mit der Wahrnehmung in Verbindung bringt: Dies gilt zum Beispiel für den *tonischen Nackenreflex*. Wenn man den Kopf eines Neugeborenen auf eine Seite dreht, wird es seinen Arm in die Richtung strecken, in die der Kopf gedreht wurde, und den anderen Arm nach oben ziehen. Denkbar ist, dass hier die Koordination zwischen Kopf- und Armmuskulatur vorgeprägt ist, denn immer, wenn ein Kind etwas greift, wird es zunächst seine Augen (und damit den Kopf) auf das Zielobjekt richten, um anschließend seinen Arm und seine Hand in die betreffende Richtung auszustrecken.

Von Reflexen zu willentlich gesteuerten Handlungen

Reflexe werden nicht gelernt, sondern das Baby bringt sie mit auf die Welt. Ihre Ausführung variiert zwischen einzelnen Kindern und auch zwischen unterschiedlichen Messzeitpunkten bei ein und demselben Kind – zum Beispiel hängt sie davon ab, wie wach das Baby zum Zeitpunkt der Untersuchung ist. Aufgrund dieser Varianz vermutet man, dass die meisten Neugeborenen-Reflexe nicht vom nur Stamm- oder Mittelhirn gesteuert werden, sondern dass auch die Großhirnrinde – also der *Kortex* – beteiligt ist, wenn auch in geringerem Umfang als bei bewussten Handlungen, die erst später auftreten.

Insbesondere jene Reflexe, die mit der Fortbewegung und Sicherung von Körperkontakt zusammenhängen, verschwinden irgendwann zwischen dem sechsten und neunten Lebensmonat. Viele werden abgelöst durch willentlich gesteuertes Verhalten, das dem Reflexverhalten äußerlich ähnelt. Auffällig ist diese Entwicklung beim Greifreflex: Wenn ein Neugeborenes greift, kann es von sich aus kaum loslassen (denn für diesen Teil des Verhaltens gibt es kein automatisches Programm). Auch scheint die visuelle Kontrolle ohne Bedeutung für die Ausführung des Verhaltensmusters: Gegriffen wird, was die Handinnenflächen berührt, nicht etwa, was das Kind vorher angeschaut hat oder haben möchte. Beim bewussten Greifen ist das ganz anders: Hier spielen die Kontrolle durch die Augen und die Absicht des Greifers eine zentrale Rolle. Das Kind kann zum Beispiel nach einem sich bewegenden Objekt greifen und die Öffnung seiner Hand der Größe und Art des Gegenstandes anpassen. Auch fällt es ihm nun nicht mehr schwer, einen einmal gegriffenen Gegenstand wieder loszulassen. Dieses Verhalten ist eindeutig vom Großhirn gesteuert.

Man geht inzwischen davon aus, dass die zunehmende Reifung motorischer Bereiche des Großhirns während der ersten Lebensmonate allmählich zur Überformung der Neugeborenen-Reflexe führt. Sobald die gleiche Handlung willentlich kontrolliert ausgeführt werden kann, sind die reinen Reflexprogramme nicht mehr wichtig und treten in den Hintergrund. Manche können unter Umständen auch wieder aktiviert werden (z.B. bei neurologischen Störungen), aber in der Regel steht nun das bewusst kontrollierte Verhalten im Vordergrund. Ausnahmen stellen der Schluckreflex, der Atemreflex und die Defensivreaktion dar, die uns ein Leben lang erhalten bleiben.

Versucht man, das bislang Gesagte in einem Satz zusammenzufassen, so lässt sich feststellen, dass Neugeborene mit einer recht breiten Auswahl von Verhaltensprogrammen auf die Welt kommen, die es ihnen vom ersten Atemzug an ermöglichen, durch eigene Bewegung Erfahrungen zu machen und mit ihrer Umwelt zu interagieren. Ein Teil dieser Reflexe ist lebensnotwendig, ein Teil evolutionäres Erbe ohne wesentliche Bedeutung für menschliche Babys, die in unserer Kultur aufwachsen, und ein dritter Teil bereitet Wahrnehmung und Denken mit vor.

Assimilation und Akkomodation in der Bewegung

Verschiedene Reflexe bilden nach Auffassung von Jean Piaget, der bereits in der Einleitung als einer der Väter der kognitiven Säuglingsforschung vorgestellt worden war, die Grundlage des frühkindlichen Denkens. Piaget beschreibt die Anwendung von Reflexen, wie etwa dem Saugreflex, als *Kreisreaktionen*, weil das Kind immer wieder neu angeregt wird, das gleiche Verhalten zu wiederholen. Solche Kreisreaktionen können gleich in zweifacher Hinsicht neue Erfahrungen vermitteln: Zum einen *assimiliert* das Baby ein gegebenes Objekt an seine Reflexschemata. Damit ist gemeint, dass es das Objekt seinen Handlungsmöglichkeiten anpasst, indem es zum Beispiel alles greift, was seine Handinnenflächen berührt – egal, um was es sich handelt. Dieses Verhalten gibt dem Kind die Gelegenheit, etwas über die Beschaffenheit verschiedener Dinge zu lernen (Was fühlt sich wie an?). Gleichzeitig wird das Baby gezwungen, sein Verhalten an die Eigenschaften des Objektes anzupassen: Es wird seine Hand zum Beispiel mehr oder weniger weit öffnen, je nachdem, ob es einen großen oder kleinen Gegenstand greift. Piaget würde sagen, es *akkomodiert.*

Von Anfang an führen motorische Reflexhandlungen zu einem komplexen Wechselspiel zwischen Anpassung der Umwelt an die eigenen Verarbeitungsstrukturen *(Assimilation)* und Anpassung der eigenen Aktivitäten an die Notwendigkeiten der Umwelt *(Akkomodation).* Aus dem Wechselspiel dieser beiden Grundprinzipien resultiert nach Piaget die gesamte geistige Entwicklung des Menschen – von der Ausführung einfacher Reflexhandlungen bei Babys bis zur Entwicklung von Theorien und abstrakten Modellen durch erwachsene Wissenschaftler.

Es liegt auf der Hand, dass bestimmte Reflexe für Prozesse der geistigen Entwicklung bedeutsamer sind als andere. So können der Greif- und der Saugreflex auf ganz verschiedene Aspekte angewendet werden. Das Kind kann etwas über Teile des eigenen Körpers, des Körpers anderer Personen, irgendwelche Spielzeuge und Objekte erfahren, indem es sie greift oder an ihnen saugt. Anders verhält es sich beim Atemreflex, der sich ausschließlich auf das Element Luft bezieht und vergleichsweise wenig Anhaltspunkte für Akkomodationsprozesse bietet. Das Kind kann allerdings schnell oder langsam, tief oder flach atmen, je nachdem, ob es mit Gerüchen konfrontiert ist, die ihm behagen oder nicht. Die Atmung ist vor allem wichtig, um das Gehirn mit Sauerstoff zu versorgen, aber das Greifen und Saugen haben neben der Funktion, das Überleben zu sichern, auch noch eine Bedeutung für die Entwicklung kognitiver Fähigkeiten. Sie vermitteln zunächst taktile Erfahrungen: Der Säugling fühlt mit der Zunge oder mit der Haut die Oberfläche des Gegenstandes und erhält Rückmeldungen über die Stellung seiner Gelenke sowie die Spannung seiner Muskeln, während er an dem Gegenstand saugt oder ihn greift. Diese Art von Information erlaubt es dem Baby, ein eigenes Körperschema aufzubauen und vermittelt darüber hinaus auch Informationen über die Umwelt.

Meilensteine der motorischen Entwicklung

Noch stärker wird die Bedeutung der Motorik für die geistige Entwicklung deutlich, wenn man sich anschaut, wie es in Bezug auf die körperliche Entwicklung weiter geht: Das willkürliche Greifen, bei dem das Kind lernt, ein Objekt gezielt anzufassen und wieder loszulassen, funktioniert unter Kontrolle der Augen. Folglich muss die Steuerung der Augenbewegung irgendwie mit der Steuerung der Körpermotorik kombiniert werden. Das ist ein hoch komplexer Vorgang, an dem gleich mehrere Bereiche des Gehirns beteiligt sind. So etwa die *Sehrinde*, auch *visueller Kortex* genannt, der *cinguläre Kortex*, der *prämotorische* und *motorische Kortex* und das Kleinhirn, auch *Cerebellum* genannt. Die Feinabstimmung zwischen diesen verschiedenen Bereichen, die sich auch räumlich über das Gehirn verteilen, ist bei der Geburt noch nicht voll entwickelt. Deshalb ist das gesteuerte Greifen in der Regel nicht vor dem dritten Lebensmonat festzustellen. Trotzdem lässt sich schon sehr früh beobachten, dass das Kind versucht, seinen Arm in Richtung auf ein interessantes Spielzeug auszustrecken, im Normalfall allerdings mit geschlossener Faust. Das Greifen macht nach dem dritten bis vierten Lebensmonat rasche Fortschritte. Zunächst lernt das Kind mit etwa sechs bis sieben Monaten, Objekte mit der ganzen Hand auf einmal zu «grabschen». Allmählich wird dann aber die Aktivität des Daumens und der restlichen vier Finger getrennt, wobei letztere noch nicht einzeln, sondern nur zusammen bewegt werden (ca. acht bis neun Monate). Mit einem Jahr schließlich kann das Kind dann sogar mit Daumen und Zeigefinger den Pinzettengriff ausführen und Perlen oder andere kleine Gegenstände fassen.

Neben der Kontrolle über den Nahraum erweitert das Baby zunehmend auch die Kontrolle über den Fernraum. Am Anfang lernt es, auf dem Bauch liegend sein Köpfchen zu heben und seine Nackenmuskeln anzuspannen. Das ist ganz wichtig dafür, dass es interessanten Dingen in seiner Umgebung mit dem Blick folgen kann; denn wenn sich die Ausrichtung des Kopfes gezielt steuern lässt, gewinnt das Kind die Freiheit auszuwählen, welchen Ausschnitt aus seinem unmittelbaren Umfeld es gerne betrachten möchte. Das ist zunächst noch unglaublich anstrengend und gelingt nur für kurze Zeit. Mit der Fähigkeit, sich auf die eigenen Arme zu stützen, wird diese Kompetenz noch weiter ausgebaut. Gleichzeitig dient das Aufstützen der Arme als Vorbereitung auf den ersten Schritt zur Bewegung im Raum: das Rollen. Es ist immer wieder erstaunlich zu sehen, wie weit sich ein Baby, das unbedingt an ein bestimmtes Objekt gelangen will, vom Ort, an dem man es auf den Boden gelegt hat, entfernt, wenn man es einen Moment lang unbeaufsichtigt lässt.

Ein weiterer Meilenstein der motorischen Entwicklung besteht im aufrechten Sitzen. Die Welt sieht einfach ganz anders aus, wenn man selbständig sitzen und den Kopf drehen kann. Dass dieser Schritt überaus bedeutsam für Säuglinge ist, kann man ungefähr erahnen, wenn man darauf achtet, wie Babys auf den Austausch des Kinderwagens gegen einen Buggy reagieren. Im Kinderwagen gibt es nur einen vergleichsweise langweiligen Ausschnitt der Wirklichkeit zu sehen: Himmel, Wolken, Gesichter. Weil sich die meisten Babys schnell langweilen, hängen viele Eltern ihnen buntes Holzspielzeug über den Wagen, damit sie wenigstens etwas zum Greifen und Schauen haben. Das Leid hat jedoch ein Ende, sobald das Kind zum ersten Mal aufrecht im Buggy oder im Kinderwagen sitzt. Nun eröffnet sich ihm eine bunte Welt von Häusern, Straßen, Menschen, Tieren, Bäumen und anderen Dingen, die das Kind mit Spannung beobachtet.

Das Sitzen ist prima, wenn man dabei herumgefahren wird, aber zu Hause nützt einem das nicht viel. Da muss man selbst mobil werden, wenn man etwas erleben will. Die nächsten Schritte sind für die meisten Babys der Vierfüßlerstand und das Krabbeln. Mit dem Krabbeln eröffnet sich die nächste Dimension der häuslichen Erfahrung. Das Kind kann sich auf einer Ebene frei zwischen verschiedenen Räumen hin und her bewegen, es kriecht in Schränke, unter Sofas und erforscht seine Umwelt mit zunehmendem Eifer. Wenn es gegen Ende des ersten Lebensjahres lernt, sich hochzuziehen, aufrecht zu stehen und schließlich auch zu gehen, kann es Dinge, für die es sich besonders interessiert, herumschleppen, der Mama zeigen oder vor Papa verstecken. An dieser Stelle wird deutlich, dass ein Verständnis der Anfänge des Denkens zweifelsohne verknüpft ist mit der Frage, wie sich das Bewegungsverhalten entwickelt. Die zunehmende Fähigkeit, sich im Raum zu bewegen und Objekte aktiv zu untersuchen, erweitert den Erfahrungshorizont eines Babys entscheidend.

Piaget interpretiert die Intelligenzentwickung als einen aktiven Prozess, bei dem das Baby auf konkretes Handeln angewiesen ist, um ein Bild der Wirklichkeit aufzubauen. Das Denken ist nach dieser Auffassung verinnerlichtes Handeln. Diese Überzeugung findet augenscheinliche Bestätigung durch die Beobachtung, dass Gesten ebenso der Verständigung dienen können wie Worte. Kleine Kinder zeigen großes Geschick darin, ihren Eltern auch ohne Worte mitzuteilen, was sie möchten. So versteht jeder Erwachsene die Geste der nach oben geöffneten Hand, die in Richtung auf ein gewünschtes Objekt zeigt und im Wechsel geöffnet und geschlossen wird. Sie steht für «haben wollen» und ist bei älteren Babys durchaus weit verbreitet (häufig gekoppelt mit einem meckerigen Stöhnlaut, der in Abhängigkeit von der Dringlichkeit des Bedürfnisses in seiner Lautstärke variieren kann). Dass es sich dabei um einen Vorläufer der späteren Aussage: «Ich möchte X haben!» handelt, scheint eindeutig, aber ob man tatsächlich von einer Vorstufe des Sprechens reden sollte, ist noch nicht ganz klar. Neuere Befunde der Hirnforschung scheinen diese Vermutung zu untermauern. Sie zeigen, dass ähnliche Bereiche des Gehirns aktiv sind, wenn man sich mit Gesten wie wenn man sich mit Worten verständigt (konkret: das *Broca-Areal*). Aber es gibt auch gute Gründe, dieser These mit Skepsis zu begegnen: Kinder, die in ihren Handlungsmöglichkeiten stark eingeschränkt sind (z.B. weil ihnen beide Hände oder Arme fehlen, mit denen typischerweise viel gestikuliert wird), lernen genauso gut sprechen und denken wie Kinder ohne entsprechende Behinderung.

Piaget stellt sich vor, dass Kinder Vorgänge, die sie in ihrer Umwelt beobachten, vor allem aber Handlungen der eigenen Person oder anderer Menschen erst einmal körperlich nachahmen, dann nur noch in verkürzter gestischer oder symbolischer Form mit ihrem Körper darstellen und schließlich ganz im Kopf simulieren. Diese Veränderungen sollen sich innerhalb der ersten beiden Lebensjahre vollziehen. Auch wenn körperliche Aktivität und Denken mit Sicherheit voneinander abhängen, gibt es noch weitere Bausteine, die zur Entwicklung geistiger Fähigkeiten beitragen. Dies gilt unter anderem für die Wahrnehmung.

Sinne

Viele Säuglingsforscher sehen in der Wahrnehmung den wichtigsten Schlüssel zum Verständnis des Aufbaus von Denkstrukturen. Was aber nimmt ein Kind überhaupt wahr, wenn es erst wenige Stunden, Tage, Wochen oder Monate lebt?

Babys sind von Geburt an (und schon lange davor) sinnliche Wesen. Sie kommen mit empfindsamer Haut, mit einer feinen Nase und einem ausgeprägten Geschmackssinn sowie mit offenen Augen und Ohren zur Welt. Vom ersten Atemzug an können sie fühlen, riechen, schmecken, sehen und hören. Nicht in allen Bereichen ist ihre Wahrnehmung dabei vergleichbar gut wie die von Erwachsenen. Vieles wird noch nicht so genau und differenziert wahrgenommen, aber manches können Neugeborene und jüngere Säuglinge sogar besser wahrnehmen als jemals später in ihrem Leben.

Die Qualität der menschlichen Wahrnehmung hängt immer von verschiedenen Faktoren ab: von der Anzahl und Reife der Sinneszellen, die physikalische oder chemische Signale in neuronale Impulse umsetzen, von der Geschwindigkeit der Verarbeitung in den Neuronenverbänden, von der Koordination einzelner Wahrnehmungen, die aus verschiedenen Sinneskanälen stammen, und von der Verknüpfung aktueller Empfindungen mit Vorwissen. Alle Aspekte zusammen bestimmen, wie wir unsere Umwelt wahrnehmen. Tatsache ist, dass wir als Erwachsene nie nachempfinden können, wie der spezielle Mix für das Baby eines bestimmten Alters aussieht. Stattdessen machen wir uns selbst zum Maßstab und stellen fest, ob Säuglinge bestimmte Ausschnitte der Wirklichkeit ähnlich wahrnehmen wie wir. Im Rahmen der nachfolgenden Ausführungen soll für jeden Sinnesbereich getrennt berichtet werden, was man bis heute über die Wahrnehmungsentwicklung weiß.

Hautempfindungen

Noch vor nicht allzu langer Zeit wurden Neugeborene ohne Betäubung operiert, weil man dachte, dass ihr Schmerzempfinden noch nicht entwickelt sei. Heute weiß man, dass Druck- und Schmerzempfinden schon in der ersten Hälfte der Schwangerschaft möglich sind. So ziehen sich Föten von fremden Gegenständen (z.B. Nadeln) zurück, die in die Gebärmutter eindringen und sie berühren. Außerdem beschleunigt sich ihr Herzschlag, wenn Druck auf ihren Körper ausgeübt wird – etwa bei Wehen oder bei medizinischen Eingriffen. Auch in ganz normalen Situationen, wenn ein Fötus beim Turnen im Bauch von sich aus Teile des eigenen Körpers, die Nabelschnur oder den Uterus berührt, sind deutliche Reaktionen auf dem Ultraschall erkennbar. Das betrifft vor allem Berührungen des Gesichts und der Extremitäten. Auch im späteren Leben werden Druck- oder Schmerzreize in diesen Regionen besonders differenziert wahrgenommen. Es liegt also nahe zu vermuten, dass Neugeborene annähernd vergleichbare Körperempfindungen an der Haut haben wie ältere Kinder.

Piekst man ein Neugeborenes am Fuß, so reagiert es einigermaßen schnell mit dem Rückzug seines Beinchens, aber es dauert oft deutlich länger, bis das Kind zu weinen oder zu schreien beginnt. Hier zeigt sich, dass die psychische Verarbeitung von schmerzhaften Reizen und die Organisation einer passenden Reaktion (z.B. Schreien) kurz nach der Geburt noch deutlich länger brauchen als wenige Monate später. Das liegt zum Teil daran, dass diejenigen Nerven, die den Schmerzreiz durch das Rückenmark an das Gehirn weiterleiten, noch unvollständig mit einer Isolierschicht (Myelin) versehen sind und die Weiterleitung von Nervenimpulsen daher nur langsam erfolgen kann. Es hat aber auch damit zu tun, dass an der Organisation einer Schmerzreaktion verschiedene Hirnzentren parallel beteiligt sind, deren Zusammenspiel erst noch geübt werden muss.

Kommt ein Baby zu früh zur Welt oder ist es erst wenige Tage alt, so funktioniert seine Schmerzwahrnehmung teilweise anders als bei älteren Kindern. Die Schmerzfasern im Rückenmark sind noch nicht an ihrer endgültigen Position angelangt, so dass es rein physiologisch schwierig ist, zwischen einer einfachen und einer schmerzhaften Berührung zu differenzieren. Welche Konsequenzen frühe Schmerzerfahrungen für die spätere Wahrnehmung haben, wird aktuell erforscht. Es spricht allerdings nicht viel dafür, dass jede Berührung von Früh- und Neugeborenen als schmerzhaft erlebt wird. Im Gegenteil: Die Wahrnehmung von Berührungsreizen spielt gerade zu Beginn des Lebens auch im positiven Sinne eine bedeutende Rolle. So fühlen sich Frühgeborene wohl, wenn sie angezogen in einem kleinen «Nest» liegen, so dass sie Begrenzungen spüren. Am liebsten aber kuscheln sie am Körper ihrer Bezugspersonen. Das so genannte *Känguruhen*, bei dem das Kind bei Mutter oder Vater an der Brust liegt, hat sich als sehr förderlich für die Entwicklung dieser Kinder erwiesen. Wie unter anderem Studien von Otwin Linderkamp und seinen Mitarbeitern belegen, werden Frühgeborene, denen diese Form der Zuwendung mehrere Stunden am Tag ermöglicht werden kann, rascher unabhängig von medizinischen Geräten und stabilisieren sich besser als Kinder, die nur selten Gelegenheit zum Körperkontakt haben.

Auf die biologische Verankerung des Bedürfnisses nach Körpernähe und Berühung verweisen auch Tierstudien von Katharina Braun und ihrem Team, die mit australischen Springmäusen gearbeitet haben: Trennt man neugeborene Mäuse dieser Art von ihrer Mutter, reagieren sie mit Stress. Diese Stresserfahrung kann durch spätere Körperpflege nach der Wiedervereinigung (Mutter leckt das Fell ihres Jungen) wieder ausgeglichen werden. Unterbleibt die Fellpflege nach der Trennung, wirkt sich das ungünstig auf die weitere Entwicklung der Tiere aus. Das zeigt sich beispielsweise daran, dass die Mäuse schlechter lernen, den richtigen Weg durch ein

Labyrinth zu finden als Tiere, die nach der Trennung körperliche Zuwendung ihrer Mutter erhielten. Wie kann man sich das erklären?

Die Trennungserfahrung ohne «Wiedergutmachung» durch Fellpflege bewirkt eine Veränderung der Anzahl von Stressrezeptoren im Gehirn und verlangsamt außerdem den Aufbau neuer Verbindungen zwischen Neuronen beim Lernen. Das führt dazu, dass die Tiere ihren Körper schlechter gegen künftigen Stress schützen können und auch schwerer Neues lernen. Derartige Beobachtungen machen deutlich, dass die körperliche Zuwendung durch Muttertiere wichtige Konsequenzen für die Hirnentwicklung von Springmäusen hat. Ob dies auch für menschliche Säuglinge gilt, lässt sich bislang allerdings noch nicht mit Sicherheit sagen. Manches spricht dafür:

Affen-Babys, die nach der Geburt von ihrer Mutter getrennt werden und die Wahl haben, sich entweder an einem Drahtgestell mit Milchflasche aufzuhalten oder an einem mit Fell bespannten Gestell ohne Milchquelle, bevorzugen das Fell-Gestell und klettern nur dann auf das Drahtgestell, wenn sie Hunger haben. Dies zeigen klassische Studien von Harry Harlow. Auch beim Neugeborenen beobachten wir eine Fülle von Verhaltensweisen, die darauf hindeuten, dass Körperkontakt beruhigende Wirkung hat und in der Regel positiv erlebt wird. Nicht umsonst versucht man schreiende Babys zu beruhigen, indem man sie auf den Arm nimmt, an die Brust anlegt oder durch die Gegend trägt.

Man sollte aus solchen Beobachtungen aber nicht vorschnell den Schluss ziehen, dass Kinder sich nur dann gut entwickeln können, wenn man sie ständig mit sich herumschleppt, stillt, massiert, streichelt oder ihnen auf andere Weise positive körperliche Zuwendung zukommen lässt. Vielmehr wird deutlich, dass ein Mindestmaß an Körperkontakt notwendig ist für eine gesunde körperliche und geistige Entwicklung und dass Körperkontakt insbesondere dann wichtig ist, wenn ein Baby unter Stress geraten ist. Das Ausmaß, in dem ein Kind von sich aus das Bedürfnis nach Hautberührung zeigt, ist individuell sehr verschieden. Manchen Kindern ist zu viel Nähe sogar unangenehm und sie zeigen dann Abwehrverhalten.

Zusammenfassend lässt sich feststellen, dass die Haut gleich in mehrfacher Hinsicht für die weitere Entwicklung wichtig zu sein scheint: Sie alarmiert uns, wenn eine Verletzung droht, sie liefert Informationen über Aspekte der näheren Umgebung und sie vermittelt zudem die Erfahrung von Sicherheit und Geborgenheit. Die letztgenannte Funktion ist für die geistige Entwicklung des Säuglings offensichtlich von erheblicher Bedeutung.

Riechen und Schmecken

Wenn man Neugeborenen einen Wattebausch mit Fäulnis-Gerüchen unter die Nase hält, verziehen sie deutlich das Gesicht und wenden sich ab. Auf angenehme Düfte reagieren sie dagegen mit einem entspannten Gesichtsausdruck. Das ergaben *Mimik-Analysen*, die allerdings nur geeignet sind, wenn man emotionale Reaktionen auf ein starkes Aroma testen möchte. Will man herausfinden, wie fein Neugeborene zwischen unterschiedlichen Gerüchen unterscheiden können, braucht man ein anderes Verfahren: Bei Anwendung der *Kopfwende-Methode* legt man zwei mit riechenden Flüssigkeiten getränkte Tücher rechts und links neben den Kopf des Kindes, dessen Gesicht zunächst mittig ausgerichtet ist. Dann stellt man fest, in welche Richtung das Kind seinen Kopf dreht. Bei solchen Versuchen konnte man beobachten, dass Neugeborene wenige Stunden nach der Geburt in der Lage sind, den Geruch des Fruchtwassers ihrer Mutter vom Fruchtwassergeruch einer anderen Frau zu unterscheiden. Sie müssen also bereits während der Schwangerschaft das entsprechende Aroma wahrgenommen haben und konnten diese Empfindung nach der Geburt erinnern. Das spricht eindeutig dafür, dass Babys mit einer recht feinen Nase auf die Welt kommen.

Weitere Belege liefern Studien, die zeigen, dass Neugeborene innerhalb kürzester Zeit (Stunden bis wenige Tage) lernen, den Milch- und Schweißgeruch der eigenen Mutter von dem anderer Frauen zu unterscheiden. In beiden Fällen bevorzugen sie den vertrauten Reiz. Ohne einen gut funktionierenden Geruchssinn wäre das nicht möglich. Wie diese Beobachtung deutlich macht, kann die Geruchs- und Geschmackswahrnehmung für das Wiedererkennen von Personen und Nahrungsmitteln bereits unmittelbar nach der Geburt genutzt werden. Sie trägt auf diese Weise mit dazu bei, dass das Kind Vertrautes von Unvertrautem unterscheiden lernt. Auch hier zeigt sich wieder der enge Bezug zwischen Wahrnehmung und Denken.

Das gilt genauso für das Schmecken: Haben Neugeborene die Wahl zwischen zwei Getränken, einer einfachen Wasserlösung und einer Zuckerlösung, so bevorzugen sie normalerweise die Zuckerlösung, aber wenn sie sich zwischen einfachem und gesalzenem Wasser entscheiden können, trinken sie anfangs (bis zum vierten Lebensmonat) lieber das einfache Wasser. Das lässt sich feststellen, indem man untersucht, wie sich ihre Saugrate beim Trinken verändert, wenn aus einem Nucki, der mit einem speziell präparierten Schlauch in Verbindung steht, unterschiedliche Getränke zur Verfügung gestellt werden.

Man vermutet, dass erste Vorlieben für bestimmte Aromastoffe sogar schon vor der Geburt von der Mutter auf das Kind übertragen werden. Denn immer, wenn die Schwangere eine bestimmte Speise zu sich nimmt, gelangt mit zeitlicher Verzögerung ein Teil der Geschmacksstoffe in das Fruchtwasser. Da der Fötus regelmäßig Fruchtwasser inhaliert und schluckt, erreichen ihn die betreffenden Stoffe also auch. Eine interessante Ultraschall-Untersuchung zur pränatalen Geschmacksentwicklung hat gezeigt, dass sich die Atem- und Schluckfrequenz von Föten erhöht, wenn ihre Mütter ca. zwei

Stunden vor der Messung eine größere Menge Zucker zu sich nehmen. Es scheint also, als wären Kinder schon vor ihrer Geburt kleine Leckerschmecker, die besonders gerne Süßes mögen. Das macht physiologisch gesehen auch Sinn, denn Zucker geht direkt ins Blut und versorgt das sich rasch entwickelnde Gehirn mit Energie. Wie man inzwischen weiß, scheint Zucker bei Neugeborenen sogar schmerzstillende Wirkung zu haben. Die Evolution hat uns also darauf vorbereitet, Süßigkeiten ganz besonders zu mögen. Sie hat uns allerdings noch nicht genügend darauf vorbereitet, dass ein Zuviel an Zucker gesundheitsschädigende Wirkung hat.

Neugeborene sind allgemein nicht sonderlich angetan von sauren, salzigen und bitteren Flüssigkeiten. Hier spielt aber auch die Konzentration der Geschmacksstoffe eine wichtige Rolle. Was in geringer Dosis durchaus positive Reaktionen auslöst, wie im Fall von Salz, das kann in größerer Konzentration zu Ablehnung führen.

Erstaunlich scheint, dass der Mensch bei seiner Geburt mehr Sinneszellen auf der Zunge und in der Mundhöhle hat als jemals später in seinem Leben. Ob Babys deshalb auch feiner zwischen verschiedenen Geschmacksstoffen differenzieren können, ist jedoch unklar, denn für die Geschmackswahrnehmung ist nicht nur die Anzahl der Sinneszellen, sondern auch die Verarbeitung entsprechender Information im Gehirn wichtig. Hier spielt das *Riechhirn* eine wichtige Rolle. Das Riechhirn bildet sich während der Schwangerschaft besonders früh aus. Sein Name legt den Verdacht nahe, dass es ausschließlich für Riecherfahrungen relevant ist, aber das stimmt nicht. Es spielt auch für andere Funktionen wie etwa Gedächtnisleistungen und die Verarbeitung emotionaler Reize eine zentrale Rolle. Man findet das Riechhirn nicht weit von der Nase entfernt. Chemische Moleküle, die in der Luft, in Flüssigkeiten oder in festen Speisen enthalten sind, erregen den *Bulbus Olfactorius* (Riechnerv), der unmittelbar im Riechhirn endet. Damit besteht im wahrsten Sinne des Wortes ein direkter Draht zwischen Nase und Gehirn. Im späteren

Leben wird das Geschmacks- und Geruchsempfinden jedoch in komplizierter Weise vom Großhirn mit beeinflusst. Wenn wir mit einer Person schlechte Erfahrungen gemacht haben, sagen wir etwa: «Den kann ich nicht riechen.» Hieran zeigt sich, dass emotional gefärbte Erinnerungen wesentlichen Einfluss auf unser Geruchs- und Geschmacksempfinden haben können. Außerdem wird die Verarbeitung von unterschiedlichen Sinnesmodalitäten im Geschmacksurteil integriert. So erklärt sich auch der Spruch: «Das Auge isst mit.» Die hohe Kunst des Schmeckens muss also erst gelernt werden. Sie ist von Erfahrung abhängig, die das Kind großteils erst nach der Geburt macht. In diesem Sinne ist sie auch mit der Denkentwicklung verknüpft.

Sehen

Jeder Mensch, der einem Neugeborenen in die Augen sieht, wird erkennen, dass sein Blick seltsam klar und verklärt zugleich wirkt. Die Pupillen sind weit geöffnet und die Augen wirken sehr dunkel. Was genau die ersten visuellen Eindrücke eines Kindes sein mögen, können wir nur erahnen. In jedem Fall wissen wir, dass Neugeborene zunächst über begrenzte Sehfähigkeiten verfügen. Das Auge mit Linse und Netzhaut sowie die Bahnen zum visuellen Kortex im hinteren Bereich des Gehirn werden während der Schwangerschaft anatomisch früh angelegt, aber die zugehörigen neurologischen Strukturen sind erst mehrere Monate nach der Geburt so weit ausgereift, dass man sagen kann, sie seien denen eines Erwachsenen in etwa vergleichbar. Manche Entwicklungen erstrecken sich sogar über die ersten drei Lebensjahre hinweg.

Für das Verständnis geistiger Prozesse ist es zweifellos ganz wichtig zu wissen, in welchem Alter ein Kind bestimmte Aspekte seiner Umwelt visuell erfassen kann. Wann sieht es Gegenstände scharf? Wann erkennt es Bewegungen oder Farben? Wie lernt es, räumlich zu sehen, Personen oder Objekte zu erkennen? Solche Fragen werden seit etwa fünfzig Jahren intensiv beforscht. In jüngerer Zeit versucht man, die Beobachtungen von Entwicklungspsychologen mit denen von Medizinern zu verknüpfen, denn Reifung und Erfahrung greifen bei der frühen Sehwahrnehmung eng ineinander. Dabei unterschätzt man oft, dass sich das Sehen aus einer Vielzahl von Teilfähigkeiten zusammensetzt. Die nachfolgenden Abschnitte vermitteln einen Eindruck von der Komplexität der visuellen Verarbeitung und zeigen außerdem, welche Methoden Entwicklungspsychologen erfunden haben, um etwas über die visuelle Erfahrung von Neugborenen und Säuglingen zu erfahren. Dabei geht es zunächst um Grundfunktionen und später auch um komplexere Formen des Sehens.

Grundfunktionen des Sehens

Mit Grundfunktionen des Sehens sind solche gemeint, die uns überhaupt erst in die Lage versetzen, Elemente unserer Umwelt mit ihren Merkmalen und Eigenschaften differenziert wahrzunehmen. Konkret muss man sie dafür mit beiden Augen fokussieren, scharf und kontrastreich abbilden, ihre Farben unterscheiden und in der Lage sein, sie mit dem Blick zu verfolgen. Jede dieser Teilfähigkeiten kann in ihrer Entwicklung beschrieben werden:

Fokussierung. Das Kind ist in den ersten Wochen nach der Geburt zunächst noch nicht in der Lage, seine Augenmuskeln richtig zu kontrollieren. Es schielt manchmal – besonders, wenn es versucht, etwas, das sich in seiner Nähe befindet, konzentriert zu betrachten. Hält dieses Verhalten länger als bis zur sechsten Lebenswoche an und tritt es häufig auf, muss man unbedingt etwas unternehmen, denn in der Zeit zwischen dem zweiten und zehnten Lebensmonat lernt das Gehirn, die Informationen aus beiden Augen richtig zu koordinieren. Erhält es in dieser Zeit «falsche» Informationen, weil beide Augen nicht richtig zusammenarbeiten, kommt es zu

Fehlentwicklungen im visuellen Kortex, die später nicht mehr vollständig korrigiert werden können. Das spielt vor allem für die räumliche Wahrnehmung eine zentrale Rolle.

Sehschärfe. Neben den Muskeln, die die Stellung der Augen zueinander bestimmen, gibt es auch Muskeln im Inneren des Auges. Einige davon dienen dazu, die Linse zu krümmen. Das ist wichtig, damit die einfallenden Lichtstrahlen optimal gebündelt auf die Netzhaut treffen. Nur dann sieht man nämlich scharf. Weil die Augenmuskeln von Neugeborenen die Linse noch nicht weit genug krümmen können, nehmen die Kinder ihre Umgebung zunächst nur sehr verschwommen wahr.

Ein zweiter Grund für die fehlende Sehschärfe in den ersten Lebenswochen liegt darin, dass die Anzahl der Sinneszellen in der *Fovea*, dem Ort des schärfsten Sehens auf der Netzhaut, beim Neugeborenen vergleichsweise gering ist und sich in den ersten Lebensmonaten noch deutlich vergrößert. Wie differenziert man etwas sehen kann, hängt von der Anzahl dieser Sinneszellen (Rezeptoren) im Auge ab – in gewisser Hinsicht verhält sich dies ganz ähnlich wie bei digitalen Kameras, die nur dann wirklich scharfe Bilder machen, wenn die Pixelzahl groß genug ist. Weil die Anzahl der Sinneszellen noch zunimmt, ist das räumliche Auflösungsvermögen noch nicht optimal. Zudem muss ein wichtiger Teil der Sinneszellen, die so genannten *Zapfen,* von denen es besonders viele in der *Fovea* gibt, erst noch ausreifen.

Früher dachte man, dass Säuglinge in einem bestimmten Nahbereich, bei etwa 20 cm, scharf sehen könnten und ihnen nur das, was noch näher oder noch weiter von ihren Augen entfernt ist, verschleiert erscheine. Das wäre ungefähr der Abstand, der zwischen dem Gesicht eines Kindes und seiner Mutter beim Stillen besteht. Man vermutete, dass die Natur Kinder darauf vorbereitet hat, wenigstens ihre engsten Bezugspersonen von Zeit zu Zeit scharf zu sehen. Wie wir heute wissen, ist das nicht ganz richtig, denn das Neugeborene sieht aufgrund der Unreife seines Auges und jener Bereiche im Gehirn, die visuelle Information verarbeiten, generell (also auch im Abstand von 20 cm) noch nicht besonders gut.

Woher aber weiß man, wie scharf ein Baby sieht? Man kann die Sehschärfe bestimmen, indem man zwei Bildtafeln nebeneinander zeigt, von denen die erste eine gleichmäßige graue Fläche aufweist und die zweite ein Streifenmuster. Beide Tafeln müssen im Mittel vergleichbare Helligkeitswerte haben. Schon Neugeborene schauen lieber gemusterte als gleichmäßige Farbflächen an. Wenn man ihnen zwei Bilder darbietet, von denen das erste ein Muster mit dicken Blockstreifen zeigt und das zweite ein gleichmäßiges Grau, dann werden sie sich mit hoher Wahrscheinlichkeit mehr für das gestreifte Bild interessieren. Paart man jedoch ein feines Streifenmuster mit einer einfachen Graufläche, so verschwimmt das feine Streifenmuster aufgrund der fehlenden Sehschärfe und die Kinder nehmen beide Bilder als gleichförmige Grauflächen wahr. Da es nun keinen Grund mehr gibt, sich das eine oder andere Bild länger anzusehen, wird ihr Blickverhalten unsystematisch. Die Kinder schauen zufällig rechts oder links. Indem man die Streifendicke des Musterbildes stufenweise verrringert und die Rechts-Linksposition der gleichmäßigen Farbfläche variiert, kann man feststellen, ab welcher Streifenstärke das Baby keines der Bilder mehr bevorzugt. Daraus lässt sich dann die Grenze der individuellen Sehschärfe ableiten. Diesen Test kann man auch mit jedem Auge einzeln machen.

Das geschilderte Verfahren bedient sich der *Blickpräferenzmethode*, die in der Säuglingsforschung eine ganz zentrale Rolle spielt. Sie erlaubt interessante Rückschlüsse darauf, was Babys besonders spannend finden und wird vielfach genutzt, um höhere geistige Leistungen zu untersuchen. Von ihr wird später noch häufiger die Rede sein.

An dieser Stelle zeigt sich deutlich, weshalb die Entwicklung der visuellen Wahrnehmung für das Verständnis von Untersuchungen zum Denken von Babys so wichtig ist: Wir können nur dann gesicherte Aussagen darüber machen, wie ein

Baby über bestimmte Dinge denkt, wenn wir wissen, was es überhaupt wahrnimmt. Da das Blickverhalten in vielen Versuchen als Hinweis auf Erwartungen und Interessen verwendet wird, ist es im doppelten Sinne wichtig zu klären, wie scharf das Kind sehen kann.

Die moderne Medizin verfügt mittlerweile über wesentlich effektivere Verfahren als die Blickpräferenzmethode, um die Sehschärfe von Babys zu bestimmen. Das Ergebnis unterschiedlichster Testverfahren ergab jedoch immer wieder den gleichen Befund: Die Sehschärfe verbessert sich vom Neugeborenenalter bis zum sechsten Lebensmonat ganz entscheidend.

Kontrastsensitivität. In ähnlicher Weise wie die Sehschärfe lässt sich auch die Kontrastsensitivität bestimmen, indem man die Helligkeitsunterschiede zwischen Streifen innerhalb eines Musters einander annähert und feststellt, ab wann kein Streifenmuster mehr, sondern eine homogene Graufläche wahrgenommen wird. Ist die Kontrastsensitivität hoch, bedeutet das, dass selbst minimale Unterschiede in der Helligkeit von Grautönen wahrgenommen werden. Ist die Kontrastsensitivität gering, bedeutet das im Extremfall, dass man einen klaren Kontrast zwischen Dunkel und Hell, zwischen Schwarz und Weiß braucht, um zwei benachbarte Flächen voneinander zu unterscheiden.

In der ersten Zeit nach der Geburt können Säuglinge Gegenstände in ihrer Umwelt weder sicher fokussieren noch scharf sehen. Außerdem ist ihre Kontrastsensitivität eher gering. Besonders gerne schauen sie daher kontrastreiche Muster oder klare Hell-Dunkel-Kanten an. Das lässt sich gut beobachten, wenn man mit einem jungen Säugling vor einem in dunklen Farben gehaltenen Gemälde steht. In aller Regel wird das Kind sich weniger auf den Bildinhalt als vielmehr auf den Rahmen konzentrieren, weil hier im direkten Vergleich zur weißen Wand der stärkste Hell-Dunkel-Unterschied und damit der größte Helligkeitskontrast zu sehen ist. Auch wenn man ein kleines Baby im Arm hält, wird man bemerken, dass es einem eher selten in die Augen schaut, dafür aber häufiger die Umrisse des Kopfes mit den Augen ertastet. In beiden Fällen interessiert es sich für die Kanten, weil es an ihnen seine Sehschärfe und seine Kontrastsensitivität übt. Diese Übungen sind notwendig, damit die Neurone im visuellen Kortex sich richtig miteinander verschalten können.

Farbwahrnehmung. Neben der Fokussierung, Sehschärfe und Kontrastsensitivität spielt auch die Wahrnehmung von Farben eine nicht unerhebliche Rolle. Die meisten Eltern hängen bunte Sachen in das Baby-Zimmer und auch die meisten Spielzeuge sind grell bunt. Aber nehmen Neugeborene überhaupt schon Farbe wahr? Die Anzahl der Farbrezeptoren *(Zapfen)*, die sich vor allem im Bereich des schärfsten Sehens auf der Netzhaut befinden *(Fovea)*, vergrößert sich nach der Geburt noch deutlich. Auch wenn die Mehrzahl der Sinneszellen schon angelegt ist, scheinen die Rezeptoren im Auge nachgeburtlich noch wichtige Reifungsprozesse zu durchlaufen. Trotz dieser biologischen Veränderungen können Kinder von Geburt an bestimmte Farben differenzieren. So teilen sie das Farbenspektrum schon früh in die vier Farben blau, grün, gelb und rot ein. Die Empfindlichkeit für bestimmte Farbkontraste, wie etwa rot und grün gestreifte Muster verbessert sich innerhalb des ersten halben Jahres wesentlich. Auch die Farbwahrnehmung unterliegt damit wichtigen Veränderungen und ist beim Neugeborenen nicht unbedingt vergleichbar mit der von älteren Kindern. Erst ab ca. einem halben Jahr sehen Babys die Welt mit ähnlichen Augen wie Erwachsene.

Bislang ging es ausschließlich um die Wahrnehmung statischer, also unbewegter Reize. Tatsächlich lässt sich aber schon beim Neugeborenen ein beträchtliches Interesse für alles, was sich bewegt, feststellen. Daraus ergibt sich die Frage: Wie gut können Säuglinge einem bewegten Objekt mit ihren Augen folgen?

Blickfolgebewegungen. Wer genau hinschaut, wird sehen, dass sich die Augen beim Neugeborenen noch langsam und ruckartig bewegen. Man kann das gut erkennen, wenn man einen rasselnden Schlüsselbund langsam vor dem Gesicht des Kindes hin- und herführt und dabei beobachtet, wie es angestrengt versucht, das interessante Etwas nicht aus den Augen zu verlieren. Diese Reaktion ist noch nicht vom Großhirn gesteuert, sondern wird über Funktionen des Stammhirns (der *Colliculi superiores*) erklärt. Mit anderen Worten: Es handelt sich um so etwas Ähnliches wie einen Sehreflex – eine automatische Reaktion, die dafür sorgt, dass wir unseren Blick dorthin führen, wo sich im visuellen Feld etwas verändert. Es wird vermutet, dass Blickbewegungen erst ab dem vierten Lebensmonat von höheren kortikalen Regionen gesteuert werden. So lange dauert es nämlich, bis im visuellen Kortex die verschiedenen Schichten der Neuronen voll aufgebaut sind. Auch für neurologische Strukturen im Vorderhirn, die für Blickbewegungen wichtig sind *(frontale Augenfelder)*, gilt, dass sie beim Neugeborenen offensichtlich noch unreif und mit anderen Zentren nur unzureichend verschaltet sind. Man spricht daher von der *subkortikalen Wahrnehmung* des Neugeborenen. Unsere Augen stehen aber selbst dann nicht still, wenn wir einen Reiz in Ruhe betrachten.

Visuelles Scannen. Schon junge Säuglinge scannen Reize mit den Augen ab. Studien zur Entwicklung dieser Fähigkeit zeigen, dass die Geschwindigkeit und die Differenziertheit, mit der Babys Figuren visuell scannen, ab dem dritten Lebensmonat deutlich zunimmt, dann also, wenn die Kinder bereits Fortschritte in ihrer Fokussierung, Sehschärfe und Kontrastsensitivität gemacht haben.

Zur Rolle von Reifung und Erfahrung beim Sehen

Insgesamt ist damit festzustellen, dass sich die Grundfunktionen des Sehens in der Säuglingszeit ganz wesentlich verbessern, wobei Reifungsprozesse im Auge, in der Sehbahn und im visuellen Kortex auf diesen Prozess Einfluss nehmen. Gerade am Beispiel von Veränderungen im visuellen Kortex lässt sich gut demonstrieren, wie gut Reifung und Erfahrung in der Entwicklung zusammenspielen.

Die Dichte der *Synapsen* (Verbindungsstücke zwischen Neuronen) nimmt hier in den ersten Lebensmonaten dramatisch zu und erreicht mit ca. acht bis neun Monaten ihren höchsten Wert. Gegen Ende des ersten Lebensjahres beginnt der Abbau, bis die Synapsendichte ein Niveau erreicht, das auch über das Erwachsenenalter hinweg weitgehend konstant bleibt. Die Phase, in der die ganzen Verbindungen aufgebaut werden, nennt man *spreading* (sprießen). Die Phase, in der sich die Anzahl neuronaler Verbindungen wieder verringert, nennt man *pruning* (stutzen).

Wie kann man sich erklären, dass erst ein Überschuss produziert wird? Ist das nicht Verschwendung? Ganz im Gegenteil! Diesem Umstand verdanken wir es, dass unser Gehirn genau zu jenem Zeitpunkt optimal auf die Verarbeitung unterschiedlichster Arten von Reizen vorbereitet ist, wenn das Auge und die Sehbahn reif genug sind, um Signale aus der Umwelt in den visuellen Kortex weiterzuleiten. Weil noch nicht von vornherein klar ist, welche dieser Verbindungen besonders nützlich sind (das hängt von der Umgebung ab), werden erst einmal zu viele angelegt. Später bleiben dann nur diejenigen bestehen, die wir tatsächlich brauchen. Der Rest wird wieder abgebaut. Folglich greifen Reifung und Lernen in Bezug auf die Entwicklung visueller Fähigkeiten unmittelbar ineinander. Frühe Erfahrungen können unsere neurologischen Strukturen auf Dauer prägen, und biologische Reifungsprozesse verändern unseren Wahrnehmungs- und Handlungsspielraum mit dem Alter.

Vermutlich finden viele Reifungsvorgänge erst nach der

Geburt statt, weil es im Bauch der Mutter ziemlich dunkel ist. Generell schließen Föten ihre Augen etwa ab dem fünften Schwangerschaftsmonat und öffnen sie erst wieder im siebten Schwangerschaftsmonat bzw. unmittelbar nach der Geburt. Das hat unter anderem mit dem Schutz der Augen-Hornhaut vor dem Fruchtwasser zu tun.

Dafür lässt sich unmittelbar nach der Geburt bei vielen Kindern beobachten, dass sie mit weit geöffneten Augen in die Welt schauen – man spürt förmlich, wie beeindruckt sie von der Fülle neuer Informationen sind, die ihr Gehirn nun erreichen. Wie sie diese neuen Reize verarbeiten, können wir uns trotz der geschilderten Erkenntnisse schlecht vorstellen. In jedem Fall handelt es sich lediglich um einen sehr begrenzten Teil der Wirklichkeit. Vielleicht wären Babys völlig überfordert, wenn sie ihre Umwelt ganz scharf und in voller Farbenpracht wahrnehmen könnten. Man muss sich nur mal in die Lage versetzen, man selbst würde plötzlich Informationen über einen neuen Sinneskanal erhalten und die Umwelt in einer neuen Dimension hoch auflösend wahrnehmen. Die Fülle an Information wäre überhaupt nicht einzuordnen. Es mag also durchaus Sinn machen, dass Neugeborenen der Kreißsaal und das Krankenhaus zunächst schemenhaft erscheinen und sie sich nur auf die Dinge konzentrieren, die starke Farb- und Helligkeitskontraste sowie klare Konturen haben.

Aber selbst wenn die Wahrnehmungsorgane und zuständigen Gehirnzentren schon voll ausgereift wären, könnte man das, was das Baby wahrnimmt, in keinem Fall mit der Wahrnehmung eines Erwachsenen vergleichen. Das liegt ganz einfach daran, dass man Dinge mit ganz anderen Augen sieht, wenn man sie schon kennt und einordnen kann.

Komplexere Sehfähigkeiten stellen den Übergang zur Denkentwicklung dar. Hier werden unterschiedliche Informationen zusammengesetzt und es entstehen ganzheitliche Eindrücke – Eindrücke vom Raum, einem Gesicht oder einem Objekt. Wie solche übergeordneten Wahrnehmungseindrücke entstehen, ist Thema der nachfolgenden Abschnitte.

Komplexe Funktionen des Sehens

Komplexen Funktionen des Sehens stellen den Übergang zum Denken dar. Dazu zählen die Raumwahrnehmung, die Gesichterwahrnehmung und die Objektwahrnehmung.

Raumwahrnehmung. Die Raum- oder Tiefenwahrnehmung brauchen wir, um unsere Umwelt dreidimensional erleben zu können und um uns zielsicher darin zu bewegen. So selbstverständlich es uns als Erwachsene auch erscheinen mag, dass jeder Raum drei Dimensionen hat – für Neugeborene ist das nicht der Fall. Denn die Raumwahrnehmung ist ein äußerst komplizierter Konstruktionsprozess, zu dem viele unterschiedliche Teilfähigkeiten ihren Beitrag leisten. Wir nutzen eine Vielzahl verschiedener Hinweisreize, um Tiefe wahrzunehmen. Diese stammen nicht nur von den Augen, sondern zum Beispiel auch von den Ohren; die zweifellos wichtigste Informationsquelle stellt im Normalfall aber das Sehen dar. Um bestimmte Tiefenhinweise nutzen zu können, müssen Daten, die von beiden Augen kommen, im Gehirn integriert werden. Dann spricht man von *binokularen Tiefenreizen.* Bei anderen Hinweisen genügt es, mit einem Auge zu sehen. Das sind die *monokularen Tiefenreize.* Damit Kinder räumlich sehen können, muss ihre Sehschärfe einigermaßen gut entwickelt sein und sie brauchen Erfahrung. Diese Erfahrung erhalten sie vor allem durch eigene Bewegung im Raum. Hier wird einmal mehr die enge Verknüpfung zwischen motorischer Entwicklung und Denkentwicklung deutlich.

Zu den binokularen Tiefenreizen gehört die *Querdisparation.* Sie ist erst mit etwa vier Monaten nachweisbar. Wenn wir einen Gegenstand anschauen, liefern beide Augen unterschiedliche Informationen an das Gehirn, weil die auf der Netzhaut ankommenden Lichtstrahlen durch den Augenabstand in leicht abweichendem Winkel eintreffen. Man kann sich das recht einfach klar machen: Zwei Kameras stehen in einigem Abstand zueinander und machen ein Bild von dem gleichen Gegenstand (z.B. einer Blumenvase). Beide Bilder werden sich unterscheiden, weil jede Kamera das Motiv aus einer etwas anderen Perspektive aufgenommen hat. Die Abweichungen beider Abbildungen werden umso größer sein, je näher das photographierte Objekt vor den Kameras steht. Zeigt das Bild einen weit entfernten Berg, dann sind die Abweichungen dagegen minimal. Genauso verhält es sich mit den Abbildungen auf der Netzhaut: Je dichter sich ein Objekt vor unseren Augen befindet, desto unterschiedlicher sind die beiden Bilder, die unsere Augen an das Gehirn liefern. Halten Sie Ihren Zeigefinger einmal in verschiedenen Abständen mittig vor beide Augen und kneifen Sie dann abwechselnd das rechte und linke Auge zu. Sie werden feststellen, dass der Finger umso weiter «springt», je dichter Sie ihn vor die Augen halten. Von der Netzhaut beider Augen gelangt die Information über beide Abbildungen zum Sehnerv und dann zum *primären visuellen Kortex*. Dieser am Hinterkopf liegende Teil unseres Gehirns setzt sich aus unterschiedlichen Schichten (insgesamt sechs) zusammen.

Während der ersten Lebenswochen wird die Information, die von beiden Augen kommt, noch einheitlich von den gleichen Neuronen in der vierten Schicht verarbeitet. Dadurch verschmelzen die ursprünglich getrennten Abbildungen teilweise miteinander. Ab dem vierten Lebensmonat spezialisieren sich die zuständigen Neuronenverbände. Von nun an ist eine für jedes Auge getrennte Verarbeitung möglich. Erste Hinweise auf solche Veränderungen in der visuellen Verarbeitung wurden in Tierversuchen ermittelt. Später gelang ihr Nachweis auch durch ein psychologisches Experiment. Dabei machte man sich einen Trick zunutze, der für viele Studien zur Denkentwicklung im Säuglingsalter wichtig ist, und den ich daher näher erläutern möchte.

Lebewesen (nicht nur Menschenkinder), denen man immer wieder den gleichen Reiz präsentiert, beispielsweise ein Streifenmuster, langweilen sich irgendwann und schauen nicht mehr hin. Das nennt man Gewöhnung oder *Habituation*.

Zeigt man ihnen anschließend wieder etwas Neues, zum Beispiel ein Gittermuster, reagieren sie überrascht oder/und schenken dem neuen Reiz verstärkte Aufmerksamkeit. Das nennt man dann *Dishabituation* oder *Orientierungsreaktion*. In dem Experiment, von dem berichtet werden soll, ließ man Babys unterschiedlicher Altersgruppen (unter und über vier Monate) durch eine Spezialbrille schauen, so dass sie auf dem linken Auge ein senkrecht gestreiftes Muster und auf dem rechten Auge ein quer gestreiftes Muster sahen. Zunächst wurden die Kinder mit diesen Mustern so lange vertraut gemacht, bis sie sich nicht mehr dafür interessierten. Anschließend zeigte man ihnen auf beiden Augen ein Gittermuster, bei dem Längs- und Querstreifen kombiniert waren. Jetzt reagierten die älteren Kinder mit einem erneuten Anstieg der Aufmerksamkeit, während Babys unter vier Monaten weiter gelangweilt blieben. Wie kann man sich diesen Gruppenunterschied erklären? Die jüngeren Kinder hatten schon in der Gewöhnungsphase aus den Einzelbildern, die beide Augen lieferten, ein einfaches Gittermuster zusammengesetzt, weil diese Information im Gehirn direkt verschmolzen war, während die älteren Kinder zunächst getrennt Streifen und Querbalken sahen, je nachdem, welches Auge gerade ihre Wahrnehmung dominierte. Die älteren Kinder reagierten mit Überraschung und vermehrter Aufmerksamkeit, als ein zusammengesetztes Gittermuster dargeboten wurde, weil sie das vorher noch nicht gesehen hatten.

Im primären visuellen Kortex bilden sich bei den älteren Kindern unterschiedliche Arten komplexer Zellen aus, von denen ein Teil immer dann reagiert, wenn Informationen von beiden Augen eintreffen, während ein anderer Teil am stärksten reagiert, wenn die Information nur von einem bestimmten Auge kommt. Dieser Prozess der Spezialisierung von Neuronen höherer Ordnung ist sehr wichtig für die Tiefenwahrnehmung. Er beginnt früh, kann aber erst dann sinnvoll abgeschlossen werden, wenn der Abstand der Augen zueinander und die Größe der Augäpfel endgültig feststehen. Weil Kopf und Augen in den ersten Lebenswochen und -monaten besonders rasch wachsen, ändern sich der Durchmesser der Augen und ihre Position zueinander kontinuierlich, und es sind immer wieder andere Sinneszellen auf der Netzhaut, deren Signale im Gehirn zusammengeführt werden müssen. Außerdem muss das Kind noch Kontrolle über seine Augenmuskeln gewinnen, denn wenn ein Gegenstand nicht richtig fokussiert und scharf gesehen werden kann, dürften sich die subtilen Unterschiede in der Information von beiden Augen nicht effektiv nutzen lassen. Und schließlich gelingt die getrennte Verarbeitung von Information aus beiden Augen erst dann, wenn die neuronale Netzstruktur in der vierten Schicht des visuellen Kortex genügend gereift ist.

Während die Querdisparation frühestens ab dem vierten Lebensmonat zur Raumwahrnehmung genutzt werden kann, gilt das nicht für einen anderen Tiefenhinweisreiz: die *Größenkonstanz*. Schon wenige Wochen alte Neugeborene reagieren deutlich, wenn sich ein Objekt im Raum auf die eigene Person zu bewegt und dabei immer größer wird. Dieser so genannte *Looming-Effekt* wurde nachgewiesen, indem man Babys vor einen Computerbildschirm setzte und ihnen ein einfaches Viereck mit klaren Außenkonturen zeigte, das sich scheinbar auf Kollisionskurs mit ihnen befand. Schon ab drei Wochen reagierten die Kinder mit Blinzeln oder Ausweichreaktionen auf diese Darbietung. Ähnliche Schutzreaktionen findet man auch außerhalb von Säuglingslaboren, wenn Erwachsene sich über einen Kinderwagen beugen und dem Baby zu schnell zu nahe kommen, während es sie direkt anschaut. Solche Reaktionen setzen voraus, dass die Kinder annehmen, ein Gegenstand habe normalerweise immer die gleiche Größe, egal wie weit entfernt er sich von ihnen befindet. Nur wenn das Kind über diese Form von Größenkonstanz verfügt, lässt sich nämlich erklären, weshalb das permanent größer werdende Abbild des Gegenstandes auf der Netzhaut als Hinweis auf dessen räumliche Annäherung interpretiert wird. Bis heute ist noch unklar, ob die Fähigkeit, diese Information zu nutzen, angeboren ist oder gelernt wird. Man vermutet aber, dass die Information über die Stellung beider Augen zueinander, die sich bei Entfernung oder Annäherung eines Objektes in systematischer Weise verändert (Konvergenz), dem Kind früh die Erfahrung der Größenkonstanz vermittelt. Dabei gilt es allerdings zu bedenken, dass Babys unter drei Monaten noch Schwierigkeiten damit haben, Gegenstände sicher mit beiden Augen zu fixieren. Würde die Annahme stimmen, dass die Augenstellung für Größenkonstanz eine wichtige Rolle spielt, dann sollten Kinder, die schielen, länger brauchen, bis sie diesen Hinweisreiz auf räumliche Tiefe zuverlässig nutzen können.

Ein weiteres Prinzip der Tiefenwahrnehmung ist eindeutig erfahrungsabhängig und kann erst vergleichsweise spät, nämlich mit fünf bis sieben Monaten, genutzt werden: Es handelt sich um das *Prinzip der vertrauten Größe*. Die Nutzung dieses Prinzips zur Wahnehmung räumlicher Tiefe setzt voraus, dass das Kind sich schon an einzelne Gegenstände erinnern kann und mit dieser Erinnerung auch Wissen über die Größe der betreffenden Gegenstände verknüpft. Wenn ich etwa weiß, wie groß ein dreistöckiges Haus ist, kann ich aus der Größe des Abbildes von dem betreffenden Gebäude schließen, wie weit es wohl entfernt ist. Das Baby dürfte dieses Prinzip aber eher in Bezug auf Personen anwenden können als in Bezug auf Gebäude, denn mit der Annäherung und Entfernung von Personen hat es mit Sicherheit am meisten Erfahrung. Am Prinzip der vertrauten Größe wird anschaulich deutlich, dass der Übergang von der Wahrnehmung zum Denken fließend ist, denn hier beeinflusst Vorwissen die Wahrnehmung, und dieses Vorwissen kann nur aktiviert werden, wenn wir in der Lage sind, uns zu erinnern und Vergleiche herzustellen.

Ebenfalls ein wichtiger Tiefenhinweis ist die *Verdeckung*. So wissen wir als Erwachsene, dass Objekte, die man vollständig sehen kann und die andere teilweise oder ganz verdecken, uns räumlich näher sein müssen als Objekte, die verdeckt werden. Um zu erfahren, ob schon Babys von solchen Hinweisreizen auf Entfernung schließen, hat man ihnen Bilder von gemusterten Karten vorgelegt, die sich teilweise überschnitten (ähnlich wie bei einem Kartensatz, den man aufgefächert in der Hand hält) oder die nebeneinander aufgereiht waren, ohne sich zu überschneiden. Nur wenn sich die Karten teilweise verdeckten, griffen die Babys eindeutig nach derjenigen Karte, die von keiner anderen verdeckt wurde – die ihnen also am nächsten erschien. Allerdings mussten sie dazu mindestens sieben Monate alt sein. Diese Studie demonstriert eine weitere Methode der Säuglingsforschung: die *Greifpräferenzmethode*. Anders als die Blickpräferenzmethode lässt sich das Verfahren aber nur bei älteren Säuglingen einsetzen, weil das Kind zu willkürlichem Greifen in der Lage sein muss.

Sehr viel früher, schon im Alter von zwei Monaten, wurden mit Hilfe der Blickpräferenzmethode erste Ansätze für das Verständnis des Verdeckungsprinzips nachgewiesen, wenn der verdeckte Reiz sich bewegte: Dazu zeigte man den Babys ein Bild mit einem schräg stehenden Stab und ein weiteres Bild mit zwei schräg stehenden Stabteilen, zwischen denen eine Lücke blieb – so als hätte man aus der Mitte des ersten Stabs ein Stück herausgeschnitten. Wie sich herausstellte, schauten die Babys beide Bilder annähernd gleich lange an. Das änderte sich aber, wenn den Kindern vorher die folgende Bewegungsszene präsentiert worden war: Im Vordergrund befand sich ein undurchsichtiger Wandschirm und dahinter sah man oben und unten schräg versetzt ein Stück Stab herausragen. Weil der mittlere Teil verdeckt war, konnte das Kind nicht wissen, ob es sich um den durchgängigen Stab oder um die beiden Stabteile handelte. Dann begannen sich die beiden sichtbaren Teile gleichförmig hin und her zu bewegen. Die Gleichförmigkeit dieser Bewegung vermittelt dem naiven erwachsenen Betrachter den Eindruck, dass es sich um einen durchgehenden Stab handelt.

Verdeckung und Objekteinheitlichkeit

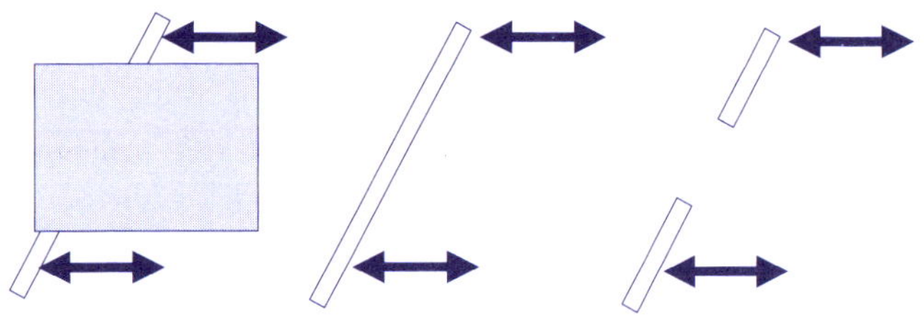

Die Kinder sehen in der *Gewöhnungsphase* zunächst, wie sich ein Stab hinter einem Wandschirm hin- und herbewegt. In der anschließenden Testphase wechseln sich zwei Szenen ohne Wandschirm ab.
In Szene 1 sehen die Kinder einen durchgängigen Stab.
In Szene 2 sehen sie zwei getrennte Stabteile.
Auf diese Weise wird untersucht, welches Ereignis die Kinder mehr interessiert.

Die Kinder sahen diese Szene so lange, bis sie daran gewöhnt waren (habituiert) und sich nicht mehr dafür interessierten. Anschließend zeigte man ihnen wiederum Bilder ohne Wandschirm, wobei einmal der durchgehende Stab zu sehen war und ein anderes Mal zwei getrennte Stabteile. Nun schauten die Kinder länger auf das Bild mit den beiden Stabteilen – ganz so, als seien sie verwundert darüber, dass es sich nicht um einen durchgehenden Stab handelte. Ob die Blickpräferenz für die getrennten Stabteile wirklich als Überraschung und Reaktion auf eine Erwartungsverletzung gedeutet werden kann, bleibt vorerst unklar. Es scheint plausibel dies anzunehmen, aber beweisen kann man es nicht.

Säuglinge bauen ihre Tiefenwahrnehmung ganz allmählich auf und beziehen mit der Zeit immer mehr Hinweisreize ein. Ihr Raumerleben ist nicht angeboren und taucht auch nicht mit einem Schlag auf, sondern verändert sich vielmehr qualitativ. Es ist bei einem vier Wochen alten Säugling ein anderes als bei einem zwölf Monate alten Kind. Wie wir gesehen haben, hängt das sowohl mit Hirnreifungsprozessen als auch mit zunehmender Erfahrung zusammen. Wahrnehmung und Denken greifen also schon bei ganz kleinen Kindern eng ineinander, so dass eine strikte Trennung kaum möglich ist. Die Raumwahrnehmung entwickelt sich auch nach dem ersten Lebensjahr noch weiter. So wurde etwa festgestellt, dass das Abschätzen von Entfernungen, Höhen und Tiefen zunehmend besser gelingt, wenn das Kind gelernt hat, sich krabbelnd oder laufend fortzubewegen. Folglich ist unsere Wahrnehmungsfähigkeit auch mit der Bewegungsfähigkeit verknüpft.

Hier wird ein generelles Prinzip deutlich: Wer die geistige Entwicklung von Babys wirklich verstehen will, muss begreifen, dass viele verschiedene Teilfähigkeiten, die sich mit jeweils eigenem Tempo entwickeln, zusammenwirken, um kompliziertere Prozesse – wie etwa die Bildung von Vorstellungen oder Begriffen – erst möglich zu machen. Wie die Raumwahrnehmung, so ist auch das Denken nicht angeboren. Trotzdem kann es sein, dass unser Gehirn darauf vorbereitet ist, bestimmte Informationen auf besondere Weise zu verarbeiten. Erfahrung wird dabei immer eine Rolle spielen – für manche Teilfähigkeiten mehr als für andere. Allerdings taucht das Denken nicht plötzlich auf und ist auch nicht an eine ganz bestimmte Kompetenz, etwa das Sprechen, gebunden. Bildlich kann man es sich vielleicht am ehesten so vorstellen, als würden sich Nebel allmählich über einer Landschaft lichten. Dabei kommen höher liegende Regionen früher zum Vorschein als darunter befindliche – ebenso, wie bei der Raumwahrnehmung bestimmte Hinweisreize früher genutzt werden können als andere. Die volle Raumwahrnehmung ist erst gegeben, wenn alle Hinweisreize zum Einsatz kommen, der Nebel sich also vollständig aufgelöst hat; trotzdem hat man aber auch vorher schon eine Ahnung von Tiefe.

Gesichterwahrnehmung. Es gibt wohl kaum einen bedeutsameren komplexen Reiz für ein Neugeborenes als das menschliche Gesicht. Wenn sich Mutter oder Vater über die Wiege beugen, wenn sie mit ihrem Kind sprechen oder es füttern, wenn es gewickelt oder gebadet wird – immer wenn etwas Wichtiges mit ihm geschieht, hat ein Baby das Gesicht eines anderen Menschen vor seinen Augen.

Wenn aber gilt, dass die Fokussierungsfähigkeit und die Sehschärfe beim Neugeborenen nur unzureichend sind, erkennt das Baby dann überhaupt, was sich da vor ihm befindet? Es gibt einige gute Gründe anzunehmen, dass Kinder mit einer angeborenen Präferenz für Gesichter oder gesichtsähnliche Reize zur Welt kommen: Präsentiert man wenige Stunden alten Kindern ein Gesicht und einen anderen Reiz vergleichbarer Komplexität, dann schauen Neugeborene lieber das Gesicht an. Kurz nach der Geburt ist eine solche Blickpräferenz allerdings nur dann nachweisbar, wenn man jeden der Reize langsam vor den Augen der Kinder bewegt. Bietet man sie ohne Bewegung dar, ist keine Blickpräferenz feststellbar. Es scheint, als würde die Bewegung den Neugeborenen helfen, aufmerksam zu bleiben und genau zu wissen, worauf sie schauen sollen.

Erstaunlicherweise kann man viele Details wegnehmen und findet immer noch eine Bevorzugung von gesichtsähnlichen gegenüber anderen Reizen. Johnson und Morton haben diese Frage intensiv erforscht und eine eigene Theorie der Gesichterwahrnehmung vorgestellt. Zunächst beobachteten die Wissenschaftler, dass Neugeborene lieber dann auf helle Ovale vor dunklem Hintergrund schauten, wenn innerhalb dieser Ovale drei schwarze Flecken wie die Eckpunkte eines auf dem Kopf stehenden Dreiecks angeordnet waren: diese Anordnung zogen sie jeder anderen vor. Schon die abstrakte Darstellung eines Gesichts mit zwei Augen und einem Nase-Mund-Bereich löste also vermehrtes Interesse aus. Wie neuere Untersuchungen zeigen, genügt es offensichtlich sogar, den Kindern eine Fläche vorzulegen, auf der mehr Teile in der oberen Bildhälfte zu sehen sind als in der unteren, ohne dass es dabei von Bedeutung wäre, um wie viele Teile es sich konkret handelt und welche Form sie haben. Warum Babys solche Reize bevorzugen, ist allerdings noch unklar.

Johnson und Morton vermuten, dass Neugeborene Gesichterinformation zunächst subkortikal verarbeiten, also ohne Beteiligung höherer Zentren unseres Gehirns. Damit wäre die Fähigkeit zur Unterscheidung zwischen einzelnen Gesichtern anfangs stark eingeschränkt. Trotzdem kann ein primitiver Mechanismus zur Gesichtererkennung durchaus nützlich sein, denn er stellt zumindest sicher, dass sich das Baby Gesichtern mit Interesse zuwendet und rascher etwas über besondere Merkmale vertrauter Gesichter lernen kann. Später, ab ca. dem vierten Lebensmonat, beginnen Babys nach Auffassung von Johnson und Morton mit der kortikalen Verarbeitung entsprechender Informationen. Während zu Beginn vor allem die kontrastreichen Außenkonturen interessieren, sind es nun die internen Merkmale wie etwa die Augen, die Nase und der Mund; denn sie erlauben nicht nur eine feine Differenzierung zwischen den Merkmalen verschiedener Personen, sondern auch zwischen verschiedenen Gesichtsausdrücken, die ihrerseits wichtige Information über die Stimmungslage des Kommunikationspartners liefern.

Angesichts der eingeschränkten Sehfähigkeit und der subkortikalen Verarbeitung von Gesichterinformation scheint es überaus erstaunlich, dass Babys schon innerhalb weniger Tage nach der Geburt lernen, das Gesicht der eigenen Mutter von anderen Gesichtern zu unterscheiden. Dabei achten sie zunächst vor allem auf den Haaransatz und die generelle Kopfform. Trägt die Mutter einen Hut oder ein Kopftuch, ist das Wiedererkennen schwer möglich und die Kinder reagieren nicht selten irritiert. Drei bis vier Monate alte Babys, die zu Hause von ihrer Mutter betreut werden, schauen sich generell lieber Frauengesichter an und können gut zwischen ihnen unterscheiden, während Säuglinge, die von ihrem Vater versorgt werden, Männergesichter bevorzugen. Etwa im gleichen Alter lernen Kinder auch, ihre Mütter bzw. Väter auf Fotos wiederzuerkennen. Diese Beobachtungen zeigen, wie rasch sich die Gesichterwahrnehmung entwickelt und wie effektiv Babys die begrenzten Informationen nutzen, die ihr Wahrnehmungssystem und ihr Gehirn bereits verarbeiten können.

Um die Mitte des ersten Lebensjahres scheint es so etwas wie eine sensible Periode für das Lernen über Gesichter zu geben. Während wir als Erwachsene Schwierigkeiten haben, zwischen Gesichtern einer fremden Rasse (z.B. zwischen asiatischen oder afrikanischen Gesichtern), mehr aber noch zwischen verschiedenen Affengesichtern zu unterscheiden, gilt Gleiches nicht für sechs Monate alte Babys. Sie sind wahre Gesichterexperten! Diese besondere Fähigkeit ist schon drei Monate später nicht mehr in vergleichbarer Weise nachzuweisen. Mit zunehmender Erfahrung bilden sich offensichtlich Schwerpunkte in der Wahrnehmung heraus, die abhängig davon sind, mit welcher Art von Gesichtern wir besonders häufig zu tun haben. Hier steigert sich die Unterscheidungsfähigkeit noch, während sie in Bezug auf Gesichter, die in einem gegebenen Kulturkreis eher selten vorkommen, abnimmt.

Wie noch zu zeigen sein wird, gibt es vergleichbare Phasen erhöhter Sensibilität auch im akustischen Bereich. Kognitive Entwicklung im Säuglingsalter geht also nicht immer mit einem Zugewinn neuer Fähigkeiten einher. Gerade in der Wahrnehmung gehen bestimmte Fähigkeiten auch wieder verloren. Es besteht jedoch kein Grund dafür, Abbauprozesse entsprechender Art unbedingt zu bedauern, denn in der Regel spiegeln sie Anpassungsleistungen wider und sind mit einer Steigerung der Effizienz in der geistigen Verarbeitung verbunden. Es bleiben eben nur jene Sinneszellen und neuronalen Verbindungen erhalten, die wir im Alltag auch tatsächlich brauchen.

Manche Wissenschaftler vermuten, dass Gesichter ganz besondere Reize darstellen, die auch auf ganz besondere Weise verarbeitet werden. Vor diesem Hintergrund stellt sich die Frage, wie es sich mit der Wahrnehmung anderer Objekte verhält. Was versetzt uns überhaupt in der Lage, Objekte von einem Hintergrund zu unterscheiden? Hätten wir diese Fähigkeit nicht, dann wären unsere visuellen Eindrücke nichts als komplexe Muster, die sich von einem Moment auf den anderen verändern. Erst dadurch, dass wir eine Szene in einzelne Teile gliedern und wahrnehmen, dass diese Teile in einem bestimmten räumlichen Verhältnis zueinander stehen, wird es überhaupt möglich, Wissen über die Welt aufzubauen. Bedeutet das aber, dass die Objektwahrnehmung angeboren ist? Oder entwickelt sie sich innerhalb der ersten Lebensmonate und ist auf Erfahrung angewiesen?

Objektwahrnehmung. Vom ersten Moment an sind Babys umgeben von einer Vielzahl von Objekten. Man muss sich allerdings fragen, wie gut es ihnen gelingt, einen Gegenstand als Gebilde mit klaren Außengrenzen zu erkennen. Dieser Aspekt wird nachfolgend *Objektwahrnehmung* genannt. Da Neugeborene noch nicht scharf sehen, sind ihre Möglichkeiten, Informationen über das Aussehen und die Bewegung von Objekten genau zu verarbeiten, begrenzt. So gelingt es wenige Tage alten Babys nur dann, Kanten und Konturen zu entdecken, wenn die Helligkeitskontraste sehr groß sind und sich das betrachtete Objekt gut vor einem gleichmäßig gefärbten Hintergrund abhebt. Ab dem sechsten Lebensmonat, wenn sich die Sehschärfe, die Farbwahrnehmung und die Fähigkeit zum visuellen Scannen deutlich verbessert haben, können Babys problemlos Objektgrenzen erkennen und diese sogar ergänzen, wenn sie nicht durchgängig sichtbar sind.

Die Ergänzung unsichtbarer Konturen setzt Erfahrung voraus. Dabei spielt Erfahrung mit dem Prinzip der *Verdeckung* eine wichtige Rolle. Dieses Prinzip wurde bereits im Abschnitt über die Entwicklung der Tiefenwahrnehmung besprochen. Immer wenn ein Objekt halb verdeckt ist, ergänzen wir im Geiste die fehlenden Kanten. Bitte nehmen Sie sich einen Augenblick Zeit und schauen sie sich in ihrer Umgebung um. Wie viele Objekte sind vollständig sichtbar und wie viele verdeckt? Sie werden erkennen, dass die meisten Objekte halb verdeckt sind. Häufig müssen wir auch schon etwas über ein Objekt wissen (z.B. etwas über seine Gestalt), um die nicht sichtbaren Konturen ergänzen zu können. Hier zeigt sich, dass die Objektwahrnehmung und die Objekterkennung eng ineinander greifen. Je genauer ein Kind die Form eines Objekts kennt und sich daran erinnern kann, desto leichter wird es ihm gelingen, verdeckte Teile im Geiste zu ergänzen.

Handelt es sich um einfache geometrische Formen, so werden fehlende Kanten selbst dann ergänzt, wenn das Objekt in wesentlichen Teilen vor einem Hintergrund gleicher Farbe und Helligkeit dargestellt ist, so dass es sich nicht abhebt. Das ist zum Beispiel der Fall bei *subjektiven Konturen*. Zu diesem Phänomen ist schon viel geforscht worden. Als subjektive Kontur verwendet man zum Beispiel ein einfaches Quadrat. Dieses Quadrat existiert streng genommen gar nicht, aber es erscheint uns dennoch so. Man hat den Eindruck, als läge es mit jeder seiner vier Ecken auf einer kleinen kreisrunden Fläche, wobei Quadrat und Bildhintergrund exakt die gleiche Farbe und Helligkeit haben. Tatsächlich sind aber nur vier kleine Kreise dargestellt, aus denen je ein Viertelkreis ausgeschnitten ist.

Subjektive Konturen

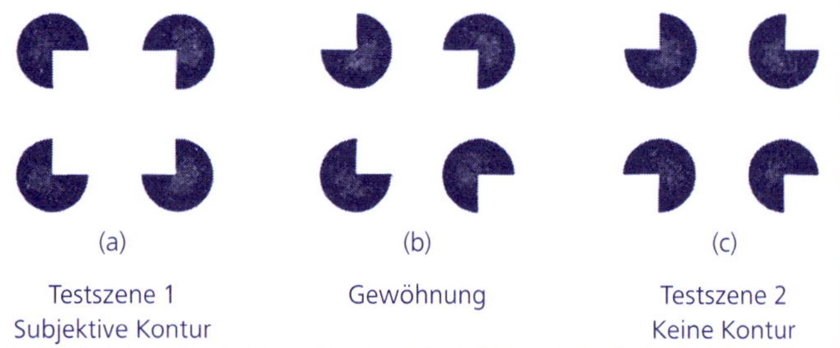

Die Kinder werden zunächst an eine bestimmte Konstellation von vier Scheiben mit dreieckigem Ausschnitt gewöhnt (mittlere Abbildung).
Anschließend präsentiert man ihnen eine von zwei neuen Konstellationen, bei denen jeweils zwei Kreise um 180 Grad gedreht sind (rechte und linke Abbildung). Beide Testreize sind gleich neu, aber nur einer stellt eine subjektive Kontur dar.
Die Frage ist, ab welchem Alter die Kinder den Reiz mit subjektiver Kontur bevorzugen.

Wenn jeder der vier kleinen Kreise so gedreht ist, dass die ausgeschnittenen Viertelkreise sich mit den imaginären Ecken des Quadrats zur Deckung bringen ließen (und nur dann!), wird eine subjektive Kontur wahrgenommen. Zu dieser erstaunlichen Ergänzungsleistung sind Kinder im Alter von ca. fünf bis sechs Monaten in der Lage, wie Arbeiten von Michael Kavšek und anderen zeigen.

Bewegt sich das Zielobjekt langsam vor ihren Augen, so ist es für Säuglinge in vielen Fällen leichter, unvollständig erkennbare Objekte als Ganzheit wahrzunehmen. Das schon erwähnte Experiment mit dem schräg stehenden Stab, der sich hinter einem Wandschirm hin und her bewegt, ist ein einfaches Beispiel für diese Leistung. Schon mit zwei Monaten nehmen Babys ein scheinbar durchgängiges Objekt wahr, obwohl der mittlere Teil durch einen Wandschirm verdeckt ist. Auch die Tatsache, dass schematische Gesichter für Neugeborene eher erkennbar sind, wenn sie bewegt werden, legt den Schluss nahe, dass Bewegung hilfreich sein kann, um Objektgrenzen und -eigenschaften wahrzunehmen. Ein wichtiger Grund dürfte darin liegen, dass bewegte Reize allgemein mit größerer Aufmerksamkeit betrachtet werden als Reize, die sich nicht bewegen. Schon die ganz Kleinen interessieren sich für alles, was sich bewegt. Auch wenn es ihnen zunächst schwer fällt, bewegten Objekten mit dem Blick zu folgen, versuchen sie es.

Fassen wir zusammen: Kinder kommen mit eingeschränkten Sehfähigkeiten auf die Welt. Schon innerhalb der ersten drei Monate, deutlicher noch bis zum sechsten Lebensmonat, macht die Reifung aller an der visuellen Wahrnehmung beteiligter biologischer Strukturen so große Fortschritte, dass Säuglinge die Welt mit ca. sechs bis acht Monaten in annähernd vergleichbarer Weise sehen dürften wie Erwachsene – zumindest im Hinblick auf die Verarbeitung von Farb-, Form-, Muster-, und Bewegungsinformationen. In Bezug auf die Raumwahrnehmung, die Gesichterwahrnehmung, die Objekterkennung und andere komplexere Sehprozesse gibt es auch danach noch wichtige Fortschritte. Reifung und Erfahrung tragen gleichermaßen zu dieser Entwicklung bei.

Hören

Anders als das Sehen ist das Hören bereits bei der Geburt sehr gut entwickelt. Schon in der der zweiten Hälfte der Schwangerschaft können Föten Laute verarbeiten. Das Innenohr ist bereits mit Sinneszellen ausgestattet und im Bauch der Mutter ist es keineswegs still. Es gluckst und rauscht, der Herzschlag und die Stimme der Mutter sind gut hörbar. Wenn die Mutter redet oder singt, werden die Schallwellen nicht nur über den Bauch, sondern auch über die Knochenleitung übertragen. Das weibliche Becken ist ein idealer Resonanzboden.

Auch von außerhalb dringen Reize durch die Bauchdecke zum Baby vor, allerdings nur sehr gedämpft und leise. Es ist ein wenig so, wie wenn man den Kopf in der Badewanne oder im Schwimmbad untertaucht. Dann hört man unter Wasser Geräusche und kann sich auf geringe Distanz sogar mit anderen Tauchern unterhalten, aber alles, was oberhalb der Wasseroberfläche passiert, ist nur schlecht wahrzunehmen. So scheint es kaum verwunderlich, dass ein Geräusch unmittelbar über der Bauchdecke einer Schwangeren noch 60 dB haben muss, damit der Fötus es hören und darauf reagieren kann. Zumindest hat man das mit vibratorisch-akustischen Reizen anhand der physiologischen und motorischen Reaktionen der Föten nachgewiesen.

Trotzdem bekommen die Kleinen schon eine Menge mit: Besonders erstaunt hat Entwicklungspsychologen, dass sich Neugeborene unmittelbar nach der Geburt offensichtlich an verschiedene Klänge und Geräusche erinnern, die sie während ihrer Zeit im Uterus gehört haben. So hat man etwa festgestellt, dass Babys, deren Mütter während der Schwangerschaft zur Entspannung regelmäßig eine bestimmte Serie im Vorabendprogramm anschauten, nach der Geburt durch die zugehörige Titelmelodie besonders gut beruhigt werden konnten. Unterstellt man, dass ihre Mütter nicht schwerhörig waren, so werden sie den Fernseher wohl kaum so laut gestellt haben, dass die Lautstärke über der Bauchdecke 60 dB betrug.

Etwas weniger überraschend scheint dagegen, dass Babys der Stimme ihrer eigenen Mutter schon unmittelbar nach der Geburt lieber lauschen als der Stimme einer fremden Person. Schließlich übertragen sich die Schallwellen, die eine Schwangere beim Sprechen oder Singen produziert, über die Knochenleitung auf das Kind. Von daher macht es auch Sinn, dass Frühgeborene, denen man im Brutkasten regelmäßig die Mutterstimme vorspielte, eine bessere physiologische Regulation aufwiesen als Frühgeborene, bei denen man das nicht tat.

Um herauszufinden, was Neugeborene gerne hören und welche Reize sie schon unterscheiden können, verwendet man das bereits im Zusammenhang mit der Entwicklung der Geschmackswahrnehmung erwähnte *Saugpräferenzparadigma*. Dieses Paradigma lässt sich aber auch nutzen, um kognitive Kompetenzen des Neugeborenen zu untersuchen: Die Kleinen bekommen einen Kopfhörer aufgesetzt und einen Spezialschnuller in den Mund. Dann wird zunächst erhoben, mit welcher Frequenz sie spontan am Schnuller saugen (Basisrate). Anschließend beginnt die Lernphase, in der ihnen beispielsweise immer dann, wenn sie langsamer saugen als zuvor, die Stimme der eigenen Mutter ins Ohr gespielt wird, und immer, wenn sie schneller saugen, die Stimme einer anderen Frau (bei der Hälfte der Kinder wird umgekehrt verfahren). Jetzt lässt sich feststellen, ob sie eine der beiden Stimmen lieber herbeisaugen und lernen, ihre Saugrate entsprechend anzupassen. Bei diesem Test zeigen sie eine eindeutige Präferenz für die Stimme der eigenen Mutter.

Ganz generell hören Neugeborene im Frequenzbereich der menschlichen Stimme besonders gut und reagieren auf weibliche Stimmen im Allgemeinen besser als auf männliche Stimmen. Besonders gerne haben sie es, wenn Erwachsene um sie herum mit starker Betonung und in höheren Tonlagen sprechen. Auch wenn sich Eltern dabei mitunter albern vorkommen mögen – sie tun ihren Babys eindeutig einen Gefallen, wenn ihre Sprachmelodie stark variiert und sie beim Sprechen halb singen. Es geht nicht darum, grammatisch oder lautlich vereinfachte Formen zu verwenden, wohl aber darum, in einfachen Worten mit erhöhter Stimme und Dynamik zu sprechen.

Verhaltensforscher haben festgestellt, dass Menschen unabhängig vom Kulturkreis, in dem sie leben, in bestimmter Hinsicht immer wieder ähnliche Melodieführungen bevorzugen. Wenn sie ein Baby beruhigen wollen, gehen sie mit der Tonführung nach unten («Ist schon gut!»), wenn sie seine Aufmerksamkeit wecken möchten, nach oben («Schau mal!»). Diese Art von Ansprache ist für Babys hilfreich, denn es erleichtert es ihnen herauszufinden, was der Sprecher mitteilen möchte. Dennoch gibt es große Unterschiede in der Melodieführung unterschiedlicher Sprachen *(Prosodien)* und offensichtlich sind Neugeborene bereits in der Lage, diese unterschiedlichen Prosodien voneinander zu differenzieren. Dabei bevorzugen sie wieder eindeutig die Melodie der eigenen Muttersprache.

Im Hinblick auf die Fähigkeit zur Unterscheidung einzelner Laute sind Säuglinge sogar den Erwachsenen überlegen. So können Babys die Laute einer fremden Sprache, die für ihre Eltern nicht (mehr) zu differenzieren sind, falls sie nicht in dem betreffenden Sprachraum aufgewachsen sind, problemlos unterscheiden. Zumindest reagiert ihr Gehirn mit einer Veränderung der Hirnströme, wenn nach vielen Lauten einer Art plötzlich ein Laut anderer Art über Kopfhörer eingespielt wird. Das funktioniert sogar im Schlaf. Ab der zweiten Hälfte des ersten Lebensjahres scheint diese Reaktion abzunehmen. Ein typisches Beispiel für den Verlust der akustischen Differenzierungsfähigkeit mit dem Alter ist die Schwierigkeit, die erwachsene Chinesen haben, wenn sie «R» und «L» unterscheiden sollen. Als Babys konnten sie das, aber weil der Unterschied in ihrer Landessprache keine Bedeutung hatte, verlor sich die entsprechende Kompetenz wieder. Dieses Beispiel zeigt, dass die Fähigkeit zur Wahrnehmung sich nicht generell mit dem Alter verbessert, sondern teilweise sogar reduziert. Man darf aus solchen Beobachtungen aber nicht den Schluss ziehen, dass man Babys mit möglichst vielen unterschiedlichen Sprachlauten beschallen sollte, um den Abbau neuronaler Verbindungen zu verhindern. Das macht wenig Sinn, weil der Abbau wichtig für die Effektivität der Verarbeitung ist. So konzentrieren wir uns zunehmend auf die sprachliche Umwelt, in der wir aufwachsen, und schärfen unsere Wahrnehmung für die eigene Muttersprache. Denkentwicklung ist mehr als das bloße Anhäufen von Kompetenzen. Durch Auf- und Abbauprozesse passt sich unser Gehirn immer besser den Gegebenheiten der Umwelt an, in der das Kind lebt.

Wichtige Fortschritte in der akustischen Wahrnehmung kann man im Verlauf der ersten beiden Lebensjahre auch bei der Verortung von Geräuschen verzeichnen. Schon Neugeborene wenden ihren Kopf grob in die Richtung, aus der sie etwas gehört haben. Diese Verhaltensweise wird vermutlich subkortikal (hier über die *Colliculi inferiores*) gesteuert. Mit dem Alter nimmt die Genauigkeit bei der Lokalisierung von akustischen Reizen aber deutlich zu, wobei auch Verarbeitungsschritte auf höheren Ebenen eine wichtige Rolle spielen.

Ein weiterer Faktor, der sich auf die Verortung von Geräuschen auswirkt, ist die Erfahrung mit Objekten. Wenn ein Baby weiß, welches Geräusch ein Flugzeug macht, wird es seinen Blick automatisch nach oben wenden, um die Quelle des herannahenden Düsenlärms zu verorten. Und auch in der häuslichen Umgebung wird es ahnen, dass Geklapper von Geschirr wohl kaum aus dem Bad kommt oder dass die Schelle der Türe vermutlich im Flur geklingelt hat. Für solche Lernprozesse, die vor allem das zweite Lebensjahr betreffen, ist eine weitere Fähigkeit von großer Bedeutung: die intermodale Wahrnehmung.

Intermodale Wahrnehmung

Unter intermodaler Wahrnehmung versteht man die Koordination verschiedener Sinneseindrücke, etwa des Hörens und des Sehens. Solche Koordinierungsleistungen sind wichtig, um Erfahrungen unterschiedlicher Art, die sich aber alle auf den gleichen Gegenstand beziehen, in Zusammenhang bringen zu können. Einige Forscher vermuten, dass schon Neugeborene hierzu fähig sind.

Ein besonders spektakuläres Experiment zum Thema stammt von Meltzoff und Borton: Die Autoren untersuchten Säuglinge im Alter von vier Wochen. Sie steckten zwei unterschiedlichen Gruppen von Babys einen Schnuller in den Mund, dessen Sauger die Kinder mit dem Mund ertasten durften, ohne ihn vorher gesehen zu haben. Eine Gruppe bekam einen normalen Sauger mit glatter Oberfläche, die andere erhielt einen Sauger mit genoppter Oberfläche. Nachdem die Kinder eine Weile an dem ihnen zugeteilten Sauger genuckelt hatten, ohne diesen zu sehen, nahm man den Schnuller wieder weg und zeigte den Babys ein Bildpaar, auf dem sowohl ein genoppter als auch ein ungenoppter Schnuller abgebildet waren. In beiden Versuchsgruppen schauten die Babys länger auf denjenigen Schnuller, den sie zuvor im Mund gehabt hatten. Meltzoff und Borton folgerten aus dieser Beobachtung, dass Babys fähig sind, zwischen dem gefühlten und dem gesehenen Objekt eine Verbindung herzustellen.

Der Befund ist erstaunlich, aber seine Interpretation scheint ziemlich gewagt. So wurde bereits erörtert, dass Babys anfangs noch erhebliche Schwierigkeiten haben, Objekte zu erkennen, insbesondere, wenn es sich lediglich nur um Zeichnungen handelt. Möglicherweise sind die Reaktionen der Kleinen gar nicht auf intermodale Wahrnehmung zurückzuführen, sondern ganz anders zu erklären: Denkbar wäre etwa, dass das Nuckeln an einem genoppten Schnuller Kinder in einen eher erregten Zustand versetzt, der sie anschließend auch lieber auf ein komplexeres Bild (Schnuller mit Noppen) schauen lässt, während das Nuckeln am glatten Schnuller eher beruhigend wirkt und deshalb auch zu einer Bevorzugung des weniger komplexen Bildes (Schnuller ohne Noppen) führt. Ob diese Erklärung stimmt, ließe sich leicht prüfen, indem man den Kindern nach dem Saugen am Schnuller einfach zwei andere Bilder darbietet, auf denen Muster unterschiedlicher Komplexität abgebildet sind. Zeigen die Babys unter solchen Umständen noch immer eine Bevorzugung des Reizes passender Komplexität, kann der von Borton und Meltzoff beobachtete Effekt nicht auf intermodale Objektwahrnehmung im engeren Sinne zurückgeführt werden, denn es waren ja keine Schnuller zu sehen. Ob das Erregungsniveau tatsächlich entscheidend für die Reaktionen der Kinder ist, bliebe damit offen, ließe sich aber über die Erhebung physiologischer Variablen wie etwa des Herzschlags mit überprüfen. Eine solche Untersuchung wurde noch nicht durchgeführt, und so bleibt zunächst unklar, wie die spannende Beobachtung von Borton und Meltzoff erklärt werden kann.

Es gibt jedoch andere Befunde, die eindeutigere Rückschlüsse auf das frühe Vorhandensein einer Fähigkeit zur intermodalen Wahrnehmung zulassen. Dies gilt etwa für die Koordination zwischen Sehen und Hören. So ist bekannt, dass bereits Neugeborene ihren Kopf (und damit auch die Augen) in jene Richtung wenden, aus der sie ein Geräusch gehört haben. Wie schon erwähnt, ist ihre Suche mit dem Blick dabei zunächst recht ungenau und die Steuerung der Augen erfolgt ohne Beteiligung des Großhirns. Die Lokalisierung von Geräuschen über den Sehsinn wird im Verlauf der ersten beiden Lebensjahre aber immer präziser.

Anders verhält es sich bei der Koordination von visuellen und akustischen Reizen, wenn Augen und Ohren schon auf das Ziel gerichtet sind. Zeigt man vier Monate alten Kindern ein Objekt, das sich auf und ab bewegt und sie hören dazu ein auf- und absteigendes Geräusch, so reagieren sie mit Überraschung, wenn der Wechsel in der Tonrichtung nicht zeitgleich mit dem Wechsel in der Bewegungsrichtung auftritt. Ebenso suchen sie nach Parallelen zwischen der Geschwindigkeit einer Bewegung und der Frequenz eines Geräusches. Sie wundern sich, wenn ein Hammer öfter niederschlägt als Schläge zu hören sind oder wenn das Aufschlagsgeräusch nicht zeitgleich mit dem sichtbaren Aufschlag ertönt.

Auch im sozialen Bereich spielt diese Form der intermodalen Koordination eine zentrale Rolle: Ebenfalls mit vier Monaten betrachten Säuglinge bevorzugt Videos von sprechenden Gesichtern, bei denen die Lippenbewegungen mit der Sprachproduktion übereinstimmen. Werden Ton- und Bildspur leicht versetzt dargeboten, reagieren die Babys irritiert. Ähnlich wie wir Erwachsene bevorzugen es schon die Kleinsten, sich einen Film anzuschauen, bei dem die Synchronisierung von Ton und Bild genau stimmt. Im Versuch lösten nur sprachliche Laute, nicht aber reine Töne, die zeitlich mit Mundbewegungen koordiniert wurden, eine eindeutige Bevorzugung für die synchrone Präsentation aus. Damit scheinen neben Eigenschaften der zeitlichen Dynamik auch noch andere qualitative Merkmale (in diesem Fall: Eigenschaften der Sprache) von Bedeutung zu sein.

Schon wenige Monate alte Babys wissen offensichtlich einiges darüber, welche Art von Objekt welche Art von Geräusch macht. Von elastischen Objekten (etwa einem Gummiball) erwarten sie ein anderes Bewegungsverhalten und andere Geräusche als von Gegenständen mit geringer Elastizität (etwa einer Metallkugel). Auch die Zusammensetzung des Objekts (z.B. eines einzelnen Schlüssels oder eines Schlüsselbundes) wird mit unterschiedlichen Geräuschen in Verbindung gebracht. Solche Beobachtungen sprechen dafür, dass Kinder unter sechs Monaten unterschiedliche Eigenschaften (akustische und visuelle) eines Objekts miteinander verknüpfen.

Auch die Koordination von visueller Information und der eigenen Körperwahrnehmung wurde bereits untersucht. So hat man drei bis fünf Monate alten Babys Live-Aufnahmen ihrer eigenen Arme und Hände oder ihrer Beine und Füße auf Videomonitoren vorgespielt, gepaart mit Aufnahmen der Bewegung entsprechender Körperteile von anderen Kindern. Beide Babys trugen identische Kleidung, so dass ausschließlich die Verknüpfung des Bildes mit der eigenen Körperempfindung Gelegenheit bot, sich selbst zu identifizieren. Die Kinder sahen beide Aufnahmen parallel und es wurde untersucht, welches Video sie bevorzugt anschauten. Mehrheitlich zeigen sie eine Blickpräferenz für die Aufnahme des anderen Kindes. Wurde die eigene Bewegung hingegen seitenverkehrt dargeboten, waren beide Videos gleich interessant. Hier deutet sich an, dass Babys ab einem Alter von fünf Monaten einen raumzeitlichen Zusammenhang zwischen visueller Wahrnehmung und eigener Körperwahrnehmung herstellen. Auch bei jüngeren Kindern wurden bereits systematische Blickpräferenzen unter vergleichbaren Bedingungen beobachtet, allerdings in umgekehrter Richtung. Während drei bis vier Monate alte Säuglinge die Aufnahmen ihrer eigenen Person bevorzugen, ist bei Kindern ab ca. fünf Monaten eine eindeutige Bevorzugung für die Aufnahmen anderer Personen zu beobachten.

An diesem Beispiel kann man ein allgemeines Problem der Säuglingsforschung gut erkennen: In der Regel bevorzugen Kinder Reize, die ihnen weniger vertraut sind, aber manchmal verhält es sich eben auch umgekehrt. Gerade im Fall der intermodalen Wahrnehmung gibt es Beispiele für beide Formen der Bevorzugung. Möglicherweise interessieren sich Babys zunächst für passende Reize, weil sie aktuell dabei sind, Ähnlichkeiten und Regeln zu entdecken, während ihnen später – sobald die Regeln klar sind – jene Reize besonders interessant erscheinen, die gelernten Gesetzmäßigkeiten widersprechen, weil sie dadurch etwas Neues lernen können. Eine endgültige Erklärung für solche Unterschiede in der Reaktion von Babys steht noch aus. Vielleicht helfen neue Methoden, wie etwa die der Hirnstrommessung, demnächst besser zu verstehen, warum junge Säuglinge oft das Vertraute bevorzugen, während ältere sich eher dem Neuen zuwenden.

Wie unterschiedlich und vielschichtig die Ergebnisse neuerer Säuglingsstudien zur Wahrnehmung auch sein mögen, sie machen einerseits deutlich, dass sich in den ersten sechs Lebensmonaten noch sehr wichtige Reifungsschritte vollziehen, und sie dokumentieren andererseits, dass das, was uns als Erwachsenen kompliziert vorkommt (z.B. die Koordination von unterschiedlichen Sinneswahrnehmungen) für Babys unter Umständen gar nicht so schwer ist, während anderes, das wir für sehr einfach halten (z.B. die Koordination der Information aus beiden Augen) Babys nur schwer gelingt. Umso wichtiger ist es, die Wahrnehmungsfähigkeiten von Säuglingen genauer zu erforschen. Wir werden dabei noch so manche Überraschung erleben.

Darüber hinaus fällt auf, dass es kaum möglich ist, eine strikte Grenze zwischen Wahrnehmung und Denken zu ziehen. Schon die frühkindliche Wahrnehmung ist gleichermaßen durch *Bottom-up-* und *Top-down-*Prozesse geprägt. Damit ist gemeint, dass sowohl die Information, die von den Sinnesorganen kommt (bottom-up), als auch die Erfahrung, die Babys schon gemacht haben, oder angeborene Verarbeitungsstrukturen (top-down) auf die Wahrnehmung Einfluss nehmen.

Bislang kam kaum zur Sprache, wie Babys mit anderen Menschen umgehen. Wohl habe ich erwähnt, dass Säuglinge mit besonderem Interesse auf Gesichter und auf die menschliche Stimme reagieren, aber was sie mit dieser Information machen, blieb zunächst unbeleuchtet. Wie die nachfolgenden Abschnitte zeigen werden, sind Kinder vom ersten Lebenstag an Beziehungswesen, die in besonderer Weise auf Menschen reagieren. Die Fähigkeit, sich mit anderen auszutauschen, ist dabei außerordentlich wichtig für die weitere Entwicklung des kindlichen Geistes: Zunächst bestimmen fast ausschließlich Erwachsene, welchen Erfahrungen ein Kind ausgesetzt ist. Es sind die Eltern, die entscheiden, wann das Kind ruhig im Bettchen liegt, wann es gefüttert und gewickelt wird und wann es mit welchen Gegenständen spielen darf. Das Neugeborene gestaltet diese Beziehung von Anfang an mit, indem es durch Signale wie Laute, Blicke und Bewegung deutlich macht, was es gerade braucht. Ob diese Signale auf Widerhall stoßen, liegt jedoch nicht in seiner Macht.

Soziales Engagement

In frühen Interaktionen lernen Babys, ob ihre soziale Umwelt zuverlässig und berechenbar oder chaotisch ist. Das Erkennen von Regelhaftigkeiten und die Erfahrung, sich durch eigene Signale verständlich machen zu können, sind entscheidende Voraussetzungen für die emotionale und geistige Entwicklung. Wer als Erwachsener immer wieder jemanden anspricht und um etwas bittet, ohne dass diese Person auf das eigene Anliegen reagiert, wird irgendwann resignieren und aufhören, weiter sein Bedürfnis zu kommunizieren. Anders liegt der Fall, wenn man erfährt, dass auf die eigenen Interessen eingegangen wird. Es ist für Babys äußerst wichtig zu erfahren, dass ihre Signale ankommen. Schließlich müssen sie erst lernen, was sie davon haben, wenn sie sich mitteilen. Sie kommen mit der Erwartung auf die Welt, gehört zu werden. Gerade die ganz Kleinen, die motorisch noch nicht viel tun können und sich daher im Umgang mit der dinglichen Welt kaum als selbstwirksam erleben, sind auf den Austausch mit anderen Menschen angewiesen, um zu erfahren, dass es sich lohnt, aktiv zu sein. Ihr angeborenes soziales Engagement braucht Bestätigung.

Wie überaus bedeutsam solche frühen Lernprozesse sind, zeigt sich an Studien mit Kindern, deren Mütter kurz vor oder nach der Geburt depressiv werden und dies über einige Monate hinweg bleiben. In der Krankheitsphase fällt es diesen Müttern sehr schwer, feinfühlig mit ihrem Kind umzugehen. Manche Frauen sprechen ihr Kind kaum an, versorgen es mit teilnahmelosem oder traurigem Blick und reagieren kaum auf Signale vom Baby. Andere sind sehr aufgedreht und überfahren das Kind allzu leicht mit ihrer eigenen Stimmung und ihren eigenen Bedürfnissen nach Kontakt. Beide Verhaltensweisen haben ungünstige Auswirkungen auf die Entwicklung. Das ist besonders dann der Fall, wenn andere Menschen (Vater, Oma, Freunde) fehlen, um die Mutter zu unterstützen und dem Kind positive Erfahrungen im Umgang mit Erwachsenen zu verschaffen. In der späteren Kindheit weisen die Babys depressiver Mütter häufig Verhaltensauffälligkeiten und sogar einen geringeren Intelligenzquotienten auf als Babys von gesunden Müttern. Entscheidend ist also, dass die *primäre Bezugsperson*, der Mensch, der sich die meiste Zeit um das Kind kümmert, in einer ganz wichtigen Phase des sozialen Lernens angemessen auf das Bemühen des Kindes um Kontakt reagieren kann. Um das sicherzustellen, haben Neugeborene bestimmte Eigenschaften, die es Erwachsenen erleichtern, sich auf sie einzulassen. Von diesen Eigenschaften soll nachfolgend die Rede sein.

Soziale Eigenschaften des Neugeborenen

Das *Neugeborenen-Lächeln* tritt bereits in den ersten Lebenstagen auf. Es ist zumeist im Schlaf zu beobachten und huscht auch dann nur flüchtig über das Gesicht des Kindes. Man hat den Eindruck, das Kind würde etwas Schönes träumen, aber wahrscheinlich ist es nur ein Spiel der Gesichtsmuskeln, das keine Verbindung mit konkret erlebten Emotionen aufweist. Nicht selten ist das Neugeborenen-Lächeln auch eingebunden in eine ganze Salve verschiedenster mimischer Ausdrücke, die das Kind schlafend hintereinander abspult. Manchmal tritt es im Wachzustand auf und wenn die Eltern Glück haben, halten sie ihr Kind dabei gerade im Arm und können sich der Illusion hingeben, das Baby drücke Wohlbefinden oder Gefallen an ihrer Gegenwart aus. Meist reagieren junge Mütter und Väter ganz verzückt auf solche Regungen. In den ersten Lebenswochen werden sie dieses Phänomen allerdings eher selten beobachten und nicht gezielt durch liebevolle Blicke oder eigenes Strahlen auslösen können. Das soziale Lächeln in Reaktion auf das Lächeln einer anderen Person tritt normalerweise erst mit vier Monaten auf. Gleiches gilt für das Lächeln aus Freude über eine interessante Beobachtung oder eigene Erfolge.

Die *Neugeborenen-Imitation* stellt ein weiteres Verhaltensmuster dar, von dem man heute annimmt, dass es uns in die Wiege gelegt ist. Babys schauen Gesichter besonders gerne an und bemerken, wenn sich die Mimik eines über sie gebeugten Gesichts verändert. In verschiedenen gut kontrollierten Untersuchungen wurde immer wieder festgestellt, dass Neugeborene bestimmte Gesten, wie etwa das Herausstrecken der Zunge oder das Spitzen der Lippen, imitieren können. Das machen sie sogar dann, wenn man ihnen während der Demonstration einen Schnuller in den Mund gesteckt hat, so dass sie die nachahmenden Lippenbewegungen nicht zeitgleich mit der Demonstration oder unmittelbar danach ausführen können. Ferner stellte man fest, dass Säuglinge mehr als einmal versuchten, die gezeigte Bewegung nachzuahmen und mit jedem Versuch besser wurden. Aufgrund solcher Beobachtungen ist man sich mittlerweile ziemlich sicher, dass die Neugeborenen-Imitation nicht als Reflex interpretiert werden darf.

Manche Forscher sehen hierin den Grundstein für soziale Verständigung. Allerdings zeigen Untersuchungen jüngeren Datum, dass das Verhalten «Zunge heraus strecken» auch ausgelöst werden kann, wenn man Babys kein Gesicht, sondern einen einfachen Ring zeigt, durch den ein Stift vor- und zurückgeführt wird. Daraus kann man schließen, dass es die Wahrnehmung einer bestimmten raum-zeitliche Anordnung von Formen ist, die beim Baby eine komplexe Reaktion auslöst, ohne dass diese Wahrnehmung in einen sozialen Kontext eingebunden sein muss. Berücksichtigt man den Umstand, dass Neugeborene noch nicht besonders scharf sehen können, dürfte dies jedoch kaum überraschen. Möglicherweise verwechseln sie die künstlichen Formen mit Teilen des menschlichen Gesichts.

In jedem Fall erfüllt die Neugeborenen-Imitation eine wichtige Funktion, indem sie das Band zwischen Eltern und Kindern stärkt. So sind die ersten Spielchen, die junge Mütter und Väter mit ihrem Nachwuchs machen, in der Regel *Imitationsspiele*. Auch wenn es zunächst vor allem die Eltern sind, die ihre Kinder nachmachen, ändert sich dies rasch und es ergibt sich ein ständiger Rollentausch von Handeln und Wahrnehmen zwischen Erwachsenem und Kind, der als Grundmuster menschlicher Kommunikation gelernt wird. Manche Wissenschaftler nehmen sogar an, dass uns die Fähigkeit zum wechselseitigen Reagieren und Interagieren in die Wiege gelegt ist und sprechen in diesem Zusammenhang von *Primärer Intersubjektivität*. Dieser Begriff macht deutlich, dass man die Kommunikationsfähigkeiten des Kindes nicht isoliert betrachten sollte, sondern dass zum Kommunizieren immer auch ein Gegenüber gehört. Das gilt für die vorsprachliche Verständigung genauso wie für die sprachliche. Das Kind macht in sozialen Interaktionen Erfahrungen, die für seine geistige Entwicklung von Bedeutung sind. Die Imitation schult das Kind im Abgleich zwischen dem, was es beobachtet und dem, was es selbst tut. Wahrnehmung und motorische Steuerung werden besser aufeinander abgestimmt, die zugehörigen neuronalen Bahnen wiederholt aktiviert, so dass es dem Kind schon bald leicht fällt, *Kreisreaktionen* im Sinne Piagets auszuführen.

Temperament. Eltern unterscheiden sich zum Teil deutlich in der Fähigkeit, angemessen auf ihr Baby einzugehen. Manche übersehen oder übergehen Signale des Säuglings häufig, andere überlegen bei jeder kleinsten Regung, was das Kind ihnen wohl sagen will. Manchen gelingt es mit Leichtigkeit, die Bedürfnisse ihres Babys wahrzunehmen und sie zu befriedigen, andere haben große Schwierigkeiten im Umgang mit den Kleinen. Das liegt nicht immer nur an den Fähigkeiten der Eltern, sondern auch häufig an dem Verhalten der Kinder. Es gibt einfache Babys, meistens gut gelaunt, mit festem Schlaf-Wach-Rhythmus und festen Fütterzeiten, und es gibt schwierige Babys mit häufigen Schrei-Attacken und unregelmäßigen Schlaf- und Essenszeiten.

Wie Bedürfnisse oder Emotionen des Kindes von Bezugspersonen wahrgenommen und beantwortet werden, spielt eine bedeutsame Rolle für die weitere Entwicklung. In vielen frühen Interaktionsspielen bringt das Baby spezielle Gefühlslagen zum Ausdruck. Es signalisiert zum Beispiel: Das gefällt mir – mehr davon! Oder es zeigt: Das mag ich nicht – lass das! Es drückt mit seiner Stimme und seinem Körper aus: Ich bin gespannt, aufgeregt, fröhlich, ärgerlich, unglücklich, überfordert, oder gelangweilt. Solche Äußerungen werden von Eltern im Normalfall angemessen beantwortet. Die Natur hat uns kulturübergreifend mit der Fähigkeit ausgestattet, hier auch ohne vorheriges Training die Weichen für eine gute Beziehung zu legen – indem wir *intuitives Elternverhalten (intuitive parenting)* zeigen.

Häufig versuchen Mütter und Väter zunächst, das Gefühl, das sie bei ihrem Kind wahrnehmen, in ihrem eigenen mimischen und stimmlichen Ausdruck zu spiegeln: So mag es sein, dass Papa lacht und sagt: «Das gefällt dir wohl, was?!» oder dass Mama die Stirn in Falten legt und bedauernd feststellt: «Ja ich weiß, das magst du jetzt gar nicht.» Solche Verhaltensweisen vermitteln dem Kind die Erfahrung, selbstwirksam zu sein – Botschaften auszusenden, die ankommen und etwas bewirken.

Nicht alle Eltern sind jedoch unter allen Umständen dazu in der Lage, dem Kind diese Erfahrung zu vermitteln. Und selbst wenn die Eltern optimale Voraussetzungen mitbringen, ist damit nicht garantiert, dass die Kommunikation immer passend ist. Es kann zum Beispiel sein, dass ein Kind seinerseits nur selten auf Angebote der Bezugspersonen reagiert und so oft schreit, dass Mütter und Väter auf die Dauer richtig hilflos werden und an sich selbst zu zweifeln beginnen. Kommunikation kann nur gelingen, wenn beide Seiten angemessen aufeinander reagieren. Ist das nicht der Fall, stellt sich das normalerweise fruchtbare Wechselspiel des gegenseitigen Imitierens und der vorsprachlichen Verständigung zwischen Eltern und Kindern nicht richtig ein. Dann ist es sinnvoll, Hilfe und Unterstützung in einer Beratungsstelle zu suchen, damit sich keine ungünstige Dynamik ergibt und sich keine schädlichen Muster der Kommunikation einschleifen. Sowohl Babys als auch Erwachsene können Mängel in der Interaktionsqualität gut kompensieren, wenn sie nicht zu lange anhalten und nicht zu häufig auftreten, aber wenn es sich um ein Problem handelt, das mehr als ein bis zwei Monate anhält, sollte man doch Hilfe in Anspruch nehmen.

Eine perfekte Passung zwischen Eltern und Kind, bei dem die Bezugspersonen stets hundertprozentig genau auf die Signale des Kindes eingehen, ist jedoch nicht unbedingt immer das Beste! Besonders förderlich für die Denkentwicklung scheint eine gesunde Mischung zu sein, bei der die Eltern feinfühlig mit ihrem Baby umgehen, aber hin und wieder auch Kontrapunkte und neue Impulse setzen, selbst auf die Gefahr hin, dass das bei den Kleinen nicht immer auf Gegenliebe stößt.

Dass Säuglinge bereits mit drei bis vier Monaten die Erwartung haben, ihr Gegenüber werde auf die eigenen Äußerungen in irgendeiner Form angemessen reagieren, und sogar schon in der Lage sind, selbst etwas dazu beizutragen, zeigt sich an Studien, die mit dem *Still-face-Paradigma* arbeiten. Hier wird die Bezugsperson zunächst aufgefordert, für einige Minuten mit dem Kind zu spielen, um dann auf ein Zeichen des Versuchsleiters hin plötzlich ganz passiv zu werden und das Gesicht mit starrem Blick auf einen Punkt hinter dem Kind einzufrieren, so dass keine Gefühlsregung mehr deutlich wird. Dieser Zustand wird in der Regel für kurze Zeit (ca. ein bis zwei Minuten) aufrechterhalten und danach wieder in die Ausgangssituation überführt. Man untersucht, wie das Kind (a) auf das «stille Gesicht» der Mutter reagiert und (b) was es macht, wenn die Bezugsperson wieder versucht, erneuten Kontakt aufzunehmen. Babys, die es gewohnt sind, dass sich ihre Eltern im Normalfall feinfühlig verhalten und auf ihre Signale angemessen reagieren, sind sichtlich irritiert, wenn plötzlich keine Antwort mehr kommt. Sie machen anfangs verstärkte Anstrengungen, um dennoch die Aufmerksamkeit ihres Gegenübers zu erlangen und legen dabei teilweise einen unwiderstehlichen Charme an den Tag. Aus ethischen Gründen wird die Phase des Still-face nicht zu lange ausgedehnt, so dass man nicht genau weiß, was passieren würde, wenn das Kind die dauerhafte Erfolglosigkeit seiner Anstrengungen feststellen müsste. Babys unterscheiden sich jedoch darin, wie hartnäckig sie versuchen, den Blickkontakt wiederherzustellen, und auch darin, wie sie reagieren, wenn der Erwachsene sich ihnen wieder zuwendet. Manche Babys vermeiden den Blickkontakt zu ihren Müttern von Anfang an, manche zeigen kaum Initiative, wenn die Mutter wegschaut, und manche fangen schon nach kurzer Zeit der Unterbrechung des Blickkontakts an zu weinen. Beginnt die Mutter wieder, auf das Kind zu reagieren, kann man in der Regel entweder einen Ausdruck von Ärger und Schimpfen beim Baby erkennen, welcher signalisiert, dass das eben gar nicht schön war, oder Freude darüber, dass alles wieder in Ordnung zu sein scheint. Beide Arten von Reaktionen zeigen sich seltener, wenn das Kind bislang nur wenig Gelegenheit zum positiven Austausch mit seiner Mutter hatte.

Babys von Müttern mit psychischen Erkrankungen, die aufgrund ihrer eigenen Belastung nicht richtig auf die Signale ihres Kindes reagieren können, verhalten sich in der Still-face-Situation oft auffällig. Sie zeigen zum Beispiel aktive Blickvermeidung oder lassen kaum Bemühungen erkennen, die Aufmerksamkeit der Mutter wieder zu erlangen, wenn diese wegschaut. Auch die Reaktionen auf die Wiederaufnahme der Kommunikation sind oft verhalten. Gegenüber einer fremden Person tritt dieses Verhaltensmuster möglicherweise nicht auf. Solche Beobachtungen lassen den Schluss zu, dass Säuglinge schon sehr früh soziale Erfahrungen in einer Weise verarbeiten, die es ihnen erlaubt, konkrete Erwartungen an das Verhalten anderer zu bilden und sich angepasst zu verhalten. Dabei handelt es sich um eine Denkleistung, auch wenn sie in Emotionen und dem Umgang mit ihnen zum Ausdruck kommt.

Die *Neugeborenen-Imitation*, die vermutlich zur Entstehung kommunikativer Fähigkeiten beiträgt, nimmt bis Ende des dritten Lebensmonats ab, um im vierten Monat auf einer weiter entwickelten Stufe wieder aufzuleben, gesteuert von Prozessen, die vom Großhirn vermittelt sind. Jetzt geht das Imitationsverhalten in *Beobachtungslernen* über. Vieles von dem, was im vorangegangenen Abschnitt gesagt wurde, bezieht sich auf die Phase des Beobachtungslernens. Das Baby imitiert ganz unterschiedliche Verhaltensweisen, und seine Möglichkeiten, sich verständlich zu machen, vergrößern sich mit jedem Tag. Das Beobachtungslernen hilft Kindern, soziale Rollen zu verstehen, aber auch den Gebrauch von Werkzeug zu erlernen.

Kommunikative Kompetenzen

Frühe lautliche Äußerungen. Wenn Babys zur Welt kommen, hört man in der Regel nur wenig von ihnen – es sei denn, sie schreien. Schon kurze Zeit später ist das Repertoire der lautlichen Äußerungen wesentlich breiter. Ab dem dritten bis vierten Lebensmonat produziert das Kind unterschiedlichste Geräusche – es gurrt, juchzt, und vokalisiert in allen Tonlagen. Im Amerikanischen wird diese Phase als *Cooing* bezeichnet. Das Cooing erfüllt mehrere Funktionen. Im Rahmen von Interaktionsspielen mit den Eltern stellt es eine wichtige Vorübung für die sprachliche Verständigung dar. Aber auch wenn das Baby alleine im Bett liegt, widmet es sich gerne dieser Form der Selbstbeschäftigung. Es experimentiert, was man mit Kehlkopf, Zunge, Spucke und Lippen so alles anstellen kann.

Jean Piaget sieht darin ein gutes Beispiel für *Primäre Kreisreaktionen*, von denen bereits die Rede war. Das sind körperbezogene Effekte, die der Säugling bewusst erzeugt, um sich an ihrer Wiederholung zu freuen. Im Unterschied zu den Reflexen, die es dem Baby von Geburt an ermöglichen, Erfahrungen über seine Umwelt zu sammeln, wird bei der Bildung von Lauten kein automatisches motorisches Programm abgespult. Das zeigt sich unter anderem daran, dass taube Kinder dieses Verhalten weniger zeigen als hörende Kinder. Man kann also davon ausgehen, dass das Kind Laute zunächst per Zufall zustande bringt und dann lernt, sie immer wieder gezielt zu reproduzieren. Dabei steht anfangs der Umgang mit dem eigenen Körper im Vordergrund.

Primäre Kreisreaktionen stellen in Piagets Theorie die erste Stufe der *sensumotorischen Intelligenz* dar. Der Begriff der sensumotorischen Intelligenz bringt gleich zwei Dinge zum Ausdruck, die für die geistige Entwicklung im Säuglingsalter charakteristisch sein sollen: Zum einen drückt sich alle Verarbeitung von Umweltreizen beim Baby zunächst in motorischen Handlungen aus (Sensumotorik). Gleichzeitig legen motorische Handlungen den Grundstein für die weitere Intelligenzentwicklung, indem sich das Kind als Verursacher interessanter Effekte erlebt und lernt, diese absichtlich herbeizuführen. Soweit primäre Kreisreaktionen die Stimme mit einbeziehen, sind sie eine zentrale Vorübung für das spätere Sprechen, denn nur wenn das Kind seine Stimme und seine körperlichen Möglichkeiten der Lautproduktion im Spiel übt, ist es später auch in der Lage, bestimmte Laute gezielt zu erzeugen.

Dem Cooing folgt das *Babbling*. Das Kind kombiniert nun Konsonanten mit Vokalen. Es wiederholt einfache Silben und produziert Phrasen wie «da-da», «ga-ga» oder «ma-ma». Interessanterweise ist dieses Babbling schon bald charakteristisch für die eigene Landessprache. Es klingt in Frankreich anders als in Deutschland, weil die Franzosen Worte typischerweise auf der zweiten Silbe betonen, während bei uns die

Betonung auf der ersten Silbe liegt. Hier wird also sichtbar, dass unsere ersten Ansätze zum Sprechen bereits auf den eigenen Kulturkreis abgestimmt sind. Bis das Kind jedoch beginnt, Dinge sprachlich zu benennen, ist es noch ein langer Weg, der verschiedene Zwischenschritte in der sozialen Entwicklung voraussetzt, bei denen soziale Fähigkeiten von entscheidender Bedeutung sind. Dies gilt etwa für die Fähigkeit zur geteilten Aufmerksamkeit:

Geteilte Aufmerksamkeit. Wenn jüngere Babys zunächst üben, in Imitationsspielchen und bei anderen Gelegenheiten mit einer anderen Person in Austausch zu treten, nennt man das *primäre Intersubjektivität.* Ab acht bis neun Monaten erreichen die Kinder jedoch eine neue Phase sozialer Austauschprozesse, die man auch als *sekundäre Intersubjektivität* bezeichnet. Das Kind ist nun nicht mehr nur bezogen auf ein Gegenüber, das sich Auge in Auge mit ihm verständigt, sondern kann sich mit dieser anderen Person gemeinsam auch auf etwas Drittes (ein Objekt oder eine andere Person) beziehen. Ein Beispiel ist die Situation, in der ein Erwachsener auf einen vorbeifahrenden Pkw zeigt und «Auto» sagt. Erst wenn das Baby dem Blick des Erwachsenen folgen kann, seine Zeigegeste versteht und begreift, worauf sich das Wort «Auto» bezieht, kann es etwas von seiner Mutter bzw. seinem Vater lernen. So trivial uns Erwachsenen diese Aufgabe erscheinen mag, so anspruchsvoll ist sie für einen Säugling. Das fängt schon mit der *Blickfolgebewegung* an. Bedenkt man, wie schwierig es lange Zeit für ein Baby ist, überhaupt etwas richtig zu fixieren und scharf zu sehen (davon war im Wahrnehmungskapitel die Rede), dann wird verständlich, wie viel größer die Herausforderung sein muss, die Geste oder auch nur die Blickrichtung eines Erwachsenen so zu interpretieren, dass es weiß, worauf er bzw. sie schaut oder zeigt.

Zu dieser Leistung sind Kinder normalerweise ab einem Alter von acht bis neun Monaten in der Lage. Es gelingt ihnen früher, wenn sich der Gegenstand, auf den ein anderer zeigt, im gemeinsamen Sichtfeld befindet, als wenn der Gegenstand sich hinter dem Kind befindet. Auch hier verhält es sich wieder so, dass Eltern ihre Kinder im Regelfall ganz automatisch dabei unterstützen, Blickfolgebewegungen zu erlernen, indem sie sich anfangs besonders häufig auf Gegenstände beziehen, mit denen beide gerade gemeinsam spielen (wo also Blick- und Körperkontakt zum Objekt der Aufmerksamkeit bestehen), später dann auf nahe gelegene Dinge, nach denen sie auch im Anschluss daran greifen und die sie dem Kind geben. Der nächste Schritt besteht darin, auf Gegenstände zu zeigen, die etwas weiter entfernt liegen und die sich nicht mehr anfassen lassen (z.B. Tiere, die vom Kinderwagen aus zu sehen sind). Nicht selten begeben sich die Eltern dazu auf die Sichtebene des Babys und zeigen auf das Objekt, während sie in die gleiche Richtung schauen wie ihr Kind. Oft finden Zeigegesten dann statt, wenn das Baby gerade auf dem Arm ist oder auf dem Schoß sitzt. Unter diesen Umständen macht es Sinn, Blickfolgebewegungen auch einmal anzuwenden, wenn der Gegenstand sich außerhalb des aktuellen Sichtfeldes des Kindes befindet und es sich zum Beispiel umdrehen oder etwas anderes beiseite räumen muss, um ihn zu entdecken.

Leider kann jeder Mensch seine Augen immer nur entweder auf sein Gegenüber *oder* auf den Gegenstand richten. Dies bedeutet, dass das Baby das jeweils unbeachtete Element der Triade aus Objekt, Mutter und eigener Person im Geiste repräsentieren muss. Wenn die Mutter auf etwas zeigt und das Baby ihrem Blick folgt, dann richtet es seine Aufmerksamkeit zwar auf den Gegenstand, den die Mutter fixiert hat, aber es behält im Kopf, dass die Mutter gerade auch in diese Richtung schaut. Das nennt man *gemeinsame* oder *Triadische Aufmerksamkeit (Joint Attention)*.

Diese Form von Aufmerksamkeit stellt einen besonders wichtigen Meilenstein dar, denn das Lernen erster Worte – meist zur Bezeichnung von Gegenständen oder Personen – findet später in genau solchen sozialen Zusammenhängen statt. Eine typische Situation ist das Anschauen eines Bilderbuchs.

Hier richten Vorleser und Kind ihre Aufmerksamkeit gemeinsam auf Dinge, die im Buch abgebildet sind, und beiden ist klar, dass sich das Gesagte auf die Bilder bezieht, die man im Buch sehen kann. Dazu muss das Kind aber schon in der Lage sein, sowohl den Kommunikationspartner als auch das Bezeichnete im Geist zu repräsentieren. Eltern unterstützen ihr Baby dabei, indem sie zunächst beobachten, wohin das Kind von sich aus schaut, dann auf den betreffenden Gegenstand blicken und sagen, wie er heißt. Oder sie zeigen von sich aus auf etwas und prüfen, ob das Kind auch in die richtige Richtung schaut, bevor sie den Namen für das gezeigte Objekt nennen. All dies gehört zum *intuitiven Elternverhalten.*

Ein weiteres Verhaltensmuster, das man *Soziales Referenzieren (social referencing)* nennt, taucht in der Regel etwa zeitgleich wie Joint Attention auf. Säuglinge achten im Kontakt mit einer fremden Person oder einem neuen Gegenstand zunächst darauf, welche emotionale Reaktion enge Bezugspersonen (Mutter, Vater, Geschwister) zeigen, bevor sie entscheiden, ob sie sich der Sache nähern oder lieber Abstand halten sollen. Hier wird der Grundstein für die Entwicklung eines gemeinsamen Wertesystems innerhalb einer Familie gelegt. Das Kind hat schon gelernt, dass seine Eltern es vor Dingen, die ihm schaden können, warnen, indem sie ablehnend schauen, und dass sie ganz anders schauen, wenn sie es ermutigen wollen, sich mit Neuem zu beschäftigen. Das Kind generalisiert diese Erwartung auf neue Situationen und prüft den emotionalen Gesichtsausdruck von Vater oder Mutter, um zu wissen, ob Gefahr droht oder nicht.

Wie bereits gesagt, sind alle bislang genannten Teilfähigkeiten – Blickfolgebewegung, Geteilte Aufmerksamkeit und Soziales Referenzieren – erst im letzten Drittel des ersten Lebensjahres zu beobachten. Manche Forscher, wie etwa Mike Tomasello, sprechen vom *Neun-Monats-Wunder (Nine-Month-Miracle)*. Auch wenn es sich wohl kaum um ein Wunder handeln dürfte, sondern eher um das Ergebnis eines stetigen Entwicklungsprozesses, scheint der Name gerechtfertigt. Ganz zweifellos handelt es sich um wichtige Errungenschaften innerhalb der geistigen und sozialen Entwicklung.

Um die gleiche Zeit, oft sogar noch etwas früher, lässt sich bei vielen Kindern eine *Fremdel-Reaktion* feststellen: Das Baby legt eine zuvor nicht bekannte Scheu vor anderen Menschen an den Tag. Es dreht den Kopf weg, wenn ein Fremder es anlächelt, es klammert sich an der Mutter fest und manchmal weint es sogar, wenn eine unbekannte Person versucht, Kontakt aufzunehmen. Es geht nicht mehr ohne weiteres auf den Arm eines Fremden. Solche Reaktionen hängen mit der wachsenden Fähigkeit des Babys zusammen, im sozialen Bereich Vertrautes von Unvertrautem unterscheiden zu können. Außerdem deuten sie an, dass das Kind bereits eine sichere Bindung zu den primären Bezugspersonen aufgebaut hat.

Diese Aussage sollte aber nicht in dem Sinne missverstanden werden, dass Kinder, die keine oder nur gering ausgeprägte Fremdel-Reaktionen zeigen, keine sichere Bindung zu ihren Eltern hätten. Wie man weiß, zeigen Babys von Müttern, die viel Zeit alleine mit ihrem Kind zu Hause verbringen, eher Fremdenangst als Babys von Müttern, die viel mit anderen Menschen in Kontakt kommen, oder solche, die verschiedene feste Bezugspersonen haben. Im Fremdel-Verhalten zeigt sich auch, wie gut ein Kind an den Umgang mit anderen Menschen gewöhnt ist und ob es von seinem Temperament her eher scheu oder extrovertiert ist.

Meilensteine der sozialen Entwicklung

Babys kommen mit einem hohen Maß an sozialem Interesse und Engagement zur Welt. Im ersten Lebensjahr machen sie eine Fülle von Erfahrungen im Umgang mit anderen Menschen, die ihre weitere Denkentwicklung prägen. Gleichzeitig bringen sie in ihrem Sozialverhalten zum Ausdruck, dass das Denken lange vor dem Sprechen möglich ist. In sozialer Hinsicht lernt ein Baby zunächst, dass Kommunikation ein ständiges Wechselspiel von Eigenaktivität und Fremdaktivität ist, die im günstigsten Fall gut aufeinander abgestimmt sind. Dieser Prozess beginnt mit der Neugeborenen-Imitation, die später vom Beobachtungslernen abgelöst wird. Sie konzentriert sich anfangs auf die direkte Interaktion von Angesicht zu Angesicht. Hier werden konkrete Erwartungen an das Verhalten von anderen Menschen ausgebildet und es besteht die Möglichkeit, sich in sozialen Bezügen als mehr oder weniger selbstwirksam zu erleben. Es folgt eine Phase, in der das Kind beginnt, zwischen Vertrautem und Unvertrautem zu unterscheiden und emotional unterschiedlich auf Gegenstände zu reagieren, wobei die Eltern und ihre Einstellungen als Orientierungshilfe genutzt werden. Das Baby lernt, sich in seiner Kommunikation mit einem Gegenüber auf Gegenstände außerhalb des eigenen Körpers zu beziehen. Dazu muss es aus den Blicken und Gesten des Gegenübers erschließen, was konkret gemeint sein könnte oder selbst mimisch und gestisch deutlich machen, worüber es gerne kommunizieren möchte. Diese sozialen Fähigkeiten sind komplizierter Natur und werden typischerweise erst gegen Ende des ersten Lebensjahres beobachtet.

Wie gut die geschilderten Lernprozesse gelingen, hängt dabei nicht nur vom Kind ab, sondern genauso auch von seinen Bezugspersonen. Über ihre Feinfühligkeit und ihr intuitives Elternverhalten fördern Erwachsene beim Baby die Freude am Kommunizieren, das Erleben von Selbstwirksamkeit und das Vertrauen in die eigenen Fähigkeiten. Gelingt dies, so tritt der Säugling in einen angeregten Austausch mit seiner Umwelt.

In sprachlicher Hinsicht erweitert das Baby sein Verhaltens- und Kommunikationsrepertoire ebenfalls entscheidend: Beginnend mit der Äußerung von Quietsch-, Juchz-, und Gurrlauten wird zunächst die eigene Stimme geübt, bevor das Baby erstmals einfache Silben formt und wenig später auch verdoppelt. Diese Äußerungen lassen in Ansätzen bereits Merkmale der eigenen Muttersprache erkennen. Aus einfachen Verbindungen von Vokal und Konsonant (z.B: «da» oder «ba») und durch Silben-Verdoppelung entstehen Phrasen, die als Baumaterial für erste Wörter, wie «Mama» oder «Papa», dienen. Damit ist der Einstieg in die Welt der Sprache geschafft und es beginnt eine neue Zeit der Denkentwicklung, die sich stärker auf verbal vermitteltes Wissen stützt.

Man sollte meinen, dass wir nun alle wesentlichen Voraussetzungen für die Denkentwicklung besprochen hätten, aber das ist nicht der Fall. Neben der Frage, wie sich die Motorik, die Wahrnehmung und die sozialen Kompetenzen von Säuglingen entwickeln, muss auch noch geklärt werden, zu welchen Lern- und Gedächtnisleistungen Babys prinzipiell in der Lage sind. Schließlich interessiert nicht nur, welche Daten die Sinnesorgane liefern, sondern auch, wie gut sie abgespeichert werden können. Mit diesen Fragen beschäftigt sich der nächste Abschnitt.

Lern- und Gedächtnisfähigkeit

Lernen und Erinnern sind Prozesse, die sich in einer Veränderung der Verbindungen zwischen Nervenzellen widerspiegeln. Neurone können neue Synapsen bilden oder abbauen und mehr oder weniger stark mit bestimmten anderen Neuronen verbunden sein. Oder es verändern sich die chemischen Prozesse an den Synapsen selbst, so dass diese mit höherer oder niedrigerer Wahrscheinlichkeit feuern, wenn ein Impuls ankommt. Letzteres ist zum Beispiel bei zwei ganz einfachen Formen von Lernen der Fall, die man intensiv an der Meeresschnecke *Aplysia* untersucht hat, aber auch bei sehr jungen Kindern beobachten kann. Es sind dies die Prozesse der *Habituation* und der *Sensitivierung*.

Habituation und Sensitivierung

Setzt man auf den Bauch einer Schwangeren ein Gerät, das vibriert und dabei brummt (ähnlich wie eine elektrische Zahnbürste) und lässt dieses Gerät mehrmals hintereinander immer wieder ein lautes Geräusch erzeugen, dann übertragen sich die Schall- und Druckwellen über die Bauchdecke und das Fruchtwasser auf das Trommelfell im Ohr des Kindes. Am Anfang wird es mit Blinzeln, Zucken und Herzschlagbeschleunigung reagieren, wie sich auf dem Ultraschall-Monitor erkennen lässt. Aber schon bald gewöhnt sich der Fötus an den Reiz und bleibt nun ganz entspannt, wenn der gleiche Reiz wieder präsentiert wird. Diese Fähigkeit, Vertrautem weniger Beachtung zu schenken als Neuem, ist für das menschliche Überleben sehr wichtig. Es ist die einfachste Form des Lernens. Gewöhnung macht aber auch erst möglich, dass wir alltägliche Reize automatisch verarbeiten und damit den Kopf frei haben für Neues.

Das Gegenteil davon ist die *Sensitivierung*. Sind wir mit einem bedrohlichen Reiz konfrontiert, der uns tatsächlich schädigen kann, dann reagieren wir bei wiederholter Darbietung dieses Reizes immer empfindlicher. Das gilt zum Beispiel für unangenehme (zu laute) Geräusche. Nehmen wir diese beim ersten Mal noch klaglos hin, so können sie doch von Mal zu Mal schlimmer werden. Zum Glück sind Föten normalerweise nicht mit bedrohlichen Reizen im Bauch der Mutter konfrontiert, so dass die Habituation eine wesentlich häufigere Form des Lernens darstellt. Untersucht wird die Fähigkeit zur Gewöhnung an Reize ab der 23. bis 24. Schwangerschaftswoche. Ab der 30. Schwangerschaftswoche sind Gewöhnungsreaktionen voll ausgebildet, bei Mädchen normalerweise etwas früher als bei Jungen. Je häufiger ein Reiz dargeboten wird, desto stärker ist der Gewöhnungseffekt. Er geht auch nicht sofort wieder verloren, sondern kann bis zu 24 Stunden anhalten. Deshalb spricht man auch von «Lernen», denn die Veränderung im Verhalten ist nachhaltig. Man kann daran erkennen, dass der Fötus offensichtlich schon so etwas wie ein *Gedächtnis* haben muss.

Fragt man, was die Lernfähigkeit im Mutterleib beeinträchtigen oder fördern kann, so lässt sich sagen, dass Zigarettenrauch oder ein geringer Sauerstoffgehalt der Raumluft nachweislich negative Auswirkungen haben, ebenso wie der Genuss von Alkohol oder anderen Drogen durch die Mutter. Auch spezielle Erkrankungen oder genetische Abweichungen des Kindes (wie etwa das Down-Syndrom) beeinträchtigen die Lernleistung. Darüber hinaus gehen Risikoschwangerschaften oft mit einer reduzierten Lernrate der Föten einher. Entsprechende Untersuchungen verwenden in aller Regel Ultraschalldaten als Ausgangsmaterial und analysieren motorische Reaktionen sowie physiologische Daten.

Besonders erstaunlich scheint es, dass die Lernfähigkeit von ungeborenen Kindern auch zur Vorhersage des geistigen Entwicklungsstandes mit ca. einem Jahr oder noch später genutzt werden kann. Etwas mehr als 20Prozent der Intelligenz lässt sich nach Schätzungen so vorhersagen. Damit scheinen Gewöhnungsreaktionen im Uterus wichtige Hinweise auf die allgemeine Leistungsfähigkeit des kindlichen Gehirns zu geben. Das verwundert kaum, wenn man bedenkt, dass Habituation ein ganz grundlegender neuronaler Prozess des Lernens ist, der einerseits etwas mit der Wahrnehmung und andererseits etwas mit der Anpassung des Kindes an Umweltbedingungen zu tun hat.

Erinnerung an Reize

Bereits an anderer Stelle wurde gesagt, dass sich das Kind unmittelbar nach seiner Geburt an bestimmte Dinge, die es während der Schwangerschaft erfahren hat, erinnert. So erkennt es den Geruch des eigenen Fruchtwassers wieder, die Stimme der Mutter und den Klang bestimmter Melodien, die es während der Spätphase der Schwangerschaft regelmäßig gehört hat. Noch beeindruckender aber sind Beobachtungen, die im Rahmen eines Versuches von DeCaspar und Fifer gemacht wurden: Hier hat man Mütter gegen Ende der Schwangerschaft gebeten, einmal am Tag eine bestimmte Geschichte laut vorzulesen. Unmittelbar nach der Geburt nahmen die Babys dann an einem Versuch teil, der sich der *Saugpräferenzmethode* bediente, die im Kapitel über das Hören beschrieben wurde. Nachdem man ihre spontane Saugrate ermittelt hatte, konnten die Neugeborenen durch eine Beschleunigung oder eine Verlangsamung ihrer Saugrate bestimmen, ob sie über Kopfhörer eher die bekannte Geschichte vorgespielt bekamen oder eine neue. Während eine Gruppe schneller saugen musste, um die bekannte Geschichte zu hören, musste die andere Gruppe dafür langsamer saugen als sonst. In beiden Gruppen saugten die Babys so, dass sie die vertraute Geschichte hören konnten. Sie taten dies sogar dann, wenn eine andere Frau beide Geschichten vom Band vorlas. Hier deutet sich an, dass Föten selbst hoch komplexe Klangmuster der eigenen Muttersprache von anderen Mustern unterscheiden können und sich an wiederholt Gehörtes gut erinnern.

Erinnerung und eigenes Handeln

Die Fähigkeit, sich an Wahrgenommenes zu erinnern, geht nach der Geburt natürlich nicht verloren, sondern entwickelt sich weiter. Jetzt kommt sogar noch mehr dazu. Das Kind ist selbst aktiv und es lernt die Konsequenzen seines eigenen Tuns kennen. Das betrifft zunächst den Körper: Im Mutterleib war es gerade gegen Ende ziemlich eng und das Kind hatte kaum Spielraum, sich zu bewegen. Das alles ändert sich dramatisch, sobald es auf der Welt ist. Nun kann es erstmals seit langem wieder die Arme und Beine ausstrecken, seinen Rumpf und Kopf drehen oder strecken. Es macht die zuvor noch gänzlich unbekannte Erfahrung, wie es sich anfühlt, wenn Luft in seine Lungen strömt und wie sich seine Stimme anhört, wenn es schreit. Es erfährt unterschiedliche Arten von Stimulierungen an seiner Körperoberfläche – da ist es mit Haut, Luft, Badewasser, Creme, Handtüchern, Stoff und weichen, harten, rauen oder glatten, warmen oder kalten Gegenständen konfrontiert. Eine neue Dimension verleiht diesen Erfahrungen der Umstand, dass das Kind nicht mehr nur fühlt, sondern gleichzeitig auch etwas sieht (wenn zunächst auch unscharf) und häufig zusätzlich etwas hört. Die neue Situation regt es dazu an, mehrere Arten von Sinneserfahrungen im Sinne der *intermodalen Wahrnehmung* zu verknüpfen.

Dass es Babys früh gelingt, Wahrnehmungen mit der eigenen Aktivität in Verbindung zu bringen, belegen die Versuche zur Neugeborenen-Imitation. Hier scheint das Baby das konkrete Verhalten einer anderen Person (eine mimische Geste) zu beobachten und direkt in eigene Körperhandlungen umzusetzen. Diese Leistung wird von verschiedenen Neuropsychologen allerdings nicht auf eine bewusste Verarbeitung zurückgeführt, sondern auf die Existenz von so genannten *Spiegelneuronen* – Neuronen, die auf bestimmte Auslösereize hin aktiv werden (z.B. Wahrnehmung eines Gesichts mit spezifischem Bewegungsmuster) und ein konkretes Reaktionsprogramm vorbahnen oder auslösen (hier: das Zeigen einer ähnlichen Geste). Aus der Perspektive von Erwachsenen mag man denken, dass es sich um Imitation handelt, aber dennoch wäre der Mechanismus, der hinter einer solchen Handlung steckt, nicht vergleichbar mit demjenigen, der spätere Imitationshandlungen steuert, weil die Kinder nicht über das nachdenken, was sie sehen.

Durch die Anwendung seiner Reflexschemata macht das Kind erste Erfahrungen im Umgang mit Objekten und Personen in der Umwelt. Alle diese neuen Informationen werden vom ersten Lebenstag an verarbeitet. Das Baby lernt, bestimmte Körpererfahrungen vorherzusagen oder zu wiederholen. Wie bereits bekannt, spricht Piaget in diesem Zusammenhang von *Kreisreaktionen*. Dieser Begriff bringt gut zum Ausdruck, dass das Baby zunächst vor allem damit beschäftigt ist zu lernen, wie es einen interessanten Effekt immer wieder hervorrufen kann. Bezieht sich dieser Effekt auf den eigenen Körper, ist die Rede von *primären Kreisreaktionen*. Beispiele hierfür sind: am Daumen lutschen, Spuckebläschen machen, Laute produzieren. Man erkennt, dass das Kind bei primären Kreisreaktionen häufig über die Anwendung von einfachen Reflexschemata hinausgeht und seine eigenen körperlichen Möglichkeiten systematisch ausprobiert. Dieses Bedürfnis ist ein wichtiger Antrieb für die weitere Motorikentwicklung.

Will das Kind einen interessanten Effekt hervorrufen, der andere Objekte mit einbezieht, spricht Piaget von *sekundären Kreisreaktionen*. Beispiele für solche Reaktionen sind: ein Spielzeug zum Rasseln bringen, die Decke wegstrampeln, ein Mobile bewegen oder ein Spielzeug greifen. Auch für diese Lernprozesse ist das Baby zunächst auf seine Reflexschemata und seine eigene Aktivität angewiesen, denn wenn es keine angeborenen Handlungsmöglichkeiten hätte und von sich aus nichts tun würde, könnte es auch nicht die Erfahrung machen, wie man einen interessanten Effekt erzeugt. Trotzdem ist es noch ein weiter Weg von der Fähigkeit, Effekte zu produzieren, zu der Fähigkeit, darüber nachzudenken. Auch Mäuse, Tauben oder Affen können lernen, durch ihr Handeln etwas in ihrer Umwelt zu bewirken, ohne dass wir dahinter einen Denkakt vermuten würden.

Assoziationslernen und Handlungskontingenzen

Wenn ein Tier oder ein Kind systematische Bezüge herstellt zwischen dem, was es selbst tut, und dem, was in der Umwelt passiert, oder zwischen unterschiedlichen Arten von Sinneserfahrungen, dann nennt man das *assoziatives Lernen*, weil unterschiedliche Dinge miteinander in Zusammenhang gebracht – assoziiert – werden.

Es gibt mehrere Formen von assoziativem Lernen. Die wohl bekannteste ist die *klassische Konditionierung*, die der Russe

Pavlov ausführlich bei Hunden untersucht hat: Wenn einem bestimmten Reiz (z.B. Nahrung), der einen Reflex auslöst (z.B. vermehrten Speichelfluss), ein anderer neutraler Reiz (z.B. ein Klingelton) vorangeht, dann löst nach mehrmaliger Wiederholung der neutrale Reiz auch den Reflex aus.

Klassische Konditionierung funktioniert schon bei sehr kleinen Babys, aber man hat die Bedeutung dieser Form des Lernens lange Zeit überschätzt. So dachte man etwa, Mutterliebe resultiere ausschließlich aus der Tatsache, dass die Mutter ihr Kind füttert. In diesem Fall würde der Reiz, der die unbedingte Reaktion und Gefühle der Befriedigung auslöst (die Brust am Mund des Babys, die zum Saugen und Trinken führt) mit einem neutralen Reiz (dem Anblick des Gesichts der Mutter) verknüpft, so dass nachher alleine der Anblick der Mutter positive Empfindungen auslöst. Wie wir heute wissen, entsteht Bindung auf viel komplizierterem Wege. Wir werden darauf später noch ausführlich eingehen.

Eine weitere Form des assoziativen Lernens ist die *operante Konditionierung*, bei der beliebiges Verhalten durch nachfolgende Belohnung in seiner Auftretenshäufigkeit verstärkt werden kann. Ein gutes Beispiel für diese Form der Assoziationsbildung geben jene Studien, in denen Neugeborene lernen, entweder schneller oder langsamer zu saugen, um die Stimme ihrer Mutter, eine vertraute Geschichte oder eine vertraute Melodie zu hören, die im vorliegenden Fall die Funktion der Verstärkung haben. Besonders bemerkenswert scheint, dass Babys ein hohes Maß an Flexibilität beim Lernen aufweisen. So konnte man die Kinder durchaus wieder umtrainieren, indem jene, die zunächst schneller saugen mussten, um den vertrauten Reiz zu hören, später lernten, langsamer zu saugen, um den gleichen Effekt zu erzielen (und umgekehrt).

Wir können damit festhalten, dass Neugeborene sich an Reize gewöhnen können und früh Verknüpfungen zwischen ihrem eigenen Verhalten und seinen Konsequenzen herstellen. Eine spannende Frage besteht jedoch darin, wie lange sie sich solche Zusammenhänge überhaupt merken können. Auch zu dieser Frage gibt es bereits Forschungsarbeiten. Die wichtigsten Studien stammen von Carolyn Rovée-Collier. Sie legte Babys zunächst in ein Gitterbettchen und untersuchte die Häufigkeit ihrer spontanen Strampelreaktionen mit einem *Stabilometer*, einer Apparatur zur Erfassung der motorischen Aktivität von Babys. Anschließend hängte sie über dem Bettchen ein Mobile auf, das über eine Schnur, die sie an das Bein des Babys band, zum Tanzen gebracht werden konnte. Schon wenige Wochen alte Kinder lernten rasch, dass ihre Beinbewegung das interessante Teil über ihrem Kopf in Bewegung versetzte. Ihre Strampelreaktionen nahmen deutlich zu. Die gleiche Beobachtung hatte auch Piaget an seinen Kindern gemacht. Um testen zu können, wie gut das Kind den Zusammenhang tatsächlich gelernt hatte, wurde das Band in der nächsten Phase des Versuchs wieder unbemerkt vom Mobile gelöst, so dass nun kein direkter Zusammenhang zwischen Strampeln und Bewegung des Mobiles sichtbar war. Trotzdem strampelten die Kleinen tapfer weiter – mehr als normal – und schienen darauf zu hoffen, dass der interessante Effekt wieder auftritt. Aus diesem Verhalten schloss man, dass sie sich die Beziehung zwischen ihren eigenen Körperreaktionen und den Reaktionen des Mobiles gemerkt hatten.

Wie lange aber würde dieser Lerneffekt halten? Das ließ sich feststellen, indem man Eltern und Kinder zu einem späteren Zeitpunkt nochmals ins Labor bat und die Babys erneut in das Gitterbettchen legte, um zu messen, wie häufig sie strampelten, wenn kein Mobile über ihrem Kopf hing. Diesen Wert verglich man dann mit der Häufigkeit von Strampelreaktionen, wenn das Mobile wieder aufgehängt wurde (ohne dass die Schnur am Bein des Kindes wirklich damit verbunden war). Der Zeitraum, über den entsprechende Erinnerungen erhalten blieben, steigerte sich innerhalb der ersten Lebensmonate deutlich. Zeigten zwei Monate alte Kinder nur dann vermehrtes Strampeln, wenn der Test am Tag darauf durchgeführt wurde, so betrug der entsprechende Zeitraum bei drei Monate alten Kindern bereits mindestens acht Tage und bei vier Monate alten Kindern sogar mindestens 14 Tage. Hing das Mobile über einem anderen Bett oder sahen die Dinge, die daran hingen, anders aus, zeigten die Kinder allerdings kaum Wiedererkennen, wenn der zeitliche Abstand zwischen Lern- und Testphase kurz war. Testete man sie aber später, waren ihre Leistungen besser. Das scheint auf den ersten Blick verwunderlich, aber, wenn man es sich genau überlegt, auch wieder plausibel. Möglicherweise fällt es den Babys zunächst noch sehr schwer, Zusammenhänge aus dem konkreten Kontext, in dem sie gelernt werden, zu lösen. Bei längeren Behaltensintervallen werden solche Einzelheiten aber anscheinend vergessen, denn auch ein anderes Mobile löst dann vermehrtes Strampeln aus.

Man vermutet, dass für implizite Erinnerungsleistungen der geschilderten Art vor allem das *Cerebellum*, eine Hirnstruktur, die mit motorischem Lernen in Zusammenhang steht, verantwortlich ist. Das Cerebellum durchläuft nach der Geburt noch wesentliche Reifungsschritte. Vor allem werden die Nervenzellen in dieser Struktur erst allmählich mit einer Isolierschicht (Myelin) eingekleidet, so dass die Weiterleitung neuronaler Impulse mit dem Alter immer effektiver funktioniert.

Formen von Gedächtnis und Lernen, wie sie eben beschrieben wurden, setzen beim Kind lediglich voraus, dass es früher Erlebtes in dem Moment erinnert, wo es mit dem gleichen oder einem sehr ähnlichen Reiz konfrontiert ist. Das Baby zeigt, dass es etwas gelernt hat, indem es einfach das Verhalten ergänzt, das in seiner Erinnerung zu der Situation passt. Das funktioniert sogar mit ganzen Handlungsketten. Eltern können sich diese Art Lernprozess gut zunutze machen, indem sie ein gewünschtes Verhalten mit festen Ritualen koppeln: Legt eine Mutter ihr Kind schlafen, wenn es wirklich müde ist und folgt sie dabei einem fixen Ritual (z.B.: erst sagen, dass jetzt Schlafenszeit ist, dann Milch geben, dann Ausziehen und Wickeln, dann Vorhänge zumachen, dann Schnuller anbieten, anschließend Spieluhr aufziehen und noch einen Gute-Nacht-Kuss geben), so wird sie schon bald keine Probleme mehr haben, ihr Kind zur Ruhe zu bringen. Das Einhalten einer festen Abfolge von Handlungen, die Abend für Abend durchgespielt werden, gibt dem Baby Gelegenheit, die Ereigniskette allmählich zu lernen und vorherzusagen, was der nächste Schritt sein wird. Jeder dieser Schritte bereitet das Kind geistig auf das Schlafen vor und gibt ihm die Möglichkeit, sich mehr und mehr auf die Situation einzulassen.

Spätestens mit drei bis vier Monaten fangen Babys an, Rituale aller Art sehr zu schätzen. Egal ob es um Baden, Essen oder andere alltägliche Handlungen geht: Rituale vermitteln dem Kind früh das Gefühl von Kontrolle über die Umwelt. Dieses Gefühl stärkt das Kind darin, sich offen und aktiv mit seiner Umgebung auseinander zu setzen, weil es andere als berechenbar und zuverlässig erlebt. So wichtig diese Art des assoziativen Lernens auch sein mag, sie basiert noch nicht auf einem Denkprozess im engeren Sinne. Auch Tiere können lernen, Ereignis- und Handlungsketten zu erinnern und jeweils passend zu reagieren. Das kennt man aus dem Kleintierzirkus. Wenn wir das menschliche Denken verstehen wollen, müssen wir begreifen, dass es um die Fähigkeit geht, aktiv mit Erfahrungen umzugehen – und das ist weit mehr als ein einfaches Zirkuskunststück.

Zusammenfassung

Säuglinge bringen verschiedene Kompetenzen mit auf die Welt, die als Voraussetzungen für das Denken interpretiert werden können. Ich habe gezeigt, dass schon Neugeborene mit Reflexen ausgestattet sind, die es ihnen erlauben, sich vom ersten Moment an aktiv mit ihrer Umwelt auseinander zu setzen. Ihre Motorik entwickelt sich innerhalb des ersten Lebensjahres jedoch ganz maßgeblich weiter und sie lernen, zunächst den nahen und später den ferneren Raum immer besser zu untersuchen. Ferner verfügen sie vom ersten Atemzug an über differenzierte Wahrnehmungsfähigkeiten. Allerdings variieren der Reifungsgrad und das Entwicklungstempo zwischen einzelnen Sinnesmodalitäten. Während akustische Reize (Musik, Sprache) offensichtlich bereits von Föten komplex verarbeitet werden, ist die visuelle Wahrnehmung erst ab Mitte des ersten Lebensjahres mit der von Erwachsenen vergleichbar. Weiter wurde festgestellt, dass schon Neugeborene mit ihren erwachsenen Bezugspersonen nonverbal kommunizieren können und über Imitation und Beobachtung viel von ihnen lernen. Gleichzeitig verbessern sich ihre verbalen Fähigkeiten so rasch, dass am Ende des ersten Lebensjahres Wörter verstanden und auch produziert werden können. Das Kind taucht nun ein in die Phase der sprachlichen Verständigung. Und schließlich wurde dokumentiert, wie sich die Fähigkeit zu lernen mit dem Alter verändert. In diesem Zusammenhang fiel auf, dass Babys von Beginn an in begrenztem Umfang sowohl *nichtassoziatives Lernen* (Habituation, Sensitivierung) als auch *assoziatives Lernen* (Kontingenzlernen) zeigen, wobei sich ihre Fähigkeit, Objekte, Ereignisse und Personen zu erinnern, im Verlauf dieser Zeit noch ganz wesentlich steigert.

Das übergreifende Anliegen meiner Betrachtungen liegt darin aufzuzeigen, dass die Entstehung geistiger Prozesse nicht losgelöst gesehen werden kann von der Entwicklung anderer Fähigkeiten, die sich auf Bereiche wie Motorik, Wahrnehmung oder soziale Kompetenzen beziehen. Verschiedene Teilfähigkeiten greifen eng ineinander, beeinflussen sich gegenseitig und tragen gemeinsam dazu bei, dass das Baby denken lernt. Wie ich im nächsten Kapitel dokumentieren möchte, ist der konkrete Zeitplan, mit dem die einzelnen Teilfähigkeiten zum Tragen kommen, wichtig für die Beantwortung der Frage, ab wann welche Formen des Denkens überhaupt möglich sind.

KAPITEL 2

WIE DAS DENKEN ENTSTEHT

Dass Babys schon sehr früh etwas lernen und sich daran erinnern können, beweist, wie geistig aktiv sie von Anfang an sind. Von solchen Basisfähigkeiten bis zu höheren Prozessen des Denkens ist es allerdings noch ein weiter Weg. Der erste Meilenstein gilt als erreicht, wenn Dinge, die in der Außenwelt existieren, im Geist repräsentiert werden können – und zwar auch dann, wenn das Kind sie aktuell gar nicht wahrnimmt. Erst wenn das Baby über geistige Vorstellungen verfügt, wenn es aktiv Erinnerungen wachrufen kann, sie im Kopf kombinieren und damit mental Neues schaffen kann, ist eine Stufe erreicht, auf der man von Denken im eigentlichen Sinne spricht.

Zunächst gilt es also zu klären, ab wann Kinder Objekte aus ihrer Umwelt im Geiste repräsentieren können. Wenn die Fähigkeit, sich überhaupt an etwas zu erinnern, genügen würde, um von einer mentalen Repräsentation zu sprechen, dann gäbe es diese schon bei Neugeborenen. Allerdings sind die frühen Gedächtnisleistungen, von denen bislang die Rede war, weitgehend auf das *Wiedererkennen (recognition)* beschränkt. Wenn sich das Kind in einer ähnlichen Situation wie schon einmal befindet und es einen Reiz zum wiederholten Male präsentiert bekommt, dann reagiert es anders als ohne entsprechende Vorerfahrungen. Das gilt sogar schon für Föten im Mutterleib. Man spricht dann von *Habituation*. Solche Formen von Erinnerung sind aber nicht gleichzusetzen mit jenen, bei denen das Kind sich zeitlich und räumlich losgelöst von einer konkreten Situation an etwas erinnert. Bei diesem *aktiven Erinnern (recall)* kann das Kind selbst bestimmen, worauf es sich gerade konzentrieren will, wenn es einen Gegenstand oder eine Szene vor seinem inneren Auge auferstehen lässt. In älteren Büchern zur Entwicklungspsychologie findet sich immer wieder die Aussage, Kinder seien nicht vor Ende des zweiten oder sogar dritten Lebensjahres in der Lage, sich aktiv an etwas zu erinnern – häufig wurde diese Entwicklung auf die erst wachsenden Sprachfähigkeiten zurückgeführt. Neurowissenschaftliche Erkenntnisse jüngeren Datums setzen ein Fragezeichen hinter diese These. Sie belegen, dass Menschen, wenn sie sich etwas vorstellen, zum Teil die gleichen Bereiche im Gehirn aktivieren wie bei der ursprünglichen Wahrnehmung. Sprachverarbeitungszentren sind daran nicht unbedingt beteiligt.

Aber auch wenn die Existenz geistiger Vorstellungen nicht zwingend an Sprache gebunden ist, sondern Vorstellungsbilder eher mit simulierten Wahrnehmungen gleichgesetzt werden können, gibt es immer noch wichtige Unterschiede zur direkten Wahrnehmung und zum einfachen Wiedererkennen: Mentale Repräsentationen können neu zusammengestellt werden und schaffen so eine innere Welt, in der verschiedene Möglichkeiten nach Belieben durchgespielt oder Ereignisse vorweggenommen werden. Hier entstehen Szenarien, die real gar nicht existieren. Das ist unter anderem wichtig beim Problemlösen, wenn Vorgänge im Kopf simuliert werden.

Woran macht man eigentlich fest, dass eine geistige Repräsentation besteht? Diese Frage wird uns noch intensiv beschäftigen. Erste Überlegungen zum Thema hat wiederum Jean Piaget angestellt. Er meinte, für das Entstehen geistiger Repräsentationen sei es notwendig, dass der Säugling sich ein Objekt oder eine Person auch dann vorstellen kann, wenn diese gar nicht sichtbar sind. Es ist einfach etwas anderes, wenn die Mutter wiedererkannt wird, sobald das Kind sie sieht, hört und riecht, oder ob das Kind ein Bild von ihr in sich trägt und sich auch dann gezielt an ihr Aussehen, ihre Stimme, ihren Geruch, ihre Bewegung oder Aspekte ihrer Persönlichkeit erinnert, wenn sie einmal nicht da ist. Erst dann nämlich ist es in der Lage, sie zu vermissen oder zu suchen, von ihr zu träumen oder über sie nachzudenken. Aber wann ist das der Fall? Diese Frage stellen sich viele junge Mütter oder Väter, wenn sie ihre Babys für einige Zeit alleine lassen müssen, um zum Beispiel zur Arbeit zu gehen.

Es ist ziemlich schwer zu untersuchen, wie innere Bilder von Mutter, Vater oder anderen Dingen entstehen, weil man nur indirekt auf ihre Existenz schließen kann. Das methodische Problem ist schon lange bekannt. Es spielte auch schon eine Rolle, als es um die Untersuchung verschiedener Wahrnehmungsfähigkeiten ging. Da wurde von *Kopfwendereaktionen* auf Geruchspräferenzen oder von *Saugpräferenzen* auf die Fähigkeit, Geschichten wieder zu erkennen, geschlossen. Anders als Psychologen, die das Denken Erwachsener untersuchen, können Säuglingsforscher Babys nicht befragen. Stattdessen müssen sie ihr Verhalten analysieren und nach indirekten Hinweisen auf geistige Prozesse suchen.

Wenn man vom Blickverhalten auf die Sehschärfe schließt, scheint der Zusammenhang unmittelbar nachvollziehbar, aber wenn man von der Blickrichtung auf geistige Vorstellungen schließt, macht man einen Interpretationsschritt mehr. Weil in der Regel die Blickzeit als abhängiges Maß in Studien verwendet wird, die höhere geistige Leistungen erfassen sollen, stehen verschiedene Wissenschaftler der Annahme kritisch gegenüber, schon Kinder in den ersten beiden Lebensjahren seien zu bewussten Denkakten in der Lage. Letztlich besteht aber auch bei der Untersuchung älterer Kinder, die bereits sprechen können, immer ein ähnliches Interpretationsproblem. So ist es wohl eine Illusion zu meinen, was ein Mensch über seine geistigen Prozesse sage, sei ein exaktes Spiegelbild dessen, was in seinem Kopf vorgeht. Das würde nur dann Sinn machen, wenn man annehmen könnte, das Denken sei grundsätzlich in sprachlicher Form repräsentiert. Wie zahlreiche Experimente der Sozialpsychologie und der Allgemeinen Psychologie zeigen, liefern direkte Verhaltensbeobachtungen oft viel aussagekräftigere Daten über Einstellungen und Motive als mündliche Aussagen. Ein gutes Experiment in der Säuglingsforschung ist also nicht unbedingt daran zu messen, wie eng die abhängige Messung sich an den interessierenden Prozess anlehnt, sondern wie gut Alternativinterpretationen durch zusätzliche Kontrollbedingungen ausgeschlossen werden können.

Es wird deshalb mehr als im ersten Kapitel darum gehen, Methoden, mit denen man zu Erkenntnissen gelangt, kritisch zu diskutieren. Das ist manchmal etwas kompliziert und der Leser wird rasch merken, dass der Teufel oft im Detail steckt. Andererseits wäre es unseriös, «Wahrheiten» über das Denken von Babys zu verbreiten, bei denen man nicht hinterfragt, wie Forscher zu ihren Schlussfolgerungen gelangt sind. Gerade wenn man wirklich daran interessiert ist herauszufinden, was Babys denken, muss man wissen, welchen Ergebnissen man trauen kann. Diese Bemerkungen vorangeschickt, werden im Folgenden verschiedene Untersuchungen dargestellt, die sich alle auf die Entstehung von Vorstellungsbildern beziehen, weil dies eine notwendige Voraussetzung für bewusste Denkakte darstellt. Den Anfang machen Studien zur *Objektpermanenz*, also zu der Frage, ab wann Babys sich Objekte im Geiste vorstellen können, die sie aktuell nicht wahrnehmen.

Vom realen zum geistigen Objekt

Entwicklungspsychologen sind sich noch uneinig darüber, ab wann bei Babys die Fähigkeit zur Repräsentation von Objekten eindeutig nachweisbar ist. Es handelt sich um ein Phänomen, an dem sich besonders gut demonstrieren lässt, mit welchen methodischen Schwierigkeiten Säuglingsforscher zu kämpfen haben.

Studien zur Objektpermanenz

Der Begriff *Objektpermanenz* wurde von Jean Piaget geprägt, der verschiedene Stufen der Entwicklung dieser Fähigkeit beschrieben hat: Im ersten Lebensmonat kann man beobachten, dass das Baby ein Objekt – zum Beispiel ein Spielzeug – mit dem Blick so lange verfolgt, wie das Objekt im sichtbaren Bereich bleibt. Sobald das Spielzeug aber vorübergehend hinter etwas anderem verschwindet, schaut das Kind weg – gerade so, als wäre das Objekt nie da gewesen. Es macht keinerlei Anstalten, das verborgene Spielzeug mit den Augen oder Händen zu suchen. Ähnliches gilt für den Fall, dass Mutter oder Vater den Raum verlassen. Schon im zweiten Lebensmonat ändert sich das: Jetzt bleibt der Blick des Kindes starr auf die Stelle gerichtet, an der das Objekt der eigenen Begierde verschwunden ist. Es scheint, als würde das Baby abwarten, ob das interessante Ding genau dort wieder auftaucht. Ist ein Spielzeug nur halb verdeckt, sucht das Kind danach. Im Alter zwischen vier und acht Monaten lässt sich beobachten, dass einmal eingeleitete Greifbewegungen nach einem halb verdeckten Objekt fortgesetzt werden, wenn dieses inzwischen ganz verschwunden ist. Und mit acht bis zwölf Monaten sucht das Kind auch nach voll verdeckten Objekten. So zieht es ein Tuch weg, wenn es vorher gesehen hat, dass ein Erwachsener dieses Tuch über ein Spielzeug gelegt hat. Piaget sieht in diesem letzten Schritt einen ersten Beleg dafür, dass das Kind das Stadium der *einfachen Objektpermanenz* erreicht hat, weil es aktiv zeigt, dass es das Objekt vermisst. Der Zusatz «einfach» drückt bereits aus, dass die neu erworbene Fähigkeit, Objekte geistig zu repräsentieren, noch nicht unter allen Umständen gelingt. Zumindest aber lässt sich festhalten, dass mit zunehmendem Alter immer weniger Informationen benötigt werden, damit die Repräsentation des Objekts aufrechterhalten werden kann.

Interessanterweise zeigen die Kinder früher Objektpermanenz, wenn es sich um Objekte handelt, mit denen sie hoch vertraut sind – wie etwa Mama oder Papa –, als wenn es sich um unvertraute Gegenstände handelt. Das könnte darauf hindeuten, dass die Erwartung, eine Person oder ein Spielzeug tauche wieder auf, vielleicht erst an einzelnen konkreten Fällen gelernt wird.

Zeigt man Kindern im Alter von acht bis zwölf Monaten ein Objekt – z. B. ein Spielzeugauto –, das an einem Ort A in einer Dose versteckt ist, und fragt sie: «Wo habe ich das Auto versteckt?», so greifen sie in aller Regel zur richtigen Dose, um das Spielzeug wieder herauszuholen. Anders verhält es sich jedoch, wenn der Versuchsleiter zwei Dosen hat, das Objekt zunächst in Dose A versteckt und vom Kind dort finden lässt, um es anschließend vor den Augen des Kindes in Dose B zu verstecken. Nun geraten die Babys in Schwierigkeiten: Dürfen sie sofort greifen, lösen die meisten acht Monate alten Kinder diese Aufgabe richtig und greifen nach Dose B. Beträgt die Wartepause aber ca. fünf Sekunden, dann suchen erst Kinder ab neun Monaten am korrekten Ort. Die anderen greifen an die gleiche Stelle, an der sie das Auto im vorherigen Durchgang erfolgreich gesucht hatten. Bei einer zeitlichen Verzögerung der Greifhandlung von zehn Sekunden gelingt dies nur den zwölf Monate alten Kindern. Es scheint so, als könnten sich die Babys nach einiger Zeit nur noch an die Handlung erinnern, mit der sie Erfolg hatten, würden aber ganz vergessen, dass sie gesehen haben, wie das Auto im letzten Durchgang an einem anderen Ort versteckt wurde.

Wird die Aufgabe noch etwas komplizierter, scheitern selbst die zwölf Monate alten Kinder. So etwa, wenn man das Objekt zunächst in Dose A versteckt, es dort erfolgreich suchen lässt, und das Objekt in einem zweiten Schritt zunächst wieder in Dose A legt, um es gleich danach (noch bevor das Kind danach greifen kann) vor seinen Augen von Dose A nach Dose B zu transportieren. Unter diesen Umständen kann man beobachten, dass das Kind nach wie vor in Dose A sucht, obwohl es genau zugesehen hat, wie der Gegenstand von A nach B gebracht wurde. Erst im Alter von 18 bis 24 Monaten wird dieser *A-nicht-B-Suchfehler* endgültig überwunden. Nun ist das Kind in der Lage, Objekte selbst nach mehrfachem Ortswechsel gleich am richtigen Platz zu suchen. Wie Nachfolgestudien gezeigt haben, hängt der Erfolg in dieser Aufgabe von unterschiedlichen Rahmenbedingungen ab, etwa der Zeit, bis das Kind nach dem Objekt suchen darf, oder von dem räumlichen Abstand zwischen beiden Verstecken.

Piaget interpretiert seine in vielen unterschiedlichen Kulturen immer wieder bestätigten Beobachtungen als Hinweis darauf, dass Kinder nicht vor Ende des ersten Lebensjahres fähig sind, Objekten auch unabhängig von der eigenen aktuellen Wahrnehmung eine raum-zeitliche Existenz zuzuschreiben. Gleichzeitig hat er gezeigt, dass sich Objektpermanenz im Verlauf des zweiten Lebensjahres noch entscheidend verändert. Dabei hat er aber nicht bedacht, dass der fehlende Erfolg jüngerer Kinder in seiner Aufgabe auch etwas mit der Art der Messung zu tun haben könnte.

Piaget stellte fest, ob die Kinder gezielt versuchen, eine Verdeckung zu entfernen, um nach einem Gegenstand zu greifen. Daran wollte er erkennen, ob einfache Objektpermanenz vorliegt oder nicht. Es ist aber auch möglich, dass jüngere Babys das versteckte Objekt zwar repräsentiert haben, aber noch nicht in der Lage sind, ein Verhalten zu zeigen, das als Beweis für diese Fähigkeit gilt. Immerhin haben sie noch Probleme mit der räumlichen Wahrnehmung und der Feinmotorik. Beides ist aber in gewissem Umfang erforderlich, wenn man einen Deckel heben oder ein Tuch wegziehen möchte. Außerdem müssen die Babys mehrere Dinge parallel tun: sich an den Ort des Objekts erinnern und gleichzeitig eine Suchhandlung organisieren. Wenn eine Aufgabe mehrere Leistungen gleichzeitig von ihnen verlangt, versagen sie besonders leicht.

Auch die Beobachtung, dass ältere Kinder Aufgaben, bei denen das Objekt vor ihren Augen von A nach B verlagert wird, nicht korrekt lösen können, hat vermutlich etwas mit der Art der Messung zu tun. Der Fehler tritt nämlich nur dann auf, wenn die Kinder zuvor erfolgreich an Ort A gesucht haben und das Objekt nun an Ort B finden sollen. Möglicherweise fällt es ihnen einfach schwer umzuschalten. Sie führen das vorher so erfolgreiche Verhalten noch einmal aus, obwohl sie es vielleicht besser wissen. Zu dieser Interpretation passt die Beobachtung, dass der Fehler mit umso größerer Wahrscheinlichkeit auftritt, je häufiger die Kinder zuvor unter A gesucht haben. Ein weiterer Hinweis besteht darin, dass sie in der Regel zwar nach A greifen, aber ihren Blick auf B gerichtet haben und auch sofort im Anschluss an die erfolglose Suchaktion in Dose A nach Dose B greifen. Verschiedene Säuglingsforscher vermuten daher, dass Probleme mit der Kontrolle von Handlungen und Impulsen durch das Gehirn entscheidend zur Erklärung des A-nicht-B-Suchfehlers beitragen. Ob Babys Gegenstände geistig repräsentieren können oder nicht, lässt sich also nur bedingt analysieren, indem man sich ihr Suchverhalten anschaut.

Wer nicht sofort suchen darf, muss eine Entscheidung treffen zwischen zwei Handlungsalternativen, von denen die eine (am falschen Ort) schon einmal erfolgreich war und die andere (am richtigen Ort) dem entspricht, was man zuletzt gesehen hat. Um die richtige Greifhandlung auszulösen, muss das Kind also beide Aspekte gegeneinander abwägen und dem zweiten ein größeres Gewicht beimessen. Dieser komplexe Prozess der Informationsintegration gelingt nicht von Anfang an. (Übrigens machen Schimpansen den gleichen Fehler, lernen mit dem Alter aber nicht, ihn zu überwinden.)

Für die Handlungssteuerung ist der *Präfrontalkortex*, der vorderste und evolutionär jüngste Teil unseres Gehirns, verantwortlich. Da man weiß, dass dieser Bereich beim Menschen proportional viel größer ist als bei anderen Arten und sich noch bis ins Jugendalter hinein entwickelt, wird vermutet, dass die frühen Fehler von Säuglingen auf noch ausstehende Reifungsprozesse zurückzuführen sind. Interessant scheint dabei, dass jener Teil des Präfrontalkortex, der für die Steuerung von Blickbewegungen entscheidend ist, die *frontalen Augenfelder*, offensichtlich früher korrekt arbeitet als andere Bereiche. So erklärt sich vielleicht auch die in Baby-Studien immer wieder feststellbare Abweichung zwischen Schauen und Handeln, insofern die Kinder mit ihrem Blickverhalten wesentlich früher korrektes Verhalten zeigen als mit ihren motorischen Reaktionen von Armen und Händen.

Die vorangegangenen Erläuterungen zeigen, wie wichtig es in der Säuglingsforschung ist, sich immer bewusst zu machen, welche Anforderungen die experimentelle Aufgabe stellt und was als Messung verwendet wird. Häufig stellt eine Aufgabe Ansprüche an die Fähigkeiten des Kindes, über die wir zu wenig nachdenken. Lässt man das bei der Interpretation von Beobachtungen unbedacht, dann kommt es leicht zu Fehlinterpretationen im Sinne einer Über- oder einer Unterschätzung der Kompetenzen von Babys.

Vor dem Hintergrund dieser Überlegungen wird der späte Beginn von Objektpermanenz inzwischen von einigen Säuglingsforschern bezweifelt. Sie glauben zeigen zu können, dass Kinder schon sehr früh fähig sind, Objekte geistig zu repräsentieren, wenn man diese Fähigkeit mit einer einfacheren Aufgabe misst, die lediglich das Blickverhalten als abhängige Variable verwendet. Ein prominentes Beispiel geben die Versuche von Renée Baillargeon und ihren Mitarbeiterinnen. An ihnen lässt sich besonders gut demonstrieren, wie einfallsreich Säuglingsforscher sein müssen, wenn sie dem Denken von Babys auf die Spur kommen wollen.

Drehbrückenversuche

Die Studien von Renée Baillargeon und ihren Mitarbeiterinnen beziehen sich zum Großteil auf Kinder im Alter zwischen drei und acht Monaten, einem Alter also, in dem es laut Piaget noch keine *einfache Objektpermanenz* gibt. In ihrer Aufgabe, die man auch das *Drehbrückenparadigma* nennt, spielt eine rechteckige Holzplatte eine wichtige Rolle. Diese Holzplatte ist mit einem Scharnier auf einer Tischfläche angebracht. Das Kind sitzt im Hochstuhl am Tisch und sieht zunächst, wie die Platte – einer Drehbrücke ähnlich – abwechselnd ganz nach vorne auf es zu und dann wieder ganz nach hinten von ihm weg klappt, bis sie jeweils flach auf der Tischfläche aufliegt. Sie rotiert also um 180Grad. Wenn die Platte senkrecht zur Tischoberfläche steht, verdeckt sie die Sicht des Kindes auf alles, was sich dahinter befindet.

Nachdem das Kind diese einfache Drehbewegung so lange beobachtet hat, bis es den Anblick langweilig findet, wird die Platte gestoppt und bleibt flach vor dem Kind auf dem Tisch liegen. Dann wird vor den Augen der Babys ein Holzblock in die Bewegungsbahn der Platte gestellt – und zwar auf der dem Kind abgewandten Seite. Aus der Perspektive des Babys ist der Holzblock nur in bestimmten Phasen der Rotationsbewegung sichtbar. Sobald der Versuchsleiter das Objekt an die richtige Stelle gestellt hat, beginnt die Platte wieder zu rotieren. Das Baby sieht nun im Wechsel zwei Testszenen: In einer Szene (physikalisch unmögliches Ereignis) klappt die Platte trotz Gegenwart des Holzblocks ganz nach hinten weg (das Objekt wurde durch einen Trick im Boden versenkt), so dass ihr Rotationsverhalten genau das Gleiche bleibt wie während der Gewöhnungsphase. In der zweiten Testszene (physikalisch mögliches Ereignis) dreht die Platte nach hinten und stoppt, sobald die Oberkante des Holzblocks erreicht ist. Diese Bewegung ist für das Kind neu, weil sie sich von der Bewegung in der Gewöhnungsphase unterscheidet.

Renée Baillargeon hat sich überlegt, dass die Testszene mit der gestoppten Bewegung beim Kind auf verstärktes Interesse stoßen sollte, wenn es noch nicht in der Lage ist, Objekte im Geiste zu repräsentieren. Schließlich würde es sehen, dass die Platte sich anders verhält als zuvor, und das müsste seine Neugier wecken und zu längeren Blickzeiten führen. Dagegen sollten Kinder, die den Holzblock bereits repräsentieren können, eher mit Verwunderung reagieren, wenn sie sehen, dass die Platte trotz Hindernis bis ganz nach unten rotiert, und dafür die neue Bewegung gar nicht so interes-

Drehbrückenversuche zur Objektpermanenz

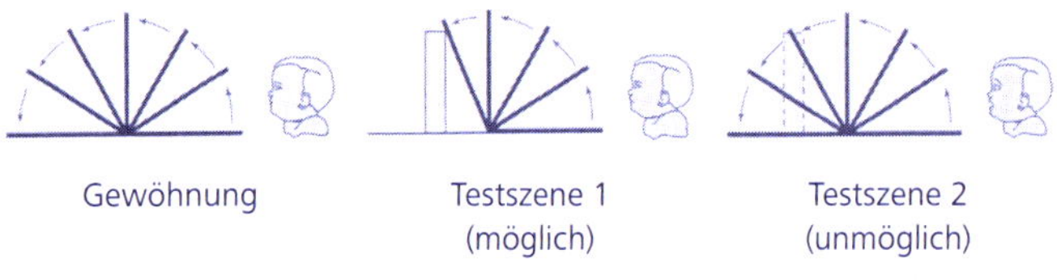

Das Kind wird in der *Gewöhnungsphase* mit einer Platte vertraut gemacht, die im Wechsel auf es zu und von ihm weg klappt. Danach wird die Platte angehalten und ein Objekt in die Bewegungsbahn gestellt.
Anschließend zeigt man abwechselnd zwei verschiedene *Testszenen*:
Beim möglichen Ereignis dreht sich die Platte nur so weit, bis sie die Oberkante des Objekts berührt. Beim unmöglichen Ereignis bewegt sie sich genau wie in der Gewöhnungsphase.
Auf diese Weise wird untersucht, ob das Kind das unmögliche Ereignis länger betrachtet als das mögliche Ereignis.

sant finden. Es ist nämlich bekannt, dass Kinder und Erwachsene in aller Regel länger auf etwas starren, das ihnen ungewöhnlich vorkommt, als auf etwas, das ihnen vertraut erscheint. Über eine Untersuchung der Blickpräferenzen für beide Testszenen – so Baillargeons Idee – müsste es also möglich sein herauszufinden, ob Babys schon über Objektrepräsentation verfügen oder nicht.

Das gleiche Experiment wurde in einer Kontrollbedingung auch noch einmal ohne einen Holzblock durchgeführt. Hier sah das Kind in der Testphase, wie die Platte entweder bis zur Tischplatte rotierte oder in der Luft stehen blieb. Die Einführung dieser Bedingung schien notwendig, um herauszufinden, ob Babys grundsätzlich lieber auf eine Szene schauen, in der die Platte bis zum Boden rotiert – egal, ob ein Objekt im Weg steht oder nicht.

Die Autorin stellte fest: Schon dreieinhalb Monate alte Kinder schauten in der Versuchsbedingung mit Holzblock länger, wenn die Platte im Test bis zum Boden rotierte, während sie in der Versuchsbedingung ohne Holzblock länger schauten, wenn die Platte auf halbem Weg stoppte. Kinder in beiden Gruppen reagierten also ganz unterschiedlich, wobei immer das unplausible Ereignis länger betrachtet wurde als das erwartungskonforme.

Später hat Baillargeon diese Versuchsserie noch ausgedehnt, indem sie Objekte verschiedener Größe und Konsistenz (einen knautschbaren Schwamm) in die Rotationsbahn der Drehbrücke gestellt hat. Dabei schienen die Babys davon auszugehen, dass die Platte weiter nach hinten rotiert, wenn das Objekt niedriger ist, als wenn es sich um ein hohes Objekt handelt. Dies traf jedoch nur auf feste und nicht auf elastische Objekte zu.

Zusammen genommen scheinen solche Beobachtungen auf die frühe Entwicklung der Fähigkeit zu verweisen, Objekte mit bestimmten Eigenschaften zu repräsentieren, auch wenn sie nicht mehr im Blickfeld sind. Genau diese Fähigkeit wird Säuglingen jedoch von anderen Autoren abgesprochen. So hat man Baillargeons Interpretation immer wieder angzweifelt. Besonders schwer wiegt dabei das Argument, die Ergebnisse ließen sich in einem unabhängigen Labor nicht wiederholen. Das müsste allerdings der Fall sein, wenn es sich um stabile, aussagekräftige Befunde handelt. Die Tatsache, dass ein Wiederholungsversuch scheitert, muss daher Anlass zu Skepsis geben und macht deutlich, dass es sich noch nicht um einen gesicherten Befund handelt. Weiterhin gilt es zu beachten, dass jüngere Säuglinge, insbesondere solche im Alter von dreieinhalb bis sechs Monaten, eigentlich noch nicht über eine gute Raumwahrnehmung verfügen. Diese ist aber wichtig, damit die Größen- und Abstandsverhältnisse erfasst werden können, um konkrete Erwartungen darüber auszubilden, wie weit die Platte rotieren wird. Und schließlich haben einige Autoren deutlich gemacht, dass Babys unter bestimmten Umständen auch die ihnen vertraut erscheinende Testszene länger betrachten als die ungewohnte. Modellrechnungen haben dies gerade für das Drehbrückenparadigma bestätigt.

Aber selbst wenn die Interpretation von Baillargeon dennoch stimmen sollte, muss man sich klar machen, dass die Dauer, für die das Objekt aus dem Blick des Kindes entschwindet, immer nur sehr kurz ist (ca. 2,5 Sekunden) und man solche kurzfristigen Repräsentationsleistungen nicht ohne weiteres mit dem gleichsetzen darf, was gemeinhin unter einer stabilen geistigen Vorstellung verstanden wird. Es macht durchaus einen Unterschied, ob ein Gegenstand unserer Wahrnehmung nur für einen sehr kurzen Augenblick entzogen wird oder für längere Zeit (z.B. die Mutter, die den Raum verlässt). Psychologisch interessant ist eher der letztgenannte Fall, den Piaget auch eigentlich mit Objektpermanenz gemeint hat. Möglicherweise entwickelt das Baby die Fähigkeit zur Objektpermanenz ja allmählich, indem es einen Gegenstand zunächst nur für ganz kurze Zeit, dann für etwas längere und schließlich für sehr lange Zeit im Geiste repräsentieren kann. Dafür sprechen etwa die Befunde zur A-nicht-B-Suchfehleraufgabe. Das könnte man aber auch mit dem Drehbrückenparadigma leicht testen, indem man die Geschwindigkeit der Rotationsbewegung der Platte variiert. Ein solches Experiment liegt meines Wissens bislang noch nicht vor – vielleicht, weil das Paradigma umstritten ist.

Insgesamt lassen die Überlegungen vermuten, dass sich *einfache Objektpermanenz* – sofern es sich um die kurzfristige Repräsentation eines Objektes handelt – innerhalb des ersten halben Lebensjahres entwickelt und mit spätestens acht Monaten klar nachweisbar ist. Dauerhaftere Repräsentationen dürften sich bis Ende des ersten Lebensjahres herausbilden. Sie beziehen sich zunächst auf hoch vertraute Gegenstände (wie etwa enge Bezugspersonen) und wenig später auch auf neue, unvertraute Gegenstände. Nimmt man das Suchverhalten von vollständig versteckten Objekten als Kriterium, dann ist *Objektpermanenz* über mehr als fünf Sekunden hinweg nicht vor Ende des ersten Lebensjahres nachweisbar. Verlangt man vom Kind, dass es Ortswechsel des gesuchten Objektes mit repräsentiert und beim Suchen das Sehen und Greifen korrekt integriert, so muss man bis zum zweiten Lebensjahr warten, ehe entsprechende Aufgaben souverän gelöst werden können.

Unklar bleibt zunächst, was genau das Kind eigentlich repräsentiert, wenn man unterstellt, es bilde schon im ersten Lebensjahr eine mentale Vorstellung von Objekten. Eine Möglichkeit besteht darin, dass es nur denkt: «Da ist ein Ding», ohne sich die konkreten Eigenschaften des fraglichen Gegenstandes genauer vor Augen zu führen. In diesem Fall würde es sich erinnern, dass da ein «Etwas» war, ohne jedoch zu wissen, wie dieses Etwas genau aussah oder was es darstellte. Manche Wissenschaftler sprechen in diesem Zusammenhang von einem *Objektplatzhalter (object file)*. Eine zweite Möglichkeit besteht darin, dass das Objekt mit konkreten Eigenschaften, die sich auf dessen Aussehen bzw. Verhalten beziehen, erinnert wird. In diesem Fall spricht man von *Objektindividuation*.

Die Frage, welche Möglichkeit eher zutrifft, ist sehr spannend, denn um zu wissen, ob ein bestimmtes Objekt unabhängig von Raum und Zeit existiert, muss das Kind sich viele Merkmale gleichzeitig merken. Für uns Erwachsene ist das in der Regel keine schwere Aufgabe, denn wir ordnen materielle Dinge mühelos und automatisch in Kategorien ein, die wir benennen können. Man spricht in diesem Zusammenhang von *Top-down-Prozessen* und meint, dass Vorwissen unsere Wahrnehmung beeinflusst. Aufgrund unserer Vorkenntnisse schenken wir bestimmten Merkmalen besondere Aufmerksamkeit und sind rasch in der Lage, ein gegebenes Objekt als Exemplar einer bestimmten Art (z.B. Stuhl) zu identifizieren und uns daran zu erinnern.

Für Babys ist fast alles um sie herum noch sehr neu und sie sind nur mit wenigen Dingen wirklich vertraut. Je jünger ein Baby ist, desto eher trifft diese Aussage zu. Babys und Kleinkindern mag es grundsätzlich noch schwer fallen, Objekte, die zeitweise ihr Wahrnehmungsfeld verlassen, mit charakteristischen Eigenschaften zu repräsentieren. Uns Erwachsenen geht es ganz ähnlich, wenn wir mit Material konfrontiert sind, über dessen Bedeutung wir wenig wissen. Stellen Sie sich vor, ich würde Ihnen für kurze Zeit ein chinesisches Schriftzeichen zeigen und es dann verdecken. Würden Sie sicher sagen können, ob das Zeichen, das ich anschließend aufdecke, mit dem identisch ist, das ich ihnen vorher gezeigt habe? Wenn Sie genauso wenig von Sinologie verstehen wie ich, wäre das bestimmt eine schwere Aufgabe. Ein Chinese fände diese Aufgabe vermutlich leicht, weil die Zeichen für ihn Bedeutung haben.

Selbst wenn Babys über ein perfektes Gedächtnis für Objekteigenschaften verfügen würden, wüssten sie deshalb noch lange nicht, welche Veränderung ein Objekt durchlaufen kann, während es nicht sichtbar ist. Auch dafür ist eine Menge an Erfahrung notwendig und die muss erst einmal erworben werden, wie Versuche zur Objekindividuation von Fei Xu und Susan Carey belegen.

Studien zur Objektindividuation

Angenommen, Sie schauen auf eine Bühne, deren mittlerer Teil wieder durch einen Wandschirm verdeckt ist. Am rechten Rand des Wandschirms erscheint ein Laster, fährt ein Stück in Richtung rechter Bühnenrand, bleibt dort kurz stehen und tritt dann den Rückweg an, bis er wieder hinter dem Wandschirm verschwindet (wo er auch herkam). Danach erscheint eine Katze am linken Rand des Wandschirms und bewegt sich in Richtung des linken Bühnenrandes, bleibt kurz stehen, bevor sie umkehrt und hinter dem Wandschirm verschwindet. Dieser Vorgang wiederholt sich insgesamt viermal. Dann endet die *Habituationsphase*. Nun folgt die *Testphase*, in der abwechselnd zwei Szenen gezeigt werden: (a) Der Wandschirm hebt sich und gibt den Blick auf eine Katze und einen Laster frei. (b) Der Wandschirm hebt sich und gibt den Blick auf den Laster *oder* die Katze frei.

Versuche zur Objektindividuation

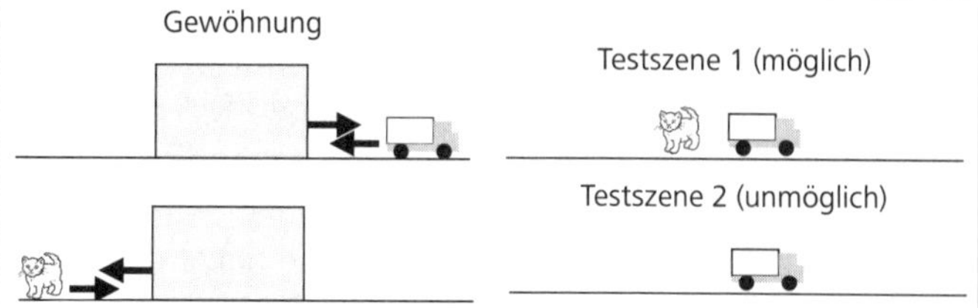

In der *Gewöhnungsphase* sieht das Kind, wie abwechselnd ein Fahrzeug auf der einen Seite und ein Tier auf der anderen Seite hinter dem Wandschirm hervor kommt und wieder zurück gleitet.
In der *Testphase* wird der Wandschirm entfernt und gibt den Blick frei auf eine von zwei Szenen:
In Testszene 1 (erwartet) befinden sich zwei Objekte hinter dem Wandschirm.
In Testszene 2 (unerwartet) befindet sich nur ein Objekt hinter dem Wandschirm.

Welche dieser beiden Szenen wäre für Sie interessanter? Vermutlich die zweite Szene, denn eigentlich müssten sich ja beide Objekte hinter dem Wandschirm befinden, und vielleicht wundern Sie sich, wo das andere wohl geblieben sein mag. Nehmen wir aber einmal an, Sie wären noch nicht fähig, die Eigenschaften von beiden Objekten parallel zu repräsentieren oder Sie würden denken, dass aus einem Laster eine Katze werden kann und umgekehrt, dann müssten Sie überrascht vom Anblick der Szene A sein, weil hier plötzlich zwei Objekte auf einmal zu sehen sind.

Zwölf Monate alte Kinder zeigten unter vergleichbaren Umständen eine klare Bevorzugung der Testszene, in der zwei Objekte zu sehen waren. Dieses Muster drehte sich allerdings um, wenn Kinder gleichen Alters in einer Vorlaufphase ein einziges Mal sahen, dass die Katze links und der Laster rechts gleichzeitig neben dem Wandschirm standen. Kinder mit dieser Erfahrung bevorzugten nach der Habituation jene Testszene, in der nur ein Objekt zu sehen war. Wie lässt sich das erklären?

Fei Xu und Susan Carey, die beiden Wissenschaftlerinnen, die sich diesen Versuch ausgedacht haben, interpretieren ihre Ergebnisse wie folgt: Gegen Ende des ersten Lebensjahres brauchen Kinder noch raum-zeitliche Hinweise, um eine Objektrepräsentation aufzubauen und aufrecht zu erhalten. Durch den gleichzeitigen Anblick von beiden Objekten, die jeweils unterschiedliche Positionen im Raum einnehmen, ist es ihnen möglich, für jedes Objekt einen eigenen *object file* zu öffnen (etwa der Art: auf der einen Seite ist *etwas* und auf der anderen Seite ist auch *etwas*). Diese beiden getrennten Repräsentationen blieben dann im Verlauf der Gewöhnungsphase erhalten, weil sie durch das wiederholte Hervortreten und Verschwinden der Objekte an jeweils unterschiedlichen Orten immer wieder in Erinnerung gerufen wurden. So konnten die Kinder hinterher wissen, dass sich hinter dem Wandschirm *zwei* Objekte befinden mussten, und reagierten überrascht, wenn in der Testphase nur ein Objekt dargeboten wurde.

Anders verhielt es sich in der Bedingung ohne Vorlauf mit gleichzeitiger Präsentation beider Objekte: Hier war es den Kindern nicht möglich, allein auf der Basis von Information über das Aussehen der beiden Objekte darauf zu schließen, dass sich hinter dem Wandschirm zweit getrennte Objekte verbargen. Kinder unter einem Jahr sind nach Auffassung von Fei Xu und Susan Carey noch nicht fähig, parallel mehrere detaillierte Objektrepräsentationen zu bilden und im Gedächtnis zu behalten.

Andrea Wittke, Lysett Babocsai und ich haben in Heidelberg untersucht, was passiert, wenn man zwei Objekte verwendet, die sehr verschieden aussehen (einen Hund und einen Laster, oder einen Hasen und einen Traktor) und die sich außerdem auch ganz unterschiedlich bewegen (der Hund läuft und der Hase hüpft, während der Laster bzw. der Traktor fahren), weil wir dachten, dass wir den Kindern so helfen würden, zwei getrennte Objektrepräsentationen zu bilden, auch ohne dass vor Beginn der Bewegung beide Objekte gleichzeitig präsentiert werden. Das war aber nicht der Fall. Mit zehn Monaten schauten die Babys auch unter diesen Umständen länger auf die Testszene mit zwei Objekten. Dieses Ergebnis kann zweierlei bedeuten: Entweder Kinder in diesem Alter können tatsächlich noch nicht zwei getrennte Objektrepräsentationen bilden, oder ihre Vorliebe, im Test zwei statt ein Objekt anzusehen, ist so stark, dass sie sich durch die vorher in der Habituation aufgebaute Erwartung nicht verändern lässt. Gegen die zweite Möglichkeit spricht allerdings, dass es andere Experimente gibt, in denen Kinder auch jüngeren Alters im Test gerade auf ein Objekt länger schauen und nicht auf zwei, weil sie eigentlich zwei einzelne Objekte erwarten. (Von einigen Studien dieser Art wird noch die Rede sein, wenn es um die Entwicklung des mathematischen Denkens im Säuglingsalter geht.) Warum also könnte es für zehn Monate alte Kinder so schwer sein, zwei Objekte mit ihren Eigenschaften parallel zu repräsentieren?

Dafür kommen unterschiedliche Erklärungen in Frage. Vor allem muss man bedenken, dass Babys zunächst noch üben müssen, Objekte anhand ihrer äußerlich erkennbaren Merkmale zu identifizieren. Für Erwachsene ist das viel leichter. Wir wissen bereits: Das eine ist eine Katze, weil sie ein Katzengesicht hat, einen langen dünnen Schwanz und eine bestimmte Körperform. Das andere ist ein Laster, weil alle Laster aus einem Führerhäuschen und einem Aufbau sowie vier Rädern bestehen. Wir ordnen die Objekte aufgrund ihrer äußeren Erscheinung und ihres Verhaltens einer bestimmten Klasse zu und haben dafür auch noch ein Wort im Kopf, das uns hilft, das Wahrgenommene prägnant zusammenzufassen. Das setzt geistige Kapazitäten frei, die genutzt werden können, um die eigene Aufmerksamkeit auf bestimmte kritische Details der Szenerie zu richten oder um durch geistige Beschäftigung mit dem kritischen Ereignis das Verständnis der Situation zu vertiefen.

Fei Xu, eine der beiden Wissenschaftlerinnen, die sich das *Individuationsparadigma* ausgedacht haben, hat selbst Versuche durchgeführt, in denen vertraute Gegenstände verwendet wurden (Spielzeuge aus dem Kinderzimmer der Probanden), oder in denen die Objekte unterschiedlich benannt wurden, sobald sie hinter dem Wandschirm erschienen. Unter diesen Umständen gelang es schon zehn Monate alten Kindern auch ohne raum-zeitliche Zusatzinformationen, die Erwartung aufzubauen, dass sich hinter dem Wandschirm zwei Objekte befinden, und sie schauten im Test länger auf die Szene, in der nur eines präsentiert wurde.

Werden die geistigen Kapazitäten der Kinder, Objekte zu repräsentieren, durch zusätzliche Anforderungen, etwa Bewegungswahrnehmung gebunden, kann dies auch bei Erwachsenen zu eingeschränkten Identifikationsleistungen führen. Das zeigen unter anderem Experimente von Daniel Simon, der mit Studenten gearbeitet hat: Er präsentierte viele Gegenstände auf einmal auf einem Bildschirm. Dann sahen die Studenten, wie ein breiter schwarzer Balken langsam von der einen Seite zur anderen wanderte und zu jeder Zeit etwa die Hälfte der gezeigten Objekte auf einmal verdeckte – fast so, als würde ein großer Laster an der Szene vorbei fahren. Die Studenten waren informiert worden, dass eines der Objekte während der Zeit, in der es vom schwarzen Balken verdeckt ist, ausgetauscht wird. Ihre Aufgabe bestand darin herauszufinden, um welches Objekt es sich handelte. Keine schwere Aufgabe, sollte man meinen. Tatsächlich machen Erwachsene dabei aber leicht Fehler, und viele Menschen sind gar nicht in der Lage, die richtige Antwort zu finden. Hierbei spielt eine wichtige Rolle, wie viele Elemente gleichzeitig verdeckt sind und wie schnell der Balken über den Bildschirm wandert. Ähnlich wie bei den Babys sind also die Menge der Objekte und die Dauer, die die Repräsentation im Gedächtnis aufrechterhalten werden muss, entscheidend für die Identifikationsleistung. Was sich vermutlich mit dem Alter verändert, ist der Grad an Komplexität und die Menge der relevanten Informationen, die gleichzeitig verarbeitet werden können. Dafür gibt es allerdings Obergrenzen.

Um zu testen, ob das Problem wirklich darin besteht, dass die Kinder sich das genaue Aussehen der Objekte schlecht merken können, führen Kirsten Bolm, Lysett Babocsai und ich aktuell eine Studie durch, bei der wir zwei einfache Formen (Kreis und Quadrat) präsentieren, die sich nur in ihrer Farbe und ihrem Bewegungsverhalten voneinander unterscheiden. Das eine Objekt beschreibt eine unregelmäßige, nicht lineare Bewegungsbahn, während das andere eine regelmäßige lineare Bewegung ausführt. In den Testszenen bewegen sich beide Objekte nicht. Dieser Versuch soll prüfen, ob auch zehn Monate alte Kinder zur Objektindividuation in der Lage sind, wenn die unterschiedlichen Bewegungsmuster lediglich mit unterschiedlichen Farben und Grundformen in Verbindung gebracht werden müssen, um beide Objekte zu individuieren. Wir sind sehr gespannt auf die Ergebnisse, weil sie uns zeigen können, ob Bewegungsinformation früher zur Objektindividuation genutzt werden kann als Information über die äußere Erscheinung.

Insgesamt zeigen diese Untersuchungsbeispiele, dass mentale Repräsentationen weder von vornherein gegeben zu sein scheinen, noch plötzlich aus dem Nichts auftauchen. Sie sind auch nicht das Produkt einer Veränderung logischer Erkenntnisstrukturen, wie Piaget dies vermutet hatte. Es handelt sich vielmehr um eine recht komplizierte geistige Leistung, für die unterschiedliche Teilfähigkeiten wichtig sind, die mit zunehmendem Alter immer besser koordiniert werden können. Jede dieser Teilfähigkeiten hat – abhängig von der Aufgabe, die man den Kindern stellt – einen kleineren oder größeren Einfluss auf das beobachtbare Verhalten. Wie die Studien zur Erklärung des A-nicht-B-Suchfehlers zeigen, spielt gerade bei Säuglingsstudien immer auch die Art der Messung eine wichtige Rolle. Je nachdem, ob das Blick-, das Greif- oder das Suchverhalten als abhängige Messung verwendet werden, ergeben sich andere Befunde. Man kann einen Versuch eigentlich nur dann richtig interpretieren, wenn man sich all dieser möglichen Einflussfaktoren bewusst ist. Das gilt auch für jene Studien, von denen nachfolgend die Rede sein wird.

Wie schon erwähnt, wissen Babys noch nicht so gut, auf welche Eigenschaften sie achten müssen, wenn sie ein Objekt wahrnehmen, und sie haben im Allgemeinen auch noch kein Wort zur Verfügung, um das «Ding» zu benennen. Um Objektklassen benennen zu können, muss das Kind aber zunächst einmal eine Kategorie gebildet haben. Ich kann nur «Katze» oder «Laster» sagen, wenn ich schon weiss, was für Eigenschaften unterschiedliche Katzen gemeinsam haben und was Laster zu Lastern macht. Das Kind muss zunächst also Ordnung in die große Vielfalt von Erfahrungen mit Objekten hinein bringen, denen es täglich begegnet. Wann und wie sich diese Fähigkeit zur Ordnungsbildung entwickelt, ist Hauptanliegen der Forschung unserer Heidelberger Arbeitsgruppe.

Von Einzelerfahrungen zur Kategorienbildung

Wenn wir Erwachsene in eine neue Situation kommen, werden wir uns schnell zurecht finden, weil die Dinge, die wir sehen, in bekannte Kategorien fallen: Wir sehen Bäume, Blumen, Gräser oder andere Pflanzen, Hunde, Katzen oder andere Tiere, Tische, Stühle, Autos oder andere Artefakte. Und auch wenn wir die konkreten Exemplare, mit denen wir konfrontiert sind, vielleicht noch nicht kennen, können wir mit Hilfe unseres bereits aufgebauten Wissens Wege finden, mit Neuem umzugehen. Das ist für ein Baby ganz anders.

Wenn ein Kind nicht mit angeborenem kategorialem Wissen zur Welt kommt, begegnet ihm in jedem neuen Augenblick eine schier unendlich große Anzahl unterschiedlichster Gegenstände. Jeder Stuhl ist eine einzigartige Einheit, und solange man noch nicht über eine geistige Kategorie «Stühle» verfügt, muss man für jedes Exemplar neu lernen, was damit zu tun ist. Das Gleiche gilt für Lebewesen: Jede Katze ist einzigartig, solange man noch nicht weiß, was alle Katzen gemeinsam haben. Genau das muss das Baby möglichst rasch lernen, denn sonst kann es Erfahrungen, die es mit einem bestimmten Exemplar gemacht hat, auf kein anderes übertragen und muss bei jedem Objekt oder jedem Lebewesen immer wieder von vorne damit anfangen, seine Eigenschaften zu entdecken. Das wäre ziemlich ineffektiv und es würde wohl unendlich lange dauern, bis wir genügend Wissen über die Welt erworben haben, um uns im Alltag zurechtzufinden oder sprachlich zu verständigen. Würde man uns dann in eine neue Umgebung bringen, wären wir wieder völlig hilflos und müssten den Lernprozess von vorne beginnen. Weil wir so als Art sicher nicht lange überlebt hätten, haben wir die Fähigkeit entwickelt, Objektkategorien zu bilden. Indem wir einen neuen Gegenstand einer bereits bestehenden Kategorie zuordnen, machen wir alles Vorwissen verfügbar, das wir bereits über ähnliche Gegenstände erworben haben, und können es auf neue Situationen übertragen.

Wie erfasst man die Kategorisierungsleistung im Säuglingsalter?

Die bekannteste Technik zur Messung entsprechender Leistungen ist eine Abwandlung von dem bereits an anderer Stelle erläuterten *Habituations-Dishabituations-Paradigma.* Allerdings spricht man hier nicht von Habituation, sondern von *Familiarisierung*, ganz einfach deshalb, weil dem Kind zur Gewöhnung lauter verschiedene Exemplare der gleichen Kategorie präsentiert werden, anstelle nur eines Reizes, der immer wieder in gleicher Weise dargeboten wird. In der anschließenden Testphase werden dann ein neues Exemplar der vertrauten Kategorie und ein neues Exemplar der kontrastierten Kategorie präsentiert, um zu prüfen, ob das Kind den Reiz der kontrastierten Kategorie bevorzugt. Liegt eine *Neuheitspräferenz* vor, so geht man davon aus, dass das Kind beide Kategorien differenzieren kann. Dieser Schluss ist streng genommen nur zulässig, wenn beide Testreize unter Kontrollbedingungen (ohne vorherige Familiarisierung) gleich viel Aufmerksamkeit auf sich ziehen. In Versuchen, die mit dem Habituations-Dishabituations-Paradigma arbeiten, testet man üblicherweise Gruppenunterschiede in den Mittelwerten der Blickzeit. Starke Unterschiede sind in der Regel signifikant, aber manchmal können auch kleine Unterschiede statisch bedeutsam sein, dann nämlich, wenn alle Kinder der Gruppe sich ganz ähnlich verhalten.

In der praktischen Kategorisierungsforschung gibt es sehr verschiedene Möglichkeiten, das *Familiarisierungs-Neuheitspräferenz-Paradigma* umzusetzen: Man kann Kindern Bilder von Gegenständen zeigen (schwarz-weiße Strichzeichnungen, Farbzeichnungen, Fotos), oder man kann ihnen Spielzeugmodelle geben. Wie noch deutlich wird, spielt das für die Ergebnisse eine wichtige Rolle.

Beobachtungen zur Kategorienbildung

Jüngeren Säuglingen zwischen zwei und sechs Monaten präsentiert man üblicherweise Bildmaterial. Will man etwa wissen, ob Kinder eines bestimmten Alters schon eine Kategorie «Katzen» formen können, dann zeigt man ihnen in der Familiarisierungsphase lauter verschiedene Photos von unterschiedlichen Katzen. Die Bilder werden in aller Regel paarweise dargeboten. So können die Kinder immer zwei Katzen direkt miteinander vergleichen. Man geht davon aus, dass diese Vergleiche die Bildung einer neuen kategorialen Repräsentation unterstützen, weil sie das Kind darin fördern, äußerlich erkennbare Ähnlichkeiten zwischen den dargestellten Exemplaren zu suchen.

In Amerika gibt es eine Gruppe von Forschern um Leslie Cohen, Paul Eimas und Paul Quinn, die sehr viele verschiedene Experimente mit der visuellen Kategorisierungsaufgabe durchgeführt haben und bevorzugt Kinder im Alter zwischen zwei und vier Monaten testen. Ihre Ergebnisse scheinen zu belegen, dass Babys lernen können, zahlreiche Objektkategorien zu unterscheiden, die mit unseren Alltagskategorien übereinstimmen. So wird etwa berichtet, drei bis vier Monate alte Kinder seien in der Lage, Hunde, Katzen, Löwen, Pferde und Zebras, Stühle, Tische, Schränke und Betten, Autos und Motorräder kategorial zu differenzieren.

Solche Beobachtungen legen den Schluss nahe, dass Kinder in den ersten Lebensmonaten lernen, Ähnlichkeiten im Aussehen zwischen Objekten in ihrer Umwelt zu entdecken und aufgrund dieser Information erste Kategorien zu bilden. Dazu bräuchten sie noch gar nichts über das Verhalten oder andere Eigenschaften der betreffenden Objekte zu wissen. Doch Vorsicht! Die geschilderten Befunde passen nicht besonders gut zu anderen Ergebnissen der Säuglingsforschung. Das fängt bei den Sehfähigkeiten von jungen Säuglingen an. Wie schon ausführlich erklärt wurde, sind die Sehschärfe, die Kontrastsensitivität und die Farbwahrnehmung im Alter von drei bis vier Monaten noch nicht voll entwickelt. Man darf sich also durchaus fragen, wie es Kindern dieses Alters trotz eingeschränkter Sehfähigkeiten gelungen ist, zum Teil recht feine Unterscheidungen zwischen Objektarten zu treffen.

Wir haben versucht, Teile der geschilderten Ergebnisse in verschiedenen Aufgabenvarianten zu replizieren – ohne Erfolg. Weder Hunde und Katzen, noch Stühle und Tische oder Autos und Laster wurden von drei bis vier Monate alten Babys, die an unseren Studien teilgenommen haben, differenziert. Nur auf globaler Ebene konnten wir positive Kategorisierungsbefunde erzielen. Es wird wohl noch eine Weile dauern, bis geklärt ist, warum. Einstweilen können wir davon ausgehen, dass selbst Säuglinge prinzipiell in der Lage sind, visuelle Kategorien zu bilden, aber wir wissen noch nicht genau, welche Kategorien dies sind.

Will man ältere Babys untersuchen, dann kann man anstelle von Bildern Spielzeugmodelle realer Objekte präsentieren. Damit Kinder mit solchem Material wirklich etwas anfangen können, müssen sie etwa sechs bis sieben Monate alt sein, aufrecht sitzen und Dinge gezielt mit den Händen untersuchen können. Dann macht es ihnen auch wesentlich mehr Spaß, aktiv zu spielen als nur Bilder anzuschauen. Man kodiert jetzt nicht mehr die einfach Blickzeit, sondern die Dauer der *Objektexamination*. Denn nicht jeder Blick auf das Objekt hat auch etwas damit zu tun, dass das Kind Information über Objekteigenschaften aufnimmt. (Zum Beispiel schauen Kinder den Objekten nach, wenn sie sie vorher vom Tisch geworfen haben.) Wie Birgit Elsner, Susanna Jeschonek und ich zeigen konnten, sinkt der Herzschlag von Kindern, wenn sie sich ganz auf ein Spielzeug konzentrieren, nicht aber, wenn sie nur darauf schauen. Es gibt also physiologische Parameter, die andeuten, dass die Verarbeitung von Objektinformation in Phasen der *Examination* besonders tief ist.

Was passiert eigentlich genau in Kategorisierungsversuchen?

Bisherige Interpretationsansätze gehen zumeist davon aus, dass die Kinder die Kategorie während des Versuches bilden und dass die Art der Reize sowie der Versuchsablauf dabei eine entscheidende Rolle spielen. Diese Grundidee stimmt mit einem theoretischen Modell überein, das der Russe Sokolov schon in den sechziger Jahren entwickelt hat. Demnach bauten sich mentale Repräsentationen für einen Reiz durch wiederholte Darbietung allmählich auf. Beim ersten Anblick eines Bildes würde eine sehr unvollständige Repräsentation geformt. Beim zweiten Anblick des gleichen Bildes würde die Repräsentation ein Stück vervollständigt. Dieser Prozess setze sich in jedem Durchgang weiter fort, bis die mentale Repräsentation mit der Wahrnehmung übereinstimme. Dann erst verliere der Betrachter (ob Tier, Erwachsener oder Baby) sein Interesse am Reiz. Werde anschließend ein neuer Reiz dargeboten, der nicht zu der bestehenden Repräsentation passe, so löse dieser eine Orientierungsreaktion aus und führe dazu, dass der neue Reiz stärker beachtet wird.

Was Sokolov für die Erklärung der Habituation an einen einzelnen Reiz vorgeschlagen hat, lässt sich auch auf die Familiarisierung an eine Kategorie übertragen: Hier würde das Kind von Anfang an lernen, eine Repräsentation aufzubauen, die gewisse Variationen zulässt. Wenn es unterschiedliche Exemplare der gleichen Art sieht, würde es lernen, welche Eigenschaften immer wieder vorkommen und welche nicht. Die Habituation könnte dann nur an die Merkmale erfolgen, die immer wiederkehren. Möglicherweise erfordert der Aufbau einer mentalen Repräsentation für eine ganze Klasse von Objekten mehr Durchgänge als der Aufbau einer mentalen Repräsentation für einen einzelnen Reiz. Trotzdem scheint es nicht ganz einfach, diese Interpretation auf Kategorisierungsstudien zu übertragen: Sowohl in Studien mit Bildern als auch in Studien mit Spielzeugmodellen beobachtet man immer wieder, dass Kinder während der Familiarisierungsphase keine Abnahme ihrer Aufmerksamkeit zeigen, wohl aber einen statistisch bedeutsamen Anstieg ihres Interesses am Exemplar der kontrastierten Kategorie, das ganz am Ende präsentiert wird. Das lässt sich innerhalb des Modells von Sokolov ebenso schlecht rechtfertigen wie der Umstand, dass es keinen direkten Zusammenhang gibt zwischen der Abnahme der Blick- und Examinationszeiten während der Familiarisierung und der Stärke der Neuheitspräferenz in der Testphase.

Wir können also feststellen, dass bis heute zwar eine Reihe interessanter Befunde vorliegen, die darauf hindeuten, dass Kinder Kategorien bilden, lange bevor sie mit dem Sprechen beginnen, dass aber noch ziemlich unklar ist, wie man sich diese Leistung genau erklären kann. Ich werde auf diesen Punkt am Ende dieses Kapitels zurückkommen.

Die Rolle des Vorwissens. Eine mögliche Begründung dafür, dass die empirischen Beobachtungen nicht besonders gut zu dem theoretischen Modell von Sokolov passen, könnte darin bestehen, dass schon Säuglinge über stabiles Objektwissen verfügen und dieses Wissen im Versuch aktivieren, wenn die Bilder oder Spielzeugmodelle sie an reale Objekte erinnern. Damit wäre nicht mehr alleine die Ähnlichkeit im Aussehen zwischen Exemplaren der gleichen Kategorie entscheidend, sondern auch die Erfahrung, die Kinder mit Objekten der gezeigten Art verbinden. Allerdings wird von vielen Säuglingsforschern bis heute angezweifelt, dass es Kindern unter einem Jahr gelingt, zwischen Versuchsreizen und den wirklichen Objekten überhaupt eine Verbindung herzustellen. Der Grund für diese Zweifel besteht darin, dass ihnen noch jegliches Symbolverständnis fehle. Mit *Symbolverständnis* ist gemeint, dass ein bestimmter Gegenstand durch etwas anderes dargestellt wird (ein Wort, ein Zeichen, ein Spielzeug). Piaget interpretiert das Symbolverständnis als verinnerlichtes Handeln und sieht darin sowohl den Abschluss der so genannten *sensumotorischen Phase* gegen Ende des zweiten Lebensjahres als auch eine wesentliche Voraussetzung für den Spracherwerb.

Falls es stimmt, dass die Kategorisierungsleistungen von Kindern im ersten Lebensjahr nicht auf ihr Vorwissen zurückgehen, so müsste das Kategorisierungsverhalten davon abhängen, wie viele verschiedene Exemplare gezeigt werden, wie häufig die gleiche Serie den Kindern präsentiert wird und wie viele Familiarisierungsdurchgänge der Versuch hat. Denn all dies sollte Einfluss auf den Prozess der Bildung einer Repräsentation während des Versuchs haben. Um das zu überprüfen, haben wir eine ganze Reihe von Studien durchgeführt, die sämtlich den gleichen globalen Kontrast (Tiere versus Möbel) verwendet haben. Sah eine Gruppe von Kindern nur vier verschiedene Exemplare in der Familiarisierungsphase, so waren es acht bzw. zwölf in zwei anderen Gruppen. Wie unsere Auswertungen zeigten, fanden sich bei sieben Monate alten Kindern keine bedeutsamen Unterschiede in den Ergebnissen für diese unterschiedlichen Versuchsbedingungen. Die gesamte Gruppe konnte klar zwischen Möbeln und Tieren unterscheiden. Wie lässt sich ein solches Ergebnis mit der Vorstellung vereinbaren, die Kategorienbildung erfolge erst während der Familiarisierungsphase?

Unter jenen Säuglingsforschern, die schon lange mit der Objektexaminationsaufgabe arbeiten, sind auch Jean Mandler und Laraine McDonough. Anfang der neunziger Jahre interessierten sie sich als Erste dafür, ob es Säuglingen leichter fällt, breite, so genannte *globale Kategorien*, wie etwa Tiere und Fahrzeuge, voneinander zu unterscheiden oder engere, so genannte *Basiskategorien*, wie etwa Dinosaurier und Fische oder Autos und Motorräder – Objektklassen also, die beide aus der gleichen globalen Kategorie stammen. Dabei machten die Autorinnen die überraschende Entdeckung, dass globale Kategorien schon mit sieben bis neun Monaten unterschieden werden konnten, während Basiskategorien erst ab einem Alter von ca. elf Monaten differenziert wurden. Interessanterweise unterschieden die Babys selbst dann auf globaler Ebene, wenn die Exemplare so gewählt wurden, dass sich die Mitglieder unterschiedlicher Kategorien äußerlich stark ähnelten (wenn zum Beispiel Vögel mit ausgebreiteten Flügeln Flugzeugen gegenübergestellt wurden). Dieses Ergebnis kann man sich nur schwer erklären, wenn man annimmt, die Kinder lösten die Aufgabe, indem sie sich nur über Ähnlichkeiten im Aussehen zwischen einzelnen Spielzeugmodellen Gedanken machten.

Unterstellt man dagegen, dass sie schon Vorwissen über die Objekte hatten und dieses Vorwissen auch anwenden konnten, dann müssten sie beim Spiel mit den Objekten eigentlich nur noch feststellen, an was sie das Modell erinnert, und könnten dann auf der Grundlage dieser umfassenderen Repräsentation entscheiden, ob das Objekt für sie neu und interessant ist oder nicht. Dabei bräuchten sie nicht notwendigerweise jedes einzelne Tier und jedes einzelne Fahrzeug genau zu identifizieren (als Krokodil, Zebra, Fisch etc.). Es würde nämlich völlig genügen, wenn sie nur feststellen könnten, dass es sich um irgendein Tier bzw. ein Fahrzeug handelt. Tatsächlich erklären Mandler und McDonough ihre Beobachtung durch die Anwendung von Vorwissen über die Unterscheidung zwischen Lebewesen und unbelebten Objekten. So könnte das Spiel mit den Miniaturmodellen bei den Kinder bereits existierende Objektrepräsentationen aktivieren, die aufgrund ihrer geringen Lebenserfahrung freilich noch nicht besonders differenziert sind. Globale Kategorien werden demnach früher unterschieden als Basiskategorien, weil Babys schon früh etwas über Unterschiede zwischen Lebewesen und unbelebten Objekten erfahren und auf der Grundlage solcher Erfahrungen ein *Konzept* für «Belebtheit» entwickeln, das dann durch das Versuchsmaterial aktiviert wird. Wir hätten hier also einen ersten Beleg für eine stabile mentale Objektrepräsentation bei Babys im Alter von nur sieben Monaten.

Die Annahmen von Mandler und McDonough passen gut zu dem Ergebnismuster unserer eigenen Methodenvergleiche, in denen wir keinen Unterschied im Kategorisierungsverhalten der Kinder beobachtet hatten, obwohl wir die Rahmenbedingungen der Familiarisierungsphase stark verändert haben. Wenn die Kinder tatsächlich bestehendes Vorwissen über Lebewesen und unbelebte Objekte aktivieren, und dieses Vorwissen ihr Kategorisierungsverhalten bestimmt, dann können ganz verschiedene Versuchsbedingungen durchaus zum gleichen Ergebnis führen.

Die Rolle der Wahrnehmung. Andere Wissenschaftler sind überzeugt, dass solches Wissen nicht vor dem zweiten Lebensjahr nachweisbar ist. Als Gründe führen sie an, dass die Kinder vorher noch keine Verbindung zwischen Spielzeugmodellen und realen Objekten herstellen. Folglich sollte es ihnen auch nicht möglich sein, Wissen über reale Objekte zu aktivieren, wenn sie mit Spielzeugmodellen hantieren. Aber wie erklärt man die Unterscheidung globaler Kategorien dann? Babys könnten sich an einzelnen kritischen Merkmalen orientieren, wenn sie nach Gemeinsamkeiten zwischen Objekten suchen. Nimmt man einmal den Kontrast Tiere versus Fahrzeuge als Beispiel, so kann man feststellen, dass nur die Tiere Gesichter, runde Körper und Beine aufweisen, und nur die Fahrzeuge scharfe, gerade Kanten und Räder haben. Es wäre also prinzipiell denkbar, dass Babys besonders auf diese Eigenschaften achten und dann auch ohne Vorwissen beide globalen Kategorien im Versuch unterscheiden.

Solche Argumente haben einen hohen Plausibilitätsgrad und es scheint daher nur allzu gut verständlich, dass es innerhalb der Säuglingsforscher bislang noch keine Einigung in der Frage gibt, ob sieben Monate alte Babys wahrnehmungsbasiert oder wissensbasiert kategorisieren. Bei dieser Debatte geht es immerhin um die grundlegende Frage, wann Kinder überhaupt damit beginnen, aktiv und bewusst Ordnung in ihrem Denken zu schaffen und wann sie erstmals mit Gegenständen «im Kopf» etwas tun können. Aus theoretischer Sicht ist es zudem wichtig zu wissen, ob dafür die Sprache nötig ist oder ob das auch schon im vorsprachlichen Alter gelingt. Weil es sich um eine im Grundsatz so bedeutsame Frage handelt, haben wir noch weitere Experimente durchgeführt, die das Zusammenspiel von Wahrnehmung und Wissen im frühkindlichen Denken genauer beleuchten.

Die Beziehung zwischen Wahrnehmung und Wissen. An einer Studie nahmen elf Monate alte Säuglinge teil, denen wir Möbel und Tiere präsentiert haben. Dabei gab es zwei Versuchsgruppen: Die eine Gruppe erhielt natürlich aussehende Spielzeugmodelle von Tieren aus Plastik (Krokodil, Zebra, Nilpferd, Giraffe, Schildkröte) und natürlich aussehende Modelle von Möbeln aus Holz (Kommode, Tisch, Stuhl, Hocker, Bett). Beide Reizarten waren äußerlich also ganz leicht voneinander zu unterscheiden. Die zweite Gruppe erhielt die gleichen Exemplare, allerdings in etwas anderer Gestaltung: Alle Objekte waren aus Holz gefertigt und hatten sowohl Rundungen als auch Kanten sowie augen-ähnliche Markierungen. Dadurch wollten wir die Ähnlichkeit zwischen den Kategorien so weit erhöhen, dass sie größer war als die Ähnlichkeit innerhalb der Kategorien. Ein Versuch mit Erwachsenen, die die Ähnlichkeiten in Einzelvergleichen beurteilen sollten, bestätigte dies. Trotzdem waren alle Holzobjekte selbst von Zweijährigen noch als das erkennbar, was sie darstellen sollten (Möbel und Tiere nämlich), wie ein weiterer Zusatzversuch klärte.

Unsere Überlegung war nun folgende: Wenn sich die Kinder, die am Versuch teilnehmen, vor allem an dem Aussehen der Spielzeuge orientieren, um eine Kategorie zu bilden, dann müsste die zweite Gruppe, die das einheitlich gestaltete Holzspielzeug erhielt, deutlich schlechter abschneiden als die erste Gruppe, die das realistisch gestaltete Material erhalten hatte. Wenn die Kinder sich aber vor allem auf Vorwissen stützen und die Objekte in beiden Bedingungen als Tiere bzw. Möbel identifizieren, dann sollten beide Gruppen vergleichbare Leistungen zeigen. Zu unserem eigenen Erstaunen war es den Kindern offensichtlich egal, ob sich die Spielzeugmodelle unterschiedlicher Kategorien ähnlich sahen oder nicht. Sie zeigten in beiden Gruppen fast identische Leistungen.

Ausgehend von dieser Beobachtung wollten wir herausfinden, ob die Kinder sich bei dieser Unterscheidung auf einzelne kritische Merkmale bezogen. Immerhin wäre ja denkbar, dass es abstrakte Formmerkmale gibt (zum Beispiel eine ganz bestimmte Konfiguration von Körperteilen), die als Grundlage für die kategoriale Unterscheidung dienen könnte. Dazu haben wir zunächst alle Spielzeuge einheitlich braun angemalt und den Versuch noch einmal durchgeführt – diesmal ohne positiven Befund, d.h., die Kinder kategorisierten nicht. Im nächsten Schritt haben wir die augen-ähnlichen Markierungen aufgemalt, aber wieder gelang es den Kindern nicht, Tiere von Möbeln zu unterscheiden. Dann kam die Musterung dazu. Immer noch gab es kein positives Ergebnis zu verzeichnen. Nur wenn *alle* Informationen vorhanden waren, konnten die Kinder Möbel von Tieren unterscheiden. Anscheinend gibt es so etwas wie einen Schwellenwert an Information, der erreicht sein muss, damit man die Kategorienzugehörigkeit eines Objektes identifizieren kann.

Weitere Beobachtungen, die zeigen, dass die Kinder sich in der Objektexaminationsaufgabe nicht an einzelnen besonders auffälligen Merkmalen orientieren, machte Gretchen Van de Walle, eine Kollegin aus Amerika. Sie gewöhnte elf Monate alte Kinder an lauter rot bemalte Spielzeugmodelle von Tieren und bot in der Testphase ein rotes gestrichenes Fahrzeug und ein blau gestrichenes Tier an. Hätten sich die Kinder an der Farbe orientiert, dann wäre in der Testphase das blau gestrichene Tier bevorzugt beachtet worden. Faktisch orientierten sich die Kinder aber an dem rot gestrichenen Fahrzeug. Auch hier zeigte sich also, dass Säuglinge unter einem Jahr nicht alleine auf dominierende Merkmale der äußeren Erscheinung von Objekten achten, um kategoriale Unterscheidungen vorzunehmen, sondern vermutlich auch auf Vorwissen zurückgreifen.

Auch mit der modifizierten Variante der Objektexaminationsaufgabe wurden Ergebnismuster gefunden, die für die Anwendung von Vorwissen sprechen. Dies gilt etwa für Studien von Ross, die zeigen konnten, dass elf Monate alte Säuglinge Menschen von anderen Tieren unterscheiden – ein Ergebnis, das wir in eigenen Untersuchungen auch bei sieben Monate alten Kindern bestätigt haben. Dies war selbst dann der Fall, wenn die Tierkategorie nur durch höhere Säugetiere repräsentiert wurde, die entweder saßen oder sogar auf zwei Beinen standen und damit dem Menschen besonders ähnlich sahen. Zusatzversuche aus unserer Arbeitsgruppe zeigten, dass diese Differenzierung den Kindern selbst dann gelang, wenn nur die Gesichterinformation oder nur die Körperinformation zur Verfügung stand. Solche Leistungen sind ohne die Anwendung von Vorwissen nur schwer zu erklären.

Wie passt das alles zusammen?

Wenn es nun tatsächlich der Fall sein sollte, dass Babys in den ersten Lebensmonaten durch visuelle Abstraktionsbildung Kategorien bilden, aber erst in der zweiten Hälfte des ersten Lebensjahres wissensbasierte Kategorisierungsleistungen zeigen, dann stellt sich allerdings die Frage, wie beides zusammenpasst. Paul Quinn hat zur Erklärung die *Ein-Prozess-Theorie* vorgeschlagen und nimmt an, Kinder würden sich zunächst nur auf Merkmale des Aussehens stützen und erst später lernen, diese Repräsentationen mit Wissen und Bedeutung zu verknüpfen. Im Kontrast dazu schlägt Jean Mandler eine *Zwei-Prozess-Theorie* vor und behauptet, dass die Art der Kategorienbildung, die Quinn und Kollegen bei zwei bis vier Monate alten Kindern untersuchen, etwas grundlegend anderes sei als die Bildung von bedeutungsvollen Kategorien. Während die visuelle Kategorienbildung unbewusst ablaufe und auch bei Tieren zu beobachten sei, hätte die zweite Form etwas mit dem Aufbau von bewusstem (expliziten) Wissen zu tun und basiere auf anderen Regeln der geistigen Konstruktion. Demnach würden Kategorisierungsaufgaben, die Bilder präsentieren, vor allem die Fähigkeit zur visuellen Abstraktionsbildung und Formierung einer neuen Kategorie erfassen, während Aufgaben, in denen dreidimensionale Spielzeugmodelle dargeboten werden, primär bereits vorhandenes kategoriales Wissen überprüfen. Der entscheidende Unterschied liegt nach Jean Mandlers Auffassung darin, dass die Kinder im zweiten Fall Gelegenheit haben, das Material mit den Händen zu untersuchen. Dies könnte die Aktivierung bereits existierender Erfahrungen besonders fördern.

Birgit Träuble und ich wollten empirisch klären, ob diese Annahme stimmt. Dazu haben wir Versuche durchgeführt, bei denen wir Kinder gleichen Alters mit den gleichen Exemplaren untersucht haben, die Art der Präsentation jedoch systematisch variiert wurde: Eine Gruppe von sieben Monate alten Kindern durfte die Objekte als Bilder (2D) anschauen, eine zweite Gruppe durfte Spielzeugmodelle (3D) anschauen und eine dritte Gruppe untersuchte die Spielzeugmodelle mit den Händen. Durch diese Variationen wollten wir herausfinden, ob sich die Leistungen der Kinder verändern, wenn sie die Objekte nur anschauen oder mit den Händen untersuchen. Gleichzeitig wollten wir kontrollieren, welche Rolle es spielt, ob die Babys zweidimensionale oder dreidimensionale Reize erhalten. Wie sich herausstellte, waren sieben Monate alte Säuglinge nicht in der Lage, die Kategorien Tiere und Möbel in der visuellen Aufgabe zu unterscheiden, während ihnen dies gut gelang, wenn wir 3D-Objekte präsentierten. Am besten waren die Leistungen, wenn die 3D-Objekte nur angeschaut werden durften. Dieses Ergebnismuster könnte man so erklären, dass das Material für eine rein visuelle Abstraktionsbildung wenig geeignet war – vermutlich, weil sich Exemplare der gleichen globalen Kategorie kaum ähnelten und zwischen Möbeln und Tieren insofern Ähnlichkeiten bestanden, als alle Objekte Beine hatten. Wenn man die Objekte aber in dreidimensionaler Form präsentierte, gelang es den Kindern eher, bereits vorhandenes Vorwissen zu aktivieren und eine klare Unterscheidung zu treffen. Allerdings war es dafür nicht erforderlich, die Objekte mit den Händen zu untersuchen, wie Jean Mandler vermutet hatte.

Nun kann man sich fragen, ob es überhaupt so etwas wie eine Kontinuität oder einen generellen Entwicklungstrend in der Kategorisierungsleistung von Säuglingen unter einem Jahr gibt. Immerhin scheint sehr viel von der Methode abzuhängen, mit deren Hilfe man das Kategorisierungsverhalten beschreibt. Diese Frage lässt sich glücklicherweise empirisch klären. Wir haben einer größeren Gruppe von Kindern im Alter von drei bis vier Monaten zunächst zwei visuelle Aufgaben mit Bilddarbietungen präsentiert: eine globale Aufgabe (Tiere vs. Fahrzeuge) und einer Aufgabe mit Basiskontrasten (Hunde vs. Katzen oder Autos vs. Laster). Die gleichen Kinder wurden dann noch einmal im Alter von sieben, neun und elf Monaten unter Verwendung derselben Exemplare untersucht, die ihnen nun in Form von Spielzeugmodellen zum Anschauen und Anfassen dargeboten wurden. Die Anzahl der Exemplare und Durchgänge blieb dabei gleich. An dieser Studie nahmen mehr als 80 Kinder teil.

Das Befundmuster machte ein hohes Maß an Kontinuität im Kategorisierungsverhalten der Kinder deutlich: Schon mit drei bis vier Monaten waren die Kinder in der Lage, Tiere von Fahrzeugen zu unterscheiden – allerdings nur, wenn man sie an Tiere gewöhnte und ihnen in der Testphase ein Fahrzeug präsentierte. Machte man es umgekehrt, blieb der Kategorisierungseffekt aus. Ab sieben Monaten (und zu allen späteren Messzeitpunkten) unterschieden sie die beiden globalen Kategorien unabhängig davon, an welche Kategorie sie gewöhnt wurden. Folglich war die globale Kategorisierung von früh an zu beobachten. Mit der Unterscheidung von Basiskategorien verhielt es sich anders. Hier waren mit neun Monaten erstmals Ansätze einer kategorialen Unterscheidung zwischen Autos und Lastern erkennbar, die sich mit elf Monaten noch verstärkten, während die Unterscheidung von Hunden und Katzen bis zum Schluss nicht gelang. Damit konnten wir erstmals nachweisen, dass es – unabhängig von Methodenfragen – empirische Belege für einen *global-to-basic-level shift* gibt, der sich bis zum Ende des ersten Lebensjahres hin erstreckt.

Dabei handelt es sich aber nicht um ein eisernes Gesetz, in dem geschrieben steht, dass Unterkategorien innerhalb der globalen Domäne grundsätzlich erst am Ende des ersten Lebensjahres entwickelt werden. Dagegen spricht etwa die Beobachtung, dass Kinder schon mit sieben Monaten «Menschen» von anderen Tierarten unterscheiden. Dagegen spricht auch eine Studie, in der wir gezeigt haben, dass elf Monate alte Säuglinge, die über keinerlei Vorerfahrungen mit Hunden oder Katzen verfügen, beide Kategorien nicht unterscheiden, während gleichaltrige Säuglinge, in deren Haushalt entweder ein Hund oder eine Katze lebt, beide Kategorien besser differenzieren konnten. Da in beiden Fällen das gleiche Versuchsmaterial verwendet wurde, lassen sich die Gruppenunterschiede mit einiger Sicherheit auf die Anwendung von Vorwissen zurückführen. Was sie im vorliegenden Zusammenhang interessant macht, ist die Feststellung, dass eine Differenzierung von Basiskategorien möglich ist, wenn Erfahrungen mit realen Objekten vorliegen, die eine solche Differenzierung aus der Perspektive der Babys bedeutsam erscheinen lassen.

Zusammenfassung

Eine ganz wichtige Voraussetzung für das menschliche Denken ist die Fähigkeit, sich im Geiste Dinge vorstellen zu können. Diese Fähigkeit entwickelt sich in vielen kleinen Schritten, in denen das Kind lernt, Informationen über Objekte immer genauer und immer länger im Gedächtnis zu behalten. Wann man zum ersten Mal davon sprechen kann, dass Babys zu aktivem Erinnern in der Lage sind, ist noch umstritten. Manche Autoren glauben, diese Kompetenz sei ihnen in die Wiege gelegt, andere vermuten, sie entwickele sich innerhalb des ersten halben Jahres, und wieder andere betonen, dass eine vollständige Objektrepräsentation frühestens mit zwölf Monaten oder sogar erst im zweiten Lebensjahr möglich ist.

Generell lässt sich sagen, dass am Anfang möglicherweise nur eine recht rudimentäre Vorstellung im Sinne von «Da ist etwas, da war etwas» besteht, die nur für wenige Sekunden erinnert werden kann. Mit dem Alter vergrößert sich die Zeitspanne und das Kind lernt zunehmend besser, die Eigenschaften dessen, was es gesehen hat (und auch, wo es das Etwas gesehen hat) zu erinnern. Muss es sich etwas nicht nur merken, sondern auch sein Handeln darauf abstimmen (zum Beispiel nach dem verschwundenen Gegenstand suchen), sieht man den Erfolg vergleichsweise spät. Berücksichtigt man, dass sich die visuelle Wahrnehmung und Motorik erst in der zweiten Hälfte des ersten Lebensjahres so weit entwickelt haben, dass Details von Objekten sicher mit den Augen erfasst werden können und das Kind mit einiger Sicherheit nach Gegenständen greifen kann, dann überrascht diese vergleichsweise späte Entwicklung von Objektpermanenz im umfassenden Sinne eigentlich kaum.

Wesentlich früher, nämlich im Alter von drei bis vier Monaten ist es dagegen möglich, Kategorien zu bilden, auch wenn das Kind zu diesem Zeitpunkt noch unscharf sieht und erst über vergleichsweise wenig Erfahrungen mit verschiedenen Objektarten verfügt. Zuverlässige Befunde gibt es dafür, dass junge Säuglinge die Kategorie der Tiere bilden. Wie bereits im vorherigen Kapitel erläutert wurde, zeigen Neugeborene ein besonderes Interesse für Gesichter und bewegte Gegenstände. Sie schauen sich also besonders gerne Menschen und Tiere an. Andere Autoren berichten, dass drei bis vier Monate alten Säuglingen auch feinere Unterscheidungen gelingen. Dafür haben wir selbst jedoch keine Belege gefunden. Es wird vermutet, solche frühen Differenzierungen seien auf Prozesse der visuellen Abstraktionsbildung zurückzuführen. Da bislang noch niemand untersucht hat, ob Repräsentationen, die in visuellen Kategorisierungsstudien gebildet werden, zeitlich länger bestehen bleiben, weiß man nicht, ob das, was unter Laborbedingungen beobachtet wurde, viel mit dem zu tun hat, was uns im vorliegenden Kapitel interessiert: dem Aufbau von stabilen Objektrepräsentationen und von Wissen über Objekte im Alltag.

In jedem Fall liefern visuelle Kategorisierungsstudien indirekte Belege dafür, dass Kinder schon sehr früh kurzzeitig bestehende Repräsentationen bilden, denn sonst könnten sie die nacheinander dargebotenen Reize gar nicht miteinander vergleichen und Ähnlichkeiten zwischen ihnen entdecken. Indirekt bestätigen Kategorisierungsversuche also, dass Objekte schon in den ersten Lebensmonaten geistig repräsentiert werden, auch wenn noch unklar ist, wie das geschieht und wie beständig diese Repräsentationen sind.

Weitere interessante Einsichten vermitteln Kategorisierungsstudien mit etwas älteren Kindern. So unterscheiden sechs bis sieben Monate alte Kinder eindeutig zwischen der globalen Kategorie der Lebewesen (Menschen, Tiere) einerseits, und der globalen Kategorie der unbelebten Objekte (Fahrzeuge, Möbel) andererseits. Im weiteren Verlauf des ersten Lebensjahres lernen sie dann ganz allmählich, auch feinere Differenzierungen innerhalb der einzelnen Domänen zu treffen. Diesen Entwicklungstrend nennt man *global-to-basic-level shift* im kategorialen Denken. Vieles spricht dafür, dass diese Leistung zumindest teilweise wissensbasiert ist. Anscheinend aktiviert die Wahrnehmung von dreidimensionalen Miniaturmodellen (nicht unbedingt das Spiel damit) die Erinnerung an reale Objekte und lenkt so das Aufmerksamkeitsverhalten im Versuch. Ist diese Interpretation richtig, dann kann man annehmen, dass Kinder im Alter von einem Jahr über vergleichsweise komplexe Objektrepräsentationen verfügen, die zunächst zwar nicht in jeder Situation erinnert oder genutzt werden können (wie die Versuche von Jean Piaget oder von Fei Xu und Susan Carey gezeigt haben), die aber dennoch den Anfang vom Aufbau eines stabilen Weltwissens markieren. Dabei treffen die Babys eine fundamentale Unterscheidung zwischen Menschen, Tieren und unbelebten Gegenständen. Diese Differenzierungsleistung ist der Grundstein für die Unterscheidung von Wissensdomänen und damit auch des inhaltlichen Denkens über die Welt. Wie sich das Denken in unterschiedlichen Inhaltsbereichen entwickelt, ist Thema des nächsten Kapitels.

KAPITEL 3

WAS BABYS DENKEN

Denken ist eine Aktivität unseres Geistes, bei der Aspekte der äußeren oder inneren Wirklichkeit zum Gegenstand der Betrachtung werden. Wir denken «über etwas» nach. Dabei kann es sich um Objekte, Personen oder Ereignisse in der Umwelt, aber auch um Gefühle und Erinnerungen handeln. Wichtig scheint, dass wir mit diesen Gegenständen in der Vorstellung etwas tun. Deshalb ist *Objektpermanenz* eine notwendige Voraussetzung dafür, dass man über Objekte nachdenken kann. Am Ende des vorangegangenen Kapitels hatte die Annahme gestanden, dass sich der Aufbau von Wissen bereichsspezifisch vollzieht. In diesem Zusammenhang spricht man auch vom so genannten *domänenspezifischen Ansatz*. Als Erwachsene unterscheiden wir ganz selbstverständlich zwischen Wissen und Denken über physikalische, mathematische oder psychologische Gegenstände. Inzwischen wissen wir, dass für den Aufbau von Expertise in den genannten Bereichen zum Teil unterschiedliche Hirnareale bedeutsam sind. Es liegt also nahe anzunehmen, dass diese Unterschiede sich im Verlauf der Denkentwicklung geformt haben. Vielleicht sind sie uns zum Teil sogar in die Wiege gelegt.

Nehmen wir als Beispiel die Unterscheidung zwischen Lebewesen und unbelebten Objekten, von der im vorangegangenen Kapitel ausführlich die Rede war. Wie noch deutlich werden dürfte, weist sie enge Bezüge zur Unterscheidung zwischen den Wissensdomänen Physik und Psychologie auf. Wir denken anders über Tiere und Menschen als über unbelebte Objekte. Wir verbinden mit diesen Gegenstandsbereichen ganz unterschiedliche Vorstellungen und erklären Verhalten von Lebewesen unter Verwendung anderer Begriffe als das Verhalten von Artefakten. Wer überlegt, warum ein Fußball wegrollt, würde sich fragen, welche Kräfte auf ihn eingewirkt haben könnten. Wer überlegt, warum ein Tier wegläuft, denkt über dessen Motive nach.

Warum aber könnte es Sinn machen, dass schon Babys etwas über diesen Unterschied lernen? Denkt man einmal aus evolutionärer Perspektive über diese Frage nach, kommt man rasch zu plausiblen Antworten: Es ist für unser Überleben entscheidend, dass wir Artgenossen identifizieren. Babys zeigen schon unmittelbar nach der Geburt großes Interesse an Gesichtern, der menschlichen Stimme, Sprachlauten und Bewegung. Diese angeborenen Wahrnehmungspräferenzen führen dazu, dass sie ihre Aufmerksamkeit besonders leicht auf andere Menschen und Tiere lenken. Zudem sind Babys mit der Fähigkeit ausgestattet, Signale auszusenden, die andere Lebewesen auf sie reagieren lassen und Artgenossen dazu bringen, Kontakt aufzunehmen. So ergibt es sich, dass sie einen großen Teil ihrer Wachzeit damit verbringen, das Verhalten von Menschen zu studieren.

Solche Erfahrungen werden auf ganz verschiedenen Ebenen verarbeitet: Ein Baby merkt sich, woran man Menschen äußerlich erkennen kann, was sie tun, wie man mit ihnen umgeht und was man von ihnen zu erwarten hat. Es lernt, dass besondere Exemplare existieren (Vater, Mutter, Geschwister), mit denen man viel Zeit verbringt, und andere, die man eher selten trifft. Aber ein Kind lernt auch, dass manches von dem, was die besonderen Exemplare kennzeichnet, auf alle Personen zutrifft, und einiges sogar auf Tiere. So bildet das Kind allmählich eine umfassende Kategorie «Mensch» bzw. «Lebewesen».

Ein zentrales Merkmal der Kategorie «Lebewesen» dürfte darin bestehen, dass sie sich von alleine bewegen. Während zu Hause im Kinderzimmer, in der Küche oder im Wohnzimmer die Möbel normalerweise auf ihrem Platz stehen bleiben (es sei denn, jemand schiebt sie oder es gibt ein Erdbeben), gilt

Gleiches nicht für Mutter, Vater, Haustiere und jeden, der sonst noch das Umfeld mit bestimmt. Lebewesen verändern ihre Position laufend, und um diese Ortsveränderungen vorhersagen zu können, muss das Kind verstehen lernen, was ihr Verhalten steuert. Das ist in jedem Fall etwas, das von innen kommt. Wenn man Einfluss darauf nehmen will, braucht man anderes Wissen und benutzt andere Techniken, als wenn man einen Stuhl verrücken oder eine Rassel in seine Nähe bringen möchte. Die Mutter kann herbeigerufen werden, aber mit dem Stuhl oder der Rassel klappt das nicht so gut; die muss man mit den Händen packen und zu sich ziehen.

Ausgehend von solchen Überlegungen vermutet eine ganze Reihe von Säuglingsforschern, dass der Grundstein für eine fundamentale Unterscheidung der beiden Wissensdomänen «Physik» und «Psychologie» bereits im ersten Lebensjahr gelegt wird. Unbelebte Objekte verhalten sich nach den Gesetzen der Physik, während Lebewesen sich zusätzlich nach Regeln verhalten, die etwas mit ihren psychologischen Zuständen (Gefühlen, Motiven, Interessen etc.) zu tun haben. Außerdem kann man mit unbelebten Objekten nicht kommunizieren, während dies die bevorzugte Form der Interaktion mit Lebewesen ist.

Woran Säuglinge den Unterschied zwischen Physik und Psychologie festmachen, ist eine spannende Frage, nicht nur aus Sicht von Kategorisierungsforschern, sondern vielleicht mehr noch aus Sicht von Wissenschaftlern, die sich für die Entstehung höherer Denkprozesse interessieren. Damit man die bedeutsamen Unterschiede im Verhalten von Lebewesen und unbelebten Objekten abstrahieren kann, muss man nämlich über Ursache und Wirkung nachdenken. Ein Kind, das selbstinitiierte von fremdinitiierter Bewegung unterscheiden will, muss sich für die Frage interessieren, was Bewegung verursacht.

Können Babys über Ursache und Wirkung nachdenken?

Diese Möglichkeit wird von den meisten Säuglingsforschern eindeutig verneint. Nach Auffassung von Piaget entwickelt sich das Kausalverständnis sogar erst im Grundschulalter. Nach meiner Vorstellung ist Kausaldenken viel früher ein fester Bestandteil unserer Denkentwicklung. Im Verlauf der Entwicklung verändern sich die Repräsentation von kausalen Relationen, der Grad der Bewusstheit und die Möglichkeiten, sich mit anderen Menschen darüber auszutauschen. Dennoch stellt Kausalität für mich – ähnlich wie schon für Kant und auch für einige Kolleginnen von heute – eine Grundform der menschlichen Anschauung von Wirklichkeit dar. Warum?

Unser neuronales System ist darauf ausgerichtet, Veränderungen in der Umwelt zu entdecken und zu lernen, sie effektiv vorherzusagen. Nur so ist unser Überleben überhaupt möglich. Lebewesen sind eine Quelle ständiger Veränderung: Das gilt für ihr Äußeres, ihre Position im Raum, das, was man akustisch, olfaktorisch und auf anderen Dimensionen von ihnen wahrnehmen kann. Bewegung und Form spielen dabei aber zweifellos die entscheidende Rolle. Als solche, sich ständig im Wandel befindliche Einheiten ziehen Menschen oder Tiere die Aufmerksamkeit auf sich. Lebewesen verändern aber nicht nur sich selbst, sondern sie nehmen auch Einfluss auf die unbelebte Umwelt. Auch dies bleibt dem Baby kaum verborgen.

Säuglinge suchen nach Stabilität in ihrer Umgebung, nach Regelhaftigkeit und Kontrollierbarkeit. Letztlich haben wir das komplexe Organ unseres Gehirns vor allem weiter entwickelt, um Austauschprozesse mit der materiellen Welt zu optimieren, indem wir immer effektiver darin werden, Regeln zu erkennen und Vorhersagen zu machen. Regeln findet das Kind in einer dynamischen Umgebung aber nur dann, wenn es in der Lage ist, Muster zu entdecken. Im Hinblick auf Objekte entsprechen kategoriale Repräsentationen dieser Art der

Musterbildung. Im Hinblick auf Ereignisse sind es Veränderungsmuster und Gesetzmäßigkeiten. Solche Muster bestehen in allgemeinen Beschreibungen des Ablaufs bestimmter Ereignisse, in denen sich materielle Einheiten wechselseitig beeinflussen oder anderweitig in Beziehung zueinander treten.

Halten wir uns als Beispiel das Muster vor Augen, mit dem sich das räumliche Verhalten unbelebter Gegenstände erklären lässt, welche sich gegenseitig in Bewegung versetzen: Klotz A rutscht auf Klotz B zu und schubst ihn an. Oder allgemeiner: Objekt A bewegt sich auf Objekt B zu, berührt es, und erst dann setzt sich Objekt B in Bewegung. Dieser Vorgang beschreibt eine Grundweisheit der Physik: Keine Veränderung der Bewegung ohne die Wirkung von Kraft. Bei unbelebten Gegenständen wird diese Kraft in Form eines Impulses durch Berührung von A auf B übermittelt. Dabei ist es ziemlich egal, ob es sich bei A und B um einen Klotz, ein Auto, einen Schrank, einen Stein oder etwas anderes handelt.

In einer klassischen Serie von Experimenten haben Elisabeth Spelke und ihre Mitarbeiterinnen untersucht, ob schon Babys Anstoßereignisse verstehen. Dazu verwendeten sie das *Erwartungsverletzungsparadigma.* Zunächst wurden die Kinder mit einer kleinen Bühne vertraut gemacht, auf der sich ein roter Block befand. Dann wurde ein Wandschirm vor den Block gestellt, so dass der Block nur noch halb am rechten Rand des Wandschirms zu sehen war. Der Wandschirm selbst deckte den mittleren Teil der Bühne ab. Anschließend bewegte sich vom linken Bühnenrand her ein blauer Block auf den Wandschirm zu und verschwand dahinter. Nach kurzer Zeit setzte sich dann der rote Block in Bewegung, rutschte bis zum rechten Bühnenrand, verschwand dort kurz und rutschte anschließend zurück an seinen ursprünglichen Platz. Kurz darauf erschien der blaue Block am linken Rand des Wandschirms und rutschte auf der linken Seite weiter bis hinter den Bühnenrand. Dieser Vorgang wurde so lange wiederholt, bis die Babys sich nicht mehr dafür interessierten und wegschauten. Die Habituationsphase sollte dem Baby Gelegenheit geben, Erwartungen darüber auszubilden, was hinter dem Wandschirm passiert. Im Anschluss an die Habituationsphase wurde der Wandschirm entfernt und das Kind durfte sich abwechselnd zwei Testszenen anschauen: In einer Testszene (Kontakt) sah es, wie der rote Block an seiner Ausgangsposition mitten auf der Bühne stand, der blaue Block von links auf ihn zu rutschte und ihn anstieß, so dass nun den rote Block die Bewegungsbahn fortsetzte, während der blaue Block liegen blieb (erwartetes Ereignis). In einer anderen Testszene (kein Kontakt) sah das Kind, wie der blaue Block von links auf den roten Block zu rutschte, ca. 10 cm davor plötzlich stehen blieb und sich der rote Block dann von alleine nach rechts weiter bewegte (unerwartetes Ereignis). Beide Testszenen stellten etwas dar, das sich so hinter dem Wandschirm abgespielt haben konnte, aber im Unterschied zur ersten verletzte die zweite

Kollisionsexperimente zur Kausalwahrnehmung

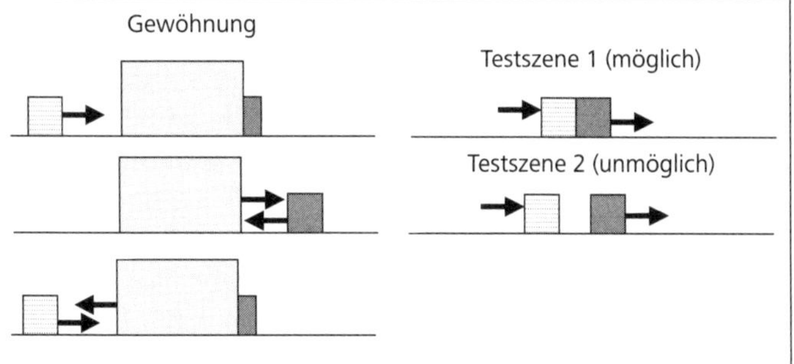

In der *Gewöhnungsphase* sieht das Kind einen Wandschirm, hinter dem halb verdeckt ein Block steht. Vom gegenüberliegenden Rand der Bühne kommt ein zweiter Block und verschwindet hinter dem Schirm. Kurze Zeit später setzt sich der erste Block in Bewegung, gleitet ein Stück nach außen, kehrt um und nimmt seine alte Position wieder ein. Anschließend taucht der zweite Block am anderen Ende des Schirms auf, gleitet ebenfalls nach außen, kehrt um und verschwindet erneut hinter dem Schirm.
Vor Beginn der *Testphase* wird der Wandschirm entfernt. Das Kind sieht abwechselnd eine Testszene, in der sich die Blöcke anstoßen (möglich) und eine Testszene, in der zwischen beiden eine Lücke bleibt (unmöglich).

Testszene eine Grundregel der Physik: «Keine Veränderung von Bewegung ohne Kraft.» Der rote Block durfte sich demnach nicht einfach von allein in Bewegung setzen; er hätte angestoßen werden müssen.

Kinder im Alter von sechs Monaten reagierten auf die Erwartungsverletzung in der zweiten Testszene mit längeren Blickzeiten. Sahen die Kinder nur die Testszenen, ohne vorher mit der Wandschirm-Szene vertraut gemacht worden zu sein, zeigte sich keine Präferenz einer der beiden Szenen. Daraus folgerten Spelke und ihr Team, dass die Erwartungsverletzung im Hauptversuch für die Blickpräferenz verantwortlich gemacht werden könne.

Doch zurück zu der Frage, ob Säuglingen bereits klar ist, dass bestimmte Regeln für unbelebte Gegenstände gelten und dass für Lebewesen andere Verhaltensregeln relevant sind. Spelke, Phillips und Van de Walle sind dieser Frage nachgegangen, indem sie den eben dargestellten Versuch noch mit Personen als Objekten durchgeführt haben. Bei Personen gibt es eigentlich keine Notwendigkeit, sich physisch zu berühren, um sich gegenseitig in Bewegung zu versetzen. Man verständigt sich üblicherweise durch Blickkontakt oder über Sprache auf Distanz und motiviert sich auf psychologischem Wege zu Verhaltensänderungen (zum Beispiel indem man sagt: «Geh weg!»). Auch den Babys war das anscheinend klar, denn sie zeigten nun keine Präferenz für eine der beiden Testszenen mehr. Hier wird deutlich, dass die Veränderungsmuster, die Kinder auf Lebewesen und auf unbelebte Objekte anwenden, nicht unbedingt die gleichen sein müssen. Das könnte auch ein starkes Motiv für Säuglinge sein, schon früh zwischen belebter und unbelebter Umwelt zu unterscheiden. Denn erst wenn ich weiß, welche Art von Objekt ich vor mir habe, kann ich auch wissen, welche Regel Veränderungen besser vorhersagt. Bezogen auf das konkrete Beispiel würde mich etwa interessieren, ob sich ein Objekt von alleine bewegen kann oder nicht. So deuten Spelke und Mitarbeiterinnen ihren Versuch als Bestätigung für die These, dass Babys früh zwischen Dingen unterscheiden, die sich selbstinitiiert bewegen können (Lebewesen) und solchen, die durch andere Objekte in Bewegung versetzt werden müssen (unbelebte Objekte). Nun mag man aus methodischer Sicht berechtigt einwenden, dass diese Schlussfolgerung nur auf der Beobachtung eines negativen Effektes (keine Blickpräferenz in der Personenbedingung) begründet ist. Inzwischen gibt es jedoch noch mehr Hinweise aus ganz anderen Experimenten, die übereinstimmend zeigen, dass Babys tatsächlich zwischen Selbstbewegern und Fremdbewegtem unterscheiden:

In einer neuen Studie von Rebecca Saxe und Kollegen wurden zehn bis zwölf Monate alte Babys mit einer Szene vertraut gemacht, in der eine halbhohe Mauer eine kleine Bühne in der Mitte teilte. Die Kinder sahen zunächst, wie von einer Seite ein kleiner roter Sandsack geflogen kam, die Mauer überquerte und auf der gegenüberliegenden Bühnenseite landete. Diese Szene wurde wiederholt, bis ein Gewöhnungseffekt eintrat. Anschließend begannen die Testdurchgänge. Dabei flog der Sandsack zunächst auf dem gleichen Wege wie zuvor. Unmittelbar nach der Landung erschien entweder eine Hand vom Bühnenrand (Experimentalbedingung) oder eine bunte Eisenbahn (Kontrollbedingung). Hand oder Eisenbahn tauchten einmal auf der gleichen Seite auf, von der der Sandsack gekommen war, und einmal auf der anderen Seite. Die Kinder schauten nur in der Experimentalbedingung länger auf die Testszene, in der die Hand von der gegenüberliegenden Seite kam (also nicht als Agent für den Wurf des Sandsacks in Frage kam). In der Kontrollbedingung waren die beiden Zug-Testszenen gleich interessant. Sahen die Kinder in einem zweiten Experiment ein (Stoff-)Tier anstelle eines Sandsacks über die Mauer fliegen, so waren entsprechende Blickpräferenzen weder in der Hand- noch der Zug-Bedingung zu beobachten. Rebecca Saxe und ihre Kolleginnen sehen in diesem Befundmuster ein Indiz dafür, dass zehn bis zwölf Monate alte Säuglinge nur dann erwarten, dass ein Agent das Zielobjekt geworfen hat, wenn dieses eindeutig unbelebt ist (Sandsack).

Handelt es sich um ein potentiell belebtes Wesen (Stofftier), wird keine Kausalattribution auf einen Agenten vorgenommen – vermutlich, weil die Kinder die Bewegung als selbstinitiiert interpretieren.

Diese Ergebnisse passen zu der Überlegung, dass schon Babys im Alter von unter einem Jahr über Ursache und Wirkung nachdenken und dabei die Kategorienzugehörigkeit von Objekten beachten. Ob das auch für jüngere Kinder gilt, bleibt allerdings offen. Um das zu testen, haben Birgit Träuble und ich zusammen eine Reihe von Studien durchgeführt, die auf einer neu entwickelten Methode basieren.

Beim *Ambiguitätsparadigma* spielen zwei Objekte eine zentrale Rolle: ein wurmartiges Fantasietier mit Fell und lachendem Gesicht und ein Ball aus Hartplastik. Zeigt man sieben Monate alten Säuglingen beide Objekte reglos in zwei getrennten Ecken einer kleinen Bühne liegend, dann hängt ihre Blickpräferenz davon ab, wie attraktiv der Ball ist. Handelt es sich um einen einfarbig angemalten Ball, dann wird das Tier länger angeschaut. Handelt es sich jedoch um einen Ball mit leuchtend gelben Punkten, dann wird der Ball etwas länger angeschaut. Präsentiert man in einer zweiten Szene Tier und Ball gemeinsam, wobei das Tier mit der Schnauze permanent Kontakt zum Ball hält und sich beide Objekte scheinbar selbstinitiiert auf einer non-linearen Bahn bewegen (umeinander rollen), dann schreiben die Kinder diese Bewegung dem Tier zu – obwohl in Wirklichkeit ein Motor und ein Magnet im Innern des Balls die Bewegung auslösen. Aber woraus kann man schließen, welches der beiden Objekte die Kinder als Ursache der Bewegung begreifen?

Den Kindern wurde im Anschluss an die Bewegungsszene noch einmal Szene 1 gezeigt, in der Tier und Ball in jeweils unterschiedlichen Ecken liegen, ohne sich zu rühren. Sie schauten bei der dritten Szene länger auf das Tier als bei der ersten Szene – und zwar unabhängig davon, ob sie in der Gruppe waren, bei der der attraktive Ball verwendet worden war, oder in der Gruppe, bei der der langweilige Ball zum Einsatz kam.

Diesen Versuch haben wir später noch einmal mit dem attraktiven Ball und weiteren Gruppen von sieben bis elf Monate alten Kindern wiederholt. Dabei wurde unser erstes Ergebnis repliziert. Kinder aller drei Altersgruppen schauten in Szene 3 länger auf das Tier und nicht den Ball. Es handelt sich also um einen robusten Befund.

Das Ambiguitätsparadigma

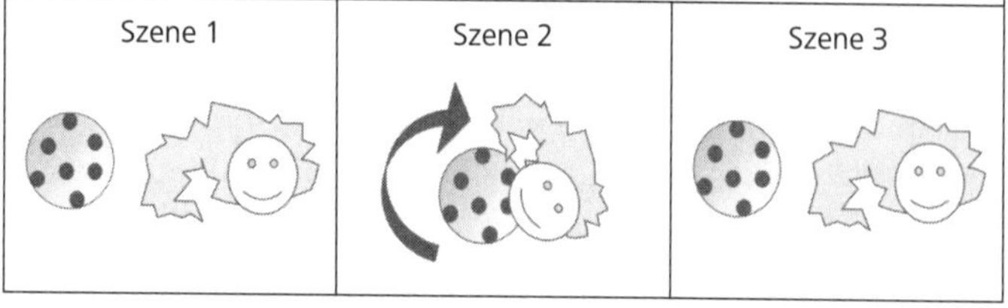

Die Kinder sehen drei Szenen hintereinander:
In der ersten und dritten Szene liegen ein Ball und ein Fantasietier reglos nebeneinander.
In der zweiten Szene sind Tier und Ball miteinander verbunden. Sie rollen selbst-initiiert und auf non-linearem Bewegungspfad über die Bühne.
Auf diese Weise wird untersucht, ob sich die Blickpräferenzen für Ball und Tier von Szene 1 nach Szene 3 verändert.

Die beobachtete Blickpräferenz lässt sich so interpretieren, dass die Kinder während der Bewegungsszene die Vermutung aufstellen, das Tier, nicht aber der Ball, sei in der Lage, sich selbstinitiiert zu bewegen. Liegen beide Objekte in Szene 3 reglos auf der Bühne, scheint das Tier dann interessanter, weil die Kinder erwarten, dass es vielleicht wieder anfängt, sich von alleine zu bewegen.

Um diese Interpretation abzusichern, wurde eine weitere Studie durchgeführt, bei der wir die Objekte auch in der Bewegungsszene durch einen Balken voneinander getrennt haben. Eine Gruppe von Kindern sah, wie sich nur der Ball bewegte und das Tier reglos liegen blieb, während die andere Gruppe sah, wie sich nur das Tier bewegte und der Ball reglos liegen blieb. Unter diesen Umständen schauten die

Kinder in der dritten Szene länger auf dasjenige Objekt, das sich zuvor bewegt hatte – unabhängig davon, ob es sich um das Tier oder den Ball gehandelt hatte. Diese Beobachtung stimmt mit unserer ursprünglichen Annahme überein: Die Kinder scheinen in Szene 2 eine Vermutung darüber auszubilden, welches Objekt sich von alleine bewegen kann und welches nicht.

Zusatzversuche sollten klären, wovon es abhängt, ob die Kinder die Bewegung dem Tier zuschreiben: Muss es dafür einen tiertypischen Körper haben oder ist es wichtiger, dass es ein Gesicht hat? Weitere Versuchsgruppen von sieben Monate alten Säuglingen sahen die zweideutige Bewegungsszene. Eine Gruppe sah ein Tier, dem wir die Gesichtsmerkmale entfernt, und eine andere Gruppe ein Tier, bei dem wir den Fellkörper durch eine Spirale ersetzt hatten. Unter beiden Umständen brach der Effekt zusammen: Es gab keine Verschiebung der Blickpräferenzen in Richtung auf das Tier. Dabei sind die Ergebnisse der Gruppe, die das Tier ohne Gesichtsmerkmale sah, besonders interessant, denn das Bewegungsmuster blieb hier gegenüber dem Originalversuch völlig unverändert. In einer weiteren Studie, die wir zusammen mit Nicole Siegwald durchgeführt haben, verwendeten wir in Szene 1 und 3 (beide statisch – ohne Bewegung) ein Tier mit anderer Fellfarbe als in Szene 2. Auch unter diesen Umständen zeigte sich keine Verschiebung der Blickpräferenz zugunsten des Tieres von Szene 1 nach Szene 3.

Was lässt sich aus diesen Beobachtungen schließen? Anscheinend sind die im Basisexperiment beobachteten Effekte für verschiedene Altersgruppen innerhalb des Zeitraums von sieben bis elf Monaten stabil gültig, und zwar unabhängig davon, ob die Kinder sich anfangs mehr für das Tier oder den Ball interessieren. Jede äußerliche Veränderung des Tieres aber, die es den Kindern erschwert, das Tier als solches zu identifizieren oder ihre Erfahrungen aus der Bewegungsszene auf Szene 3 zu übertragen, führt zum Zusammenbruch des beobachteten Effektes.

Bis heute beschäftigt uns die Frage, ob man wirklich sagen kann, sieben Monate alte Säuglinge nehmen eine Kausalzuschreibung vor, wenn sie vom Tier, nicht aber vom Ball selbstinitiierte Bewegung erwarten. Vielleicht ist es nur so, dass Bewegung allgemein das Interesse an Tieren weckt und die Kinder deshalb später länger auf das Tier schauen? Diese Option haben wir mit einer Reihe von «Handstudien» überprüft. So wurde untersucht, was passiert, wenn in Szene 2 Tier und Ball zwar aneinander gebunden sind und ein ähnliches Bewegungsmuster zeigen wie im Basisversuch, aber diese Bewegung eindeutig auf eine äußere Ursache zurückgeführt werden kann. Konkret wurde von hinten eine Hand auf die Bühne geführt, winkte dem Kind zu, hob Tier und Ball gemeinsam auf und bewegte sie 15 Sekunden über die Bühne. Dann legte sie beide Objekte wieder ab, winkte erneut und verließ die Bühne. Unter diesen Umständen gab es keine Blickpräferenzverschiebung in Richtung auf das Tier. War die Hand auf der Bühne anwesend, während Tier und Ball sich gemeinsam selbstinitiiert und non-linear auf der Bühne bewegten, gab es hingegen die bereits bekannte Blickpräferenzverschiebung in Richtung auf das Tier – und zwar unabhängig davon, ob die Hand reglos an der Rückwand der Bühne verharrte oder ob sie über beiden Objekten schwebend die Bewegung von Tier und Ball begleitete. Mit anderen Worten: Es war entscheidend, was die Hand tat – nicht so sehr, ob sie anwesend war oder nicht.

Diese Serie von Experimenten liefert eine ganze Reihe von interessanten Einsichten: Zunächst bestätigt sie, dass Säuglinge sich im Alter von sieben Monaten sehr für Bewegung interessieren. Wenn sich ein Objekt bewegt, wird es genau betrachtet und später auch wieder erkannt. Noch wichtiger ist aber die Einsicht, dass Kinder Objekte, die aussehen wie Tiere, eher als Verursacher einer selbstinitiierten Bewegung wahrnehmen als Objekte, auf die das nicht zutrifft. Das wurde in den Versuchen mit der zweideutigen Bewegungsszene deutlich. Ob eine wahrgenommene Bewegung letztendlich dem Tier zugeschrieben wird oder nicht, hängt jedoch noch von einer ganzen Reihe anderer Faktoren ab – so etwa davon, ob das Tier eindeutig als Tier erkennbar ist, ob es weitere potentielle Selbstbeweger (hier: die Hand) gibt, die für das beobachtete Ereignis verantwortlich gemacht werden können, und ob diese physischen Kontakt zu den Zielobjekten hatten. Schon mit sieben Monaten erweisen sich Babys damit als kleine Problemlöser, die flexibel auf unterschiedliche Situationen reagieren und sich in Abhängigkeit von den wahrgenommenen Relationen ihr eigenes Bild von der Wirklichkeit machen.

Wie repräsentieren Babys den Unterschied «belebt – unbelebt»?

Die eben geschilderten Experimente sind interessant, aber sie lassen offen, wie man sich die Repräsentation von Kausalwissen über die Unterscheidung zwischen Lebewesen und unbelebten Gegenständen konkret vorstellen kann. Dazu gibt es bislang nur wenige theoretische Aussagen: Jean Mandler war eine der ersten Wissenschaftlerinnen, die sich über die Anfänge einer wissensbasierten Unterscheidung zwischen Lebewesen und unbelebten Objekten theoretische Gedanken gemacht hat. In ihrem bis heute viel diskutierten Beitrag «How to build a baby» legt sie dar, wie im Kopf eine Repräsentation für «Lebewesen» *(animates)* entstehen könnte. Mandler stellt sich vor, im Geiste des Säuglings würde durch vielfache Wahrnehmung belebter Bewegung ein abstraktes bildliches Schema entstehen, das sich – anders als bei der Kategorienbildung, über die bereits gesprochen wurde – nicht auf Merkmale der äußeren Erscheinung stützt, sondern auch auf Merkmale des Verhaltens. Konkret nimmt die Autorin an, Säuglinge repräsentieren belebte Bewegung als selbstinitiiert, also von innen her kommend, und einem nichtlinearen Pfad folgend.

Dieses bildähnliche Schema könnte immer dann aktiviert werden, wenn bestimmte äußere Merkmale, etwa gesichtsähnliche Züge oder Fortsätze zur Bewegung, vorhanden sind. Das würde erklären, weshalb Babys früher zwischen globalen Kategorien unterscheiden als zwischen Basiskategorien. Jean Mandler vermutet, dass das bildähnliche Schema für belebte Bewegung während der ersten sechs Lebensmonate geformt wird. Kinder könnten also schon in der zweiten Hälfte des ersten Lebensjahres darauf zurückgreifen.

Wenn man die gleiche Frage aus der Perspektive der Hirnforschung stellt, kommt man ohne die Annahme von bildähnlichen Schemata aus. Man kann sich zum Beispiel vorstellen, dass bei jeder Wahrnehmung eines sich bewegenden Lebewesens Neuronenverbände auf unterschiedlichen Ebenen der Verschaltung aktiviert werden. Einige sprechen auf Formmerkmale an, andere auf Farb- und Mustermerkmale und wieder andere auf Bewegungsmerkmale. Jedes Lebewesen sieht etwas anders aus und bewegt sich anders. Trotzdem gibt es auch Gemeinsamkeiten auf abstrakter Ebene – zum Beispiel in der Körperkonfiguration (Kopf, Rumpf, Arme/Beine) und im allgemeinen Bewegungsmuster (selbstinitiiert, nonlinear). Wenn wir wiederholt mit unterschiedlich aussehenden und sich bewegenden Lebewesen konfrontiert sind, werden auf unteren Ebenen zwar jedes Mal andere Neuronenverbände beteiligt, aber auf höheren Ebenen sind es immer die gleichen, weil Letztere auf abstrakte Reizkonfigurationen reagieren. Das stärkt die entsprechenden Verbindungen besonders nachhaltig. Berücksichtigt man den Umstand, dass Kinder im ersten halben Lebensjahr noch nicht scharf sehen, so dass für sie allgemeine Merkmale der Bewegung und die Außenkonturen viel eher erkennbar sind als feine Details von Lebewesen, dann erscheint es durchaus plausibel, dass sie früh lernen, woran man Lebewesen erkennen kann und wie sie von unbelebten Gegenständen abzugrenzen sind.

Hat unser Gehirn einmal gelernt, zwischen selbst- und fremdinitiierter Bewegung zu unterscheiden, dann sind Neuronenverbände genau dann aktiv, wenn Objekte einer ganz bestimmten Reizkonfiguration anfangen, ihre Position im Raum zu verändern, ohne dass direkt davor ein anderes Objekt mit ihnen Kontakt hatte. Es ist also keine Zauberei, den kategorialen Unterschied zwischen Lebewesen und unbelebten Dingen zu lernen, sondern es funktioniert vielleicht ganz automatisch durch die wiederholte Erfahrung, dass Dinge mit bestimmten Merkmalen der äußeren Erscheinung (z.B. Objekte mit Flügeln) ein ganz bestimmtes Bewegungsmuster zeigen (hier: Fliegen). Trotzdem ist es keine Trivialität, diese verschiedenen Informationen miteinander zu verknüpfen, wie wir noch sehen werden.

Nun mögen Sie als Leser vielleicht einwenden: Und was hat das mit Denken zu tun? Und wo steckt hier gar kausale Einsicht? Dieser Einwand ist berechtigt. Immerhin war Denken am Beginn dieses Kapitels als eine Aktivität des menschlichen Geistes definiert worden, und wir haben konstatiert, dass Babys mit Vorstellungsgegenständen etwas tun. Was bislang beschrieben wurde, entsprach eher einem Automatismus, mit dem unser Neuronennetz die Wirklichkeit abbildet und strukturiert.

Gehen wir aber noch einmal zurück zu den Versuchen über das frühe Kausaldenken: In allen diesen Fällen ging es nicht darum zu zeigen, was Babys aktuell wahrnehmen, sondern wie sie über eine Situation nachdenken – was sie erwarten. In allen drei Fällen haben die Babys etwas im Geiste ergänzt, ihre bereits vorhandene Vorstellung darüber, was belebte und unbelebte Gegenstände charakterisiert (im Sinne von Verhaltenseigenschaften) angewendet, um ein Problem zu lösen bzw. eine Frage zu beantworten: Was passiert hinter dem Wandschirm? Wer oder was verursacht die Bewegung, die ich sehe. Dabei denken Babys keinesfalls eingleisig, wie vor allem die Handstudien zum Ambiguitätsparadigma deutlich machen konnten. Es werden verschiedene Ursachen in Betracht gezogen und die jeweils wahrscheinlichste ausgewählt. Das ist eindeutig ein Denkakt!

Viele Säuglingsforscher können sich aber einfach nicht vorstellen, dass schon Kinder unter einem Jahr zu solchen Leistungen in der Lage sein sollen. Sie bezweifeln sogar die Annahme, Babys hätten überhaupt eine Art wissensbasierter Repräsentation für Belebtheit. Diese skeptische Haltung ist eigentlich nicht berechtigt. So zeigen neuere Studien, dass Kinder in der zweiten Hälfte des ersten Lebensjahres dynamische Information über Bewegungsverhalten mit statischer Information über das Aussehen von Objekten verbinden. Martha Arterberry und Marc Bornstein berichten von Versuchen, in denen sie sechs und neun Monate alte Kinder entweder an Bilder oder an *Point-light-displays* von Tieren bzw. Fahrzeugen gewöhnt haben. Point-light-displays sind kleine Filme, in denen sich leuchtende Punktmuster bewegen. Diese Punktmuster stammen von Lichtern, die an den Gelenken oder an Eckpunkten von sich bewegenden Objekten befestigt werden. Sie geben Information über das Bewegungsverhalten, ohne viel über das Aussehen der Objekte selbst zu verraten. Zeigten die Autoren den Babys Bilder von Tieren oder von Fahrzeugen im Rahmen einer visuellen Kategorisierungsaufgabe, so wurden beide Kategorien ab einem Alter von sechs Monaten eindeutig unterschieden. Gleiches galt für die Präsentation von Point-light-displays.

Spannend sind nun jene Experimente, in denen geprüft wurde, ob die Kinder zwischen beiden Informationsarten eine Beziehung herstellen. Wurden in der Familiarisierungsphase Bilder gezeigt und in der Testphase Point-light-displays, dann fand sich bei sechs Monate alten Säuglingen kein Kategorisierungseffekt. Bei den neun Monate alten Babys zeigten zumindest jene von ihnen Wissenstransfer, die an Point-light-displays einer Art (z.B. Fahrzeuge) gewöhnt wurden und im Test ein Bildpaar (z.B. ein Auto und einen Hund) zu sehen bekamen. Sie schauten das Bild der kontrastierten Kategorie im Test länger an. Das bedeutet, dass sie zwischen der Bewegungsinformation und der Information über das Aussehen der Objekte eine Beziehung hergestellt haben – und das wiederum spricht dafür, dass in ihrem Kopf eine Repräsentation für die beiden Kategorien Fahrzeuge und Tiere bestanden haben muss, die statische und dynamische Information miteinander verbindet.

Es ist für kleine Kinder keine Trivialität, Bewegungsinformation und Information über das Aussehen zu kombinieren. Dafür sind im Gehirn nämlich zum Teil unterschiedliche Bereiche zuständig: Wenn wir etwas sehen, gelangt diese Information durch den Sehnerv über verschiedene Zwischenstationen bis zu unserem Hinterkopf, wo sich der *primäre visuelle Kortex* befindet. Von dort aus differenzieren sich die Verarbeitungswege: Information über Form, Farbe und Musterung von Objekten wird auf dem so genannten *ventralen Pfad* verarbeitet und läuft über die *Temporallappen* an beiden Außenseiten unseres Gehirns. Information zur Bewegung und dynamische Formveränderung wird über den *dorsalen Pfad* und den *Parietallappen* am oberen Hinterkopf verarbeitet. Verknüpft wird die Information beider Arten dann in *Assoziationszentren*. Anders als in dem Versuch von Arterberry und Bornstein sind Informationen über das Aussehen und Verhalten von Objekten im Alltag meist gleichzeitig wahrnehmbar, und es ist daher sehr wahrscheinlich, dass Babys bereits vor dem neunten Lebensmonat lernen, beides miteinander zu verknüpfen.

Zurzeit untersuchen Lysett Babocsai und ich, inwiefern Babys zwischen visueller und akustischer Information Verbindungen herstellen. Wissen sie, dass Motorenbrummen zu Autos gehört und Bellen zu Hunden? Wie genau ist ihr Wissen über Geräusche, die Tiere und Artefakte machen? Um diesen Fragen nachzugehen, messen wir nicht nur das Blickverhalten, sondern auch die Hirnströme. Man weiss, dass unsere Gehirnwellen bestimmte typische Veränderungen zeigen, wenn wir Dinge wahrnehmen, die nicht zusammenpassen. Diesen Umstand wollen wir uns zunutze machen und testen, ob es Babys komisch vorkommt, wenn die Waschmaschine miaut oder eine Kuh Telefon-Klingeltöne von sich gibt. Für die Verknüpfung dieser beiden Informationsarten sind Bereiche im *Temporallappen* wichtig.

Wie die bisherigen Ausführungen zeigen, bemühen sich momentan verschiedene Forschergruppen darum, besser zu verstehen, worin genau die ersten Objektrepräsentationen von Kindern bestehen und welche Art von Information sie umfassen. Denn nur, wenn wir wissen, wie die Umwelt im Kopf eines Babys abgebildet ist, können wir auch anfangen zu begreifen, wie Babys über Objekte nachdenken. Allerdings darf man nicht den Fehler machen anzunehmen, das Denken entwickele sich in einer festen Abfolge von Schritten: erst wahrnehmen, dann Objekte repräsentieren, sie kategorisieren, multimodales Wissen aufbauen und im letzten Schritt etwas über Relationen zwischen Objekten lernen.

Das Gehirn verarbeitet Information auf unterschiedlichen Abstraktionsebenen, aber parallel. Auch wenn es durchaus plausibel erscheint anzunehmen, dass Kausalbeziehungen zwischen Gegenständen erst verstanden werden, wenn Wissen über die beteiligten Objekte vorliegt (man denke an die Tier-Ball-Versuche mit dem Ambiguitätsparadigma), ist diese Abfolge nicht fix. Genauso gut kann es sein, dass die Unterscheidung von Objektkategorien, die Beurteilung von Ähnlichkeiten zwischen Objekten und damit auch die Wahrnehmung derselben durch kausale und funktionale Erfahrungen mitbestimmt werden. Auf diesem Weg mag die Bildung einer abstrakten Kategorie wie «Lebewesen» überhaupt erst möglich sein.

Neuere Säuglingsstudien zeigen, dass die Unterscheidung zwischen Lebewesen und unbelebten Objekten, die sich sowohl auf Merkmale der äußeren Erscheinung stützt als auch auf Wissen über Verhaltenseigenschaften, offensichtlich entscheidend für die weitere Denkentwicklung ist. Sie trägt mit dazu bei, im Kopf des Babys – lange bevor es sprechen kann – die Wissensdomänen Psychologie und Physik zu differenzieren, was nichts anderes heißt, als dass Erfahrungen mit Lebewesen in bestimmter Hinsicht grundlegend anders verarbeitet werden als Erfahrungen mit unbelebten Gegenständen.

Wie unterscheiden Babys verschiedene Arten von Lebewesen?

Wenn wir über Lebewesen im biologischen Sinne sprechen, meinen wir Menschen, Tiere und Pflanzen. In der Säuglingsforschung wird dagegen der Begriff *Animates* bevorzugt, denn Animates bezieht sich nur auf Menschen und Tiere. Tatsächlich scheinen Kinder frühestens mit vier bis fünf Jahren zu begreifen, dass Pflanzen auch Lebewesen sind. Vorher beschreiben sie Lebewesen als Dinge, die sich von alleine bewegen können.

Die Frage, die uns nun beschäftigen soll, lautet, welche Kriterien für Kinder bedeutsam sind, wenn sie verschiedene Lebewesen voneinander unterscheiden. Damit hat sich unter anderem auch die Arbeitsgruppe um Paul Quinn ausführlicher beschäftigt. Ausgehend von eigenen Beobachtungen argumentiert der Autor, für die Differenzierung von Tierarten sei vor allem deren Aussehen (und hier speziell die Gesichts- und die Schwanzregion) interessant. Das macht auch Sinn, denn angeborene Wahrnehmungspräferenzen leiten unsere Aufmerksamkeit automatisch auf Gesichter und folglich lernen wir früh, hier feine Unterscheidungen zu treffen. Der Schwanz wiederum ist ein wichtiger Teil der Außenkontur von Tieren. Vermutlich spielt darüber hinaus auch die Gesamtkonfiguration der Körperteile eine bedeutsame Rolle. Allerdings zeigen andere Studien von Virginia Slaughter, dass Babys sich lange Zeit nicht besonders wundern, wenn die Körperteile eines Menschen auf Fotos in ungewöhnlicher Anordnung präsentiert werden. Hauptsache, alles Wichtige ist dran – wo genau, scheint zunächst keine zentrale Rolle zu spielen.

Neben Merkmalen der äußeren Erscheinung sind auch das Bewegungsmuster und der natürliche Lebensraum der Tiere von Interesse. So ist es wohl kein Zufall, dass Babys in Kategorisierungsaufgaben, die Vorwissen aktivieren, zunächst zwischen Land-, Luft- und Wassertieren unterscheiden und erst später feinere Differenzierungen vornehmen. Lufttiere haben Flügel, Wassertiere haben Flossen und bei Landtieren dominieren die Beine. Auf solche Elemente des Fortbewegungsapparates zu achten, ist nützlich, wenn man das Verhalten von Tieren vorhersagen möchte.

Auch die Forschung mit Erwachsenen zeigt, dass die Unterscheidung von Tierarten wesentlich davon abhängt, wie die Tiere aussehen und welches Verhalten sie von sich aus zeigen. Ohne uns das bewusst zu machen, gehen wir indirekt davon aus, dass diesen äußerlich erkennbaren Gemeinsamkeiten eine einheitliche Essenz (z.B. im Sinne von Genen) zugrunde liegt.

Wenn wir dagegen Artefakte, Dinge also, die Menschen gemacht haben, in Klassen einteilen, interessiert uns weniger die Frage, ob es so etwas wie einen gemeinsamen grundlegenden Bauplan gibt. Vielmehr zählt, ob Gegenstände die gleiche Funktion erfüllen. Beispielsweise gibt es zahlreiche Formen von Flaschenöffnern, die ganz verschieden aussehen, aber alle sind Flaschenöffner, weil man sie dazu benutzt, Flaschen zu öffnen. Oder es gibt ganz verschieden aussehende Gebäude, aber alle sind so gestaltet, dass sie Menschen beherbergen können. Ob auch Babys Artefakte aufgrund ihrer funktionalen Eigenschaften in Klassen einteilen oder ob die Beachtung von Merkmalen der Gesamtähnlichkeit in der äußeren Erscheinung ausschlaggebend ist? Auf diese Frage nimmt der nächste Abschnitt Bezug.

Wie unterscheiden Babys Artefakte?

Im Rahmen eigener Studien wollen Birgit Träuble und ich herausfinden, ob schon Babys lernen können, von der Gesamtähnlichkeit zwischen Objekten abzusehen, wenn sie eine Artefakt-Kategorie bilden, indem sie als Ähnlichkeitskriterium ein ganz bestimmtes, eher unscheinbares Teil stark beachten, nachdem sie lernen konnten, welche Funktion es hat. Die bestehende Literatur legt den Schluss nahe, dass das erst gegen Ende des zweiten Lebensjahres gelingt. Wie unsere Experimente zeigen, kann man entsprechende Leistungen aber schon gegen Ende des ersten Lebensjahres beobachten. Zunächst mussten wir dafür unser eigenes Spielzeug herstellen. Dabei handelt es sich um eine Serie von Holzobjekten, bei denen, um einen quadratischen Block herum angeordnet, auf jeder von vier Seiten eine andere Form angebracht war. Eine dieser vier Formen war stets ein T-förmiges graues Teil.

Studie zum Funktionslernen und zur Objektkategorisierung

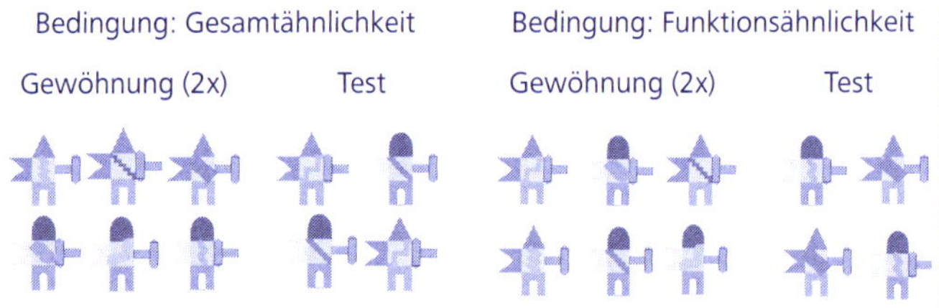

In der *Gewöhnungsphase* bekommen die Kinder Klötzchen zum freien Spiel, die sich entweder in ihrer Farb- und Formgestaltung ähnlich sehen (Gesamtähnlichkeit) oder die das gleich ausgerichtete graue T-Stück aufweisen (Funktionsähnlichkeit).
In der *Testphase* erhalten sie zunächst ein neues Exemplar der vertrauten Kategorie und anschließend ein Exemplar der kontrastierten Kategorie.
Auf diese Weise wird untersucht, ob ihr Kategorisierungsverhalten davon abhängt, ob man ihnen zuvor die Funktion des T-Stücks demonstriert hat.

Die Hälfte der Objekte haben wir in gelb-rot angemalt und mit rundlichen Außenformen versehen; die andere Hälfte wurde in grün-blau angemalt und mit eckigen spitzen Außenformen versehen. Solange man nicht wusste, was diese Objekte darstellen sollten, oder wofür man sie gebrauchen konnte, wurden sie nach ihrer Farb- und Formgebung kategorisiert (gelb-rot rund vs. grün-blau eckig). Das gelang elf Monate alten Babys genauso gut wie Erwachsenen. Diese Beobachtung ist keinesfalls nebensächlich, denn sie bestätigt die allgemeine Annahme, dass Babys auch ohne jedes Vorwissen Kategorien bilden können, indem sie sich einfach am Aussehen von Objekten orientieren und hier nach Ähnlichkeiten suchen.

Es gab aber prinzipiell auch noch eine weitere Möglichkeit, die Holzklötze zu ordnen: Dabei konnte man sich daran orientieren, wie das T-förmige Teil am Mittelkörper des Objektes angebracht war: Bei jeweils der Hälfte der Klötze beider Farben war das T-Stück mit dem längeren Teil nach außen gerichtet am Klotz befestigt (Stabform), bei der anderen Hälfte zeigte es hingegen mit dem kürzeren Querbalken nach außen (Ankerform). Dieser Unterschied fiel auf den ersten Blick kaum ins Auge. Babys, die man an unterschiedlich farbige Objekte gewöhnte, bei denen das T-Stück immer gleich befestigt war, reagierten nicht auf einen Wechsel der Ausrichtung des T-Stücks in der Testphase. Mit anderen Worten: Das T-Stück und seine Befestigung am Mittelkörper spielten für die spontane Kategorienbildung keine Rolle. Damit hatten wir gerechnet. Auch für Erwachsene handelt es sich um einen eher unauffälligen Unterschied. Wenn kein Vorwissen über das Verhalten oder die Funktion von Objekten vorliegt, werden diese nach ihrer Gesamtähnlichkeit klassifiziert. Ob sich das ändern würde, wenn die Kinder vor Versuchsbeginn im Rahmen einer kurzen Demonstration lernten, dass das T-Stück eine wichtige Funktion hat, die in Abhängigkeit von seiner Ausrichtung variiert?

Vor dem eigentlichen Kategorisierungsversuch gab es eine Demonstrationsphase, in der der Versuchsleiter mit zwei Klötzchen (eines mit stab- und das andere mit ankerförmigem T-Stück) an einer eigens dafür konstruierten Effektbox Folgendes tat: Er nahm beide Klötze, zeigte sie dem Kind, lenkte dessen Aufmerksamkeit dann auf einen von beiden (z.B. Stab-Klotz), führte das T-Stück an ein rot markiertes Loch in der Effektbox, senkte das Stabteil des T-Stücks in das Loch und drückte es nach unten. Nun ertönte ein komplexer Klingelton. Diese Handlung sah das Kind zweimal und lernte dabei, dass ein Klotz mit stabförmigem T-Stück dazu benutzt werden kann, ihn in ein Loch zu stecken und einen interessanten Klingelton zu erzeugen. Anschließend wurde der zweite Demonstrationsklotz hochgehalten und ebenfalls zur Effektbox geführt. Dort gab es zwei passende Haken, in die das ankerförmige T-Stück eingehängt werden konnte. Zog der Versuchsleiter nun an dem Klotz, so wurde ein buntes Gummiband sichtbar, das mit den Haken ausgezogen wurde. Auch diesen Vorgang haben wir zweimal wiederholt. Hier lernte das Kind, dass man einen Holzklotz mit ankerförmigem T-Stück dazu benutzen kann, ein buntes Gummiband sichtbar zu machen. Beide Effekte waren für Babys sehr spannend. Wichtig war der Eindruck, dass der jeweilige Effekt nur mit einem bestimmten T-Stück erzeugt werden konnten, während das andere ungeeignet schien. Es wäre also unmöglich gewesen, mit dem ankerförmigen T-Stück einen Klang zu erzeugen oder mit dem stabförmigen T-Stück das Gummi sichtbar zu machen.

Die Demonstrationsklötze waren einfacher gestaltet als das Kategorisierungsmaterial. Sie bestanden aus einem weißen Klotz und einem schwarzen T-Stück. Weitere Teile waren nicht am Mittelkörper montiert. So wollten wir es den Kindern erleichtern, auf das kritische Teil zu achten. Uns interessierte aber auch, ob die Erfahrung der Demonstrationsphase mit den schwarz-weißen Klötzchen auf die bunten, wesentlich komplexeren Klötzchen übertragen würde. Geht man davon aus, dass sich die Kinder vor allem für den funktionalen Zusammenhang interessieren, so sollte ihnen die Übertragung gelingen. Vermutet man jedoch, dass die Gesamterscheinung eine zentrale Rolle spielt, so ist es eher unwahrscheinlich, dass ein Wissenstransfer von der Demonstrations- zur Kategorisierungsphase erfolgt.

Die eigentliche Kategorisierungsaufgabe, die direkt im Anschluss an die Demonstrationsphase durchgeführt wurde, folgte dem gleichen Ablauf wie die Kontrollstudie. Es gab also eine Gruppe, die an farbähnliche Objekte gewöhnt wurde (Gesamtähnlichkeit) und eine Gruppe, die an T-Stück ähnliche Objekte gewöhnt wurde (Funktionsähnlichkeit), um in der Testphase jeweils ein Exemplar der anderen Kategorie zu erhalten. Anders als in der Kontrollstudie zeigte die Gruppe Funktionsähnlichkeit, nicht aber die Gruppe Gesamtähnlichkeit, einen Kategorisierungseffekt. Offensichtlich hatten sie bei der kurzen Demonstration durch den Versuchsleiter gelernt, die Objekte auch nach der Ausrichtung des T-Stücks zu klassifizieren.

Was lässt sich aus diesem Versuch lernen? Die von uns untersuchten Babys kannten die Objekte vorher nicht und hatten auch noch keine Erfahrungen damit sammeln können. Selbst ohne Vorerfahrungen waren sie in der Lage, die Klötze in zwei Kategorien zu gruppieren – unter Kontrollbedingungen allerdings nur auf der Basis von Information über die Gesamtähnlichkeit. Es scheint, als ob Säuglinge die Gesamtähnlichkeit als Basis für ihre Kategorienbildung verwenden, wenn sie keine guten Gründe sehen, es anders zu machen. Wenn sie aber Erfahrungen gemacht haben, die eine Kategorienbildung auf der Basis anderer Informationen (z.B. über Teile und deren Funktion oder über Unterschiede im Verhalten) nahe legen, tritt die Gesamtähnlichkeit als Kriterium in den Hintergrund.

Bei Artefakten ist es zweifellos die Funktion, welche die Aufmerksamkeit von Babys auf bestimmte Eigenschaften der Objekte lenkt, die dann für die weitere Kategorienbildung wichtig werden. Darin unterscheiden sich die Kleinen nicht von Erwachsenen. Wein-Flaschenöffner mögen ganz unterschiedliche Formen haben, aber sie sind für uns an einem kritischen Teil, einer Metall-Spirale, erkennbar.

Zwischenfazit

Wie man aus den Befunden zur Objektkategorisierung schließen kann, denken Babys unterschiedlich über verschiedene Arten von materiellen Einheiten, die ihnen im Alltag begegnen. Es macht daher Sinn anzunehmen, dass sich auch ihr Wissen über globale Objektarten auf verschiedene Weise entwickelt, so etwa das Wissen über Lebewesen und Artefakte. Ausgehend von dieser Grundannahme bevorzugen heute die meisten kognitiven Entwicklungspsychologen einen *domänenspezifischen Ansatz* für die Beschreibung der Denkentwicklung. Man verspricht sich einfach mehr davon, für jede Wissensdomäne einzeln nachzufragen, mit welchem Wissen Kinder zu Welt kommen, wie sie geistige Repräsentation von Objekten aufbauen und Relationen zwischen Einheiten verstehen, als davon, nach übergreifenden Mechanismen der Entwicklung zu suchen, wie dies Piaget versucht hatte. Was das konkret bedeutet, wird deutlich, wenn wir uns nachfolgend drei zentralen Wissensdomänen und ihrem Aufbau im ersten Lebensjahr widmen: der Physik, der Mathematik und der Psychologie.

Physikalisches Denken

Die Forschung zum physikalischen Denken im Säuglingsalter wird bis heute durch zwei Wissenschaftlerinnen entscheidend geprägt, die zusammen mit ihren Mitarbeitern und Doktoranden eine Vielzahl kreativer Experimente konzipiert haben. Dabei handelt es sich um Renée Baillargeon und Elisabeth Spelke. Beide Frauen arbeiten hauptsächlich mit dem *Erwartungsverletzungsparadigma*. Sehr häufig werden Säuglinge zunächst an eine Szene gewöhnt, die ihnen wiederholt vorgespielt wird. Dabei findet das eigentlich kritische Ereignis hinter einem Wandschirm statt, so dass die Babys auf der Basis ihres bereits vorhandenen Wissens Erwartungen darüber ausbilden, was passieren könnte, wenn der Wandschirm wieder entfernt wird. Ist diese Erwartung einmal aufgebaut, wird die Szene langweilig; die Babys sind familiarisiert. Nach dem Entfernen des Wandschirms sind dann abwechselnd zwei Szenen zu sehen: ein physikalisch mögliches Ereignis und ein physikalisch unmögliches Ereignis. In der Regel ähnelt das physikalisch unmögliche Ereignis den Familiarisierungsszenen stärker als das physikalisch mögliche Ereignis. Haben die Babys also kein Vorwissen, das ihre Erwartungsbildung beeinflusst, dann sollten sie das physikalisch mögliche Ereignis interessanter finden, weil es hier mehr äußerlich Neues zu sehen gibt. Haben sie aufgrund ihrer bisherigen Vorerfahrungen aber konkrete Erwartungen ausgebildet, dann sollten sie länger auf das physikalisch unmögliche Ereignis schauen, weil ihnen dieses fremd vorkommt. Aus diesem Grund wertet man eine Blickpräferenz für das physikalisch unmögliche Ereignis als Hinweis auf die Existenz physikalischen Wissens. Auch hier geht es wieder um Gruppenunterschiede in den Mittelwerten für Blickzeiten.

Dieses Paradigma ist unter anderem deshalb so interessant für die Forschung, weil hiermit nicht reine Wahrnehmungsprozesse, sondern Denkakte untersucht werden. Oft werden in Zusatzversuchen beide Testszenen ohne vorherige Habituation gezeigt, um zu prüfen, ob es auch dann eine Blickpräferenz gibt. Nur wenn das nicht der Fall ist, kann man argumentieren, dass Blickpräferenzen im Anschluss an die Familiarisierungsphase auf Erwartungsbildung zurückgehen. In jüngerer Zeit ist verschiedentlich Kritik an dieser Schlussfolgerung geübt worden, weil man letztlich nie ganz sicher sein kann, warum Kinder die eine oder die andere Testszene bevorzugt anschauen. Manchmal gibt es eine eindeutige Bevorzugung der vertrauten Szene.

Ausgehend von dieser Kritik interpretiert man Befunde, die mit diesem Paradigma ermittelt wurden, heute vorsichtiger. Ein einzelnes Experiment, das ein bestimmtes Blickmuster bei den Babys hervorruft, genügt daher schon lange nicht mehr als Grundlage für weitreichende Interpretationen. In der Regel führen Säuglingsforscher unendlich viele Kontrollstudien durch, ehe sie ihren eigenen Ergebnissen trauen. Doch auch das genügt wohl noch nicht. Erst wenn in verschiedenen Laboren mit unterschiedlichen Aufgaben ähnliche Beobachtungen gemacht werden, geht man tatsächlich von einem gesicherten Befund aus.

Gibt es angeborenes Kernwissen in der Physik?

Wissen Babys, dass es Schwerkraft gibt? Ist ihnen klar, dass ein Objekt nicht durch ein anderes hindurch gehen kann und dass es seine Bewegungsbahn nicht von alleine verändert? Elisabeth Spelke war die Erste, die behauptet hat, Kinder kämen mit wenigen, klar umgrenzten Annahmen über die Physik zur Welt und reicherten ihr Wissen erst nach und nach um diese Grundannahmen herum an. Dieses so genannte *Kernwissen* könnte sich durch Prozesse der Evolution genauso herausgebildet haben wie Mechanismen der Wahrnehmung. Weil es dem kindlichen Organismus hilft zu überleben (indem es dem Baby ermöglicht, seine Erfahrungen mit Objekten von Anfang an zu strukturieren), trägt es wesentlich zur geistigen Entwicklung bei. Was aber soll eigentlich zum Kernwissen gehören? Spelke benennt drei Kernannahmen, die für physikalische Objekte und ihre Bewegung im Raum gelten sollen: (1) *Kohäsion:* Objekte sind ganze Einheiten mit definierbaren Außengrenzen. (2) *Kontinuität:* Objekte bewegen sich auf kontinuierlichen Bahnen. Sie nehmen einen definierten Raum ein. (3) *Kontakt:* Objekte nehmen nur dann auf andere Objekte Einfluss, wenn sie diese berühren. Die Bedeutung des Kontaktprinzips für das Denken von Babys war schon im Zusammenhang mit der Unterscheidung belebt–unbelebt ausführlich erörtert worden. Die anderen beiden Prinzipien sind jedoch neu und sollen daher näher erklärt werden:

Würden Babys das *Prinzip der Kohäsion* nicht kennen, wäre es für sie unmöglich, Objekte im Sichtfeld zu differenzieren, zu identifizieren oder in Bewegung zu verfolgen. Wie wir aus der Allgemeinen Psychologie wissen, helfen uns die Gestaltgesetze, Objekte als Einheiten mit definierbaren Außengrenzen wahrzunehmen. Im Kapitel über die visuelle

Wahrnehmung war davon die Rede, dass Babys schon mit fünf bis sechs Monaten so genannte subjektive Konturen wahrnehmen – ein klares Beispiel dafür, dass unser Wahrnehmungssystem sogar Konturen ergänzt, um zu einer ganzheitlichen Objektwahrnehmung zu gelangen.

Die Anwendung des *Kontinuitätsprinzips* ermöglicht es Babys, früh zu lernen, dass ein Gegenstand, der hinter einem anderen verschwindet, irgendwann wieder zum Vorschein kommen wird. Wenn Sie sich beim nächsten Einkauf einmal ganz bewusst im Straßenverkehr umschauen, werden sie schnell feststellen, dass permanent Objekte hinter anderen verschwinden und wieder auftauchen. Versuchen Sie, sich auszumalen, wie kompliziert es wäre, alle Wahrnehmungseindrücke zu verarbeiten, wenn Sie nicht davon ausgehen könnten, dass sich Objekte auf kontinuierlichen Bahnen bewegen. Ihr Gehirn wäre ganz schön überfordert, weil dauernd irgendwo etwas aus dem Nichts auftauchen und wieder ins Nichts verschwinden würde. Genauso würde es Babys gehen, wenn sie nicht über die Kontinuitätsannahme verfügten.

Das Kontinuitätsprinzip hilft uns, Vorhersagen über die Bewegungsbahn von Objekten zu machen. Das ist für das Überleben von entscheidender Bedeutung. Sie könnten keine Straße lebend überqueren, ohne dieses Prinzip anzuwenden. Ohne die Kontinuitätsannahme wäre es auch nur schwer vorstellbar, dass Kinder *Objektpermanenz* entwickeln; schließlich gründet sich diese Einsicht auf die Erkenntnis, dass Gegenstände nicht dematerialisieren, sondern auch außerhalb der eigenen Wahrnehmung einen definierten Raum einnehmen.

Eng verbunden mit der Kontinuitätsannahme ist das *Soliditätsprinzip*. Erwachsene verstehen, dass materielle Dinge, deren Bewegungsbahnen sich kreuzen, zusammenstoßen müssen, weil sie nicht gleichzeitig exakt dieselbe Position im Raum einnehmen können. Letztlich ist diese Einsicht wesentlich für die Entwicklung der räumlichen Wahrnehmung, denn den Tiefenhinweisreiz der *Verdeckung* kann man nur nutzen, wenn klar ist, dass sich ein Objekt, von dem man einen Teil nicht mehr sieht, räumlich hinter einem zweiten befinden muss. Wieder einmal wird damit deutlich, wie eng verschränkt Wahrnehmung und Denken beim Kind von Anfang an sind.

Studien von Elisabeth Spelke legen den Schluss nahe, dass das Soliditätsprinzip schon extrem früh – nämlich ab zweieinhalb Monaten angewendet wird. Spelke entwickelte zum Nachweis die folgende Aufgabe: Sie ließ einen Ball von oben nach unten fallen. Auf halbem Wege verschwand er hinter einem Wandschirm. Nach einer kurzen Zeit wurde der Wandschirm entfernt und das Kind sah den Ball auf der Tischplatte liegen – so wie es sich auch erwarten lässt. Diese Szene wurde so lange gezeigt, bis das Kind sie nicht mehr interessant fand. Dann stellte der Versuchsleiter eine Art Bank auf die Tischplatte – mitten in die Bewegungsbahn des Balles. Ein Wandschirm verdeckte wieder die Sicht auf das kritische Geschehen. Nachdem der Ball erneut von oben nach unten gefallen war, wurde der Wandschirm entfernt und gab die Sicht frei auf eine von zwei Testszenen: Die erwartungskonforme Szene zeigte den Ball auf der Bank liegend, also höher als vorher. Die erwartungsverletzende Szene zeigte den Ball unter der Bank liegend, also auf der gleichen Position wie in den Familiarisierungsszenen. Dabei blieb ungeklärt, wie der Ball durch die Bank gekommen sein sollte.

Schon wenige Wochen alte Säuglinge fanden die letztgenannte Konstellation interessanter als den Anblick des Balles, der auf der Bank lag. Ähnliche Experimente wurden auch in der Waagerechten durchgeführt. Hier benutzte man anstelle eines fallenden Balles einen rollenden und anstelle einer Bank eine Mauer, die man der Bewegung des Balles in den Weg stellte. Unter diesen Umständen reagierten die Babys ganz ähnlich wie im vorherigen Versuch. Eine Verletzung des Kontinuitäts- und des Soliditätsprinzips führt also schon bei sehr jungen Babys zu längeren Blickzeiten für die Szene mit dem unerwarteten Ausgang.

Studien zum Wissen über Solidität

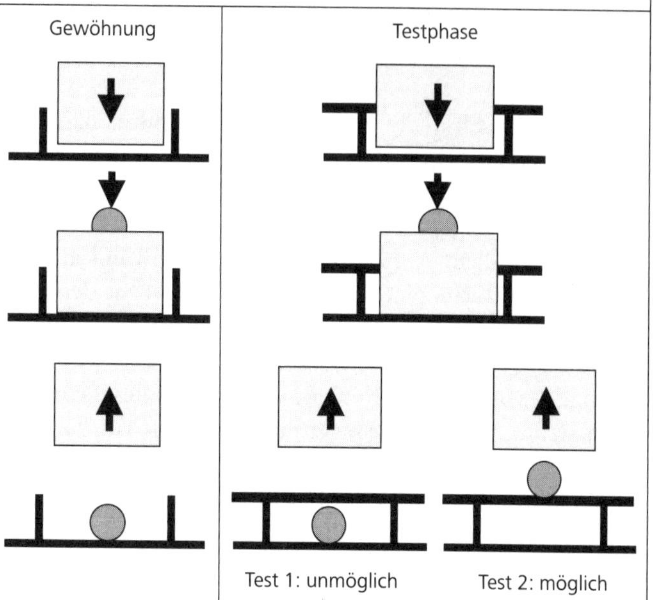

In der *Gewöhnungsphase* senkt sich zunächst ein Wandschirm auf die Bühne, dann fällt ein Ball hinter dem Wandschirm herab, und wenn sich der Schirm wieder hebt, sieht man den Ball am Boden liegen. Diese Szene wird wiederholt präsentiert.

In der *Testphase* wird erst ein Zwischenboden eingezogen und dann der Wandschirm erneut gesenkt. Ein Ball fällt von oben. Wird anschließend der Schirm entfernt, gibt er den Blick frei auf eine von zwei Testszenen: Der Ball liegt unter dem Zwischenboden (unmöglich) oder auf dem Zwischenboden (möglich).

Anders verhält es sich, wenn Kinder zunächst an die Szene mit der Bank gewöhnt werden, welche dann vor Beginn der Testphase entfernt wird. Sehen die Babys nun, nachdem der Wandschirm entfernt wurde, dass der Ball auf der Tischplatte liegt (erwartungskonform, aber an einem neuen Ort), dann finden sie diesen Anblick genauso interessant wie wenn sie den gleichen Ball frei schwebend in der Luft entdecken (erwartungsverletzend, aber am gleichen Ort wie zuvor). Der letztgenannte Fall stellt einen Widerspruch zum Prinzip der Trägheit und der Schwerkraft dar – zwei physikalische Gesetze, die nach Vorstellung von Spelke erst später verstanden werden.

Das Gesetz der *Trägheit* von Massen geht davon aus, dass ein Gegenstand die Geschwindigkeit und Richtung seiner Bewegung solange beibehält, bis er entweder auf ein Hindernis stößt (im vorliegenden Fall also die Tischplatte), etwas seine Bewegungsbahn blockiert (die Bank) oder eine externe Kraft auf ihn einwirkt (was nicht der Fall war). Das Gesetz der *Schwerkraft* postuliert, dass sich alle Gegenstände, die man auf unserem Planeten finden kann, zur Erdoberfläche hin bewegen, wenn keine andere Kraft sie daran hindert und sie nirgends aufliegen. Beide Gesetze wurden in der Testszene mit schwebendem Ball verletzt, aber die Babys schienen sich daran nicht zu stören. Nach Auffassung von Spelke beginnen Kinder mit ca. acht bis zehn Monaten erstmals, auch diese beiden Prinzipien in ihrem Denken zu berücksichtigen. Allerdings bleibe das entsprechende Wissen noch lange fragil und erweise sich im Entwicklungsverlauf als weniger robust.

Renée Baillargeon teilt die Annahme von Elisabeth Spelke, dass Säuglinge physikalische Ereignisse in Einklang mit den Prinzipien der *Kontinuität* und der *Solidität* interpretieren. Als Bestätigung dieser Hypothese berichtet die Autorin von verschiedenen Studien mit zweieinhalb Monate alten Babys. In einem dieser Versuche saßen die Babys vor einer kleinen Bühne mit zwei Wandschirmen, zwischen denen in der Mitte eine Lücke blieb. Sahen sie, wie eine Mickeymaus vom linken Bühnenrand her quer über die Bühne wanderte und dabei hinter beiden Wandschirmen entlang glitt, aber in der Lücke auftauchte, so fanden die Kinder diese Szene nicht so interessant wie eine andere, in der die Mickeymaus den gleichen Weg nahm, aber nicht zwischen beiden Wandschirmen auftauchte (weil faktisch hinter jedem Wandschirm eine Mickeymaus stand). Baillargeon sieht hierin ein Indiz dafür, dass die Kinder die Verletzung der Kontinuitätsannahme bemerkt haben.

Die Vorstellung, Kinder kämen mit angeborenem Kernwissen zur Welt, gilt bis heute als umstritten. Dafür gibt es verschiedene Gründe: Zunächst lässt sich kaum ausschließen, dass Babys entsprechendes Wissen in den ersten Lebenswochen bis zum dritten Monat durch Erfahrung erwerben. Vergleichbare Studien mit Neugeborenen durchzuführen ist vorerst nicht möglich, weil ihre Sehfähigkeiten noch nicht gut genug ausgeprägt sind. Somit bleibt unklar, ob Kernwissen angeboren ist oder früh gelernt wird.

Weiteren Anlass für Zweifel an der Kernwissenshypothese gibt der Umstand, dass die Mehrzahl von empirischen Belegen für frühes physikalisches Wissen mit Hilfe des Erwartungsverletzungsparadigmas gewonnen wurde. Wie bereits angedeutet, hat diese Methode Kritiker, die Ergebnisse in entsprechenden Aufgaben nicht als überzeugende Belege für höhere geistige Fähigkeiten betrachten, weil stets nur indirekt von Blickpräferenzen auf die Anwendung von Wissen geschlossen wird.

Umgekehrt muss man sagen, dass Studien unterschiedlicher Art (aus verschiedenen Laboren) offensichtlich ähnliche Schlüsse nahe legen. Es ist also schon sinnvoll, auf der Basis entsprechender Erkenntnisse weiter zu denken. Immerhin hat man keine Probleme damit, sich vorzustellen, dass es angeborene Wahrnehmungsschemata und -präferenzen gibt (z.B. eine angeborene Vorliebe, Gesichter anzuschauen). Wenn dies möglich ist, warum sollte es dann nicht auch möglich sein, dass andere Mechanismen der neuronalen Verarbeitung – auch solche, die höhere Denkprozesse vorbereiten – angeboren sind? Wie in jedem Wissensbereich, so gilt natürlich auch für die Physik, dass der größte Teil dessen, was unser Denken zu diesem Thema angeht, im Verlauf der Kindheit und auch später noch weiter entwickelt wird. Spelke und Baillargeon würden das genauso sehen und haben in ihren Arbeiten viel Mühe darauf verwendet, diese Entwicklung für bestimmte

Teilbereiche nachzuzeichnen. Nachfolgend gehe ich auf einige ausgewählte Bereiche näher ein.

Die Entwicklung des Denkens über Unterstützungsrelationen

Wer kennt sie nicht, die Situationen, in denen Babys mit großer Freude und Ausdauer immer wieder etwas vom Tisch fallen lassen, damit Mama oder Papa es wieder aufheben und das Spiel von Neuem beginnen kann? Was erfahren Babys in solchen Spielen und was wissen sie vielleicht schon darüber? Fragen dieser Art klangen ja schon in den Experimenten zur Schwerkraft von Elisabeth Spelke an, die gezeigt haben, dass Säuglinge sich nicht unbedingt wundern, wenn ein Gegenstand, der nirgends aufliegt, frei in der Luft schwebt. Eigentlich scheint das merkwürdig, wenn man bedenkt, wie viel Erfahrung sie von Geburt an mit Schwerkraft sammeln können.

Auch Renée Baillargeon hat sich diesem Thema gewidmet: Um mehr darüber zu erfahren, hat sie Babys ein rechteckiges gestreiftes Podest präsentiert. Auf diesem Podest befand sich eine quadratische Box anderer Farbe. Baillargeon variierte, wie weit die Box über den Rand des Podestes hinausgeschoben wurde, ohne herunterzufallen (30 bzw. 85 Prozent der Auflagefläche).

Studie zum Wissen über Unterstützungsrelationen

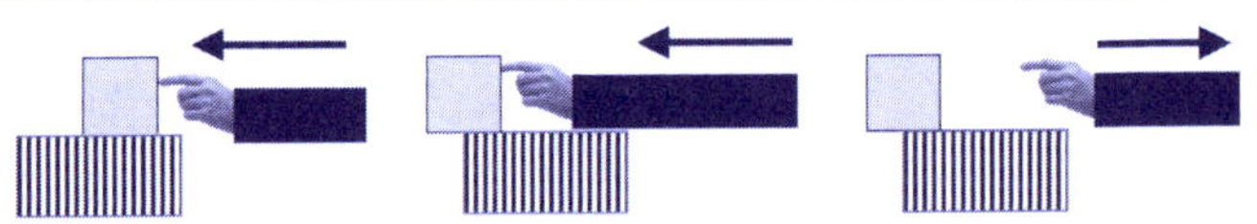

Eine Hand schiebt eine Box über ein gestreiftes Podest, bis diese am Rand übersteht. Dann zieht sich die Hand zurück. Variiert wird, wie weit die Box übersteht (35 %, 85 %, 100 %).
Die interessierende Forschungsfrage lautet: Erkennen Babys den Unterschied zwischen dem physikalisch möglichen Ereignis (Box steht 35 % über) und dem unmöglichen Ereignis (Box steht 85 % oder 100 % über)?

Aus physikalischer Sicht ist dafür der Masseschwerpunkt entscheidend. Im Normalfall würde man annehmen, dass die Box fällt, sobald man sie mit mehr als 50Prozent ihrer Bodenfläche über den Abgrund schiebt. Aus der Sicht von Babys liegt der Fall anders: Wie Baillargeon herausgefunden hat, scheinen Kinder unter einem halben Jahr von einer vereinfachten Regel auszugehen: Solange die obere Box überhaupt Kontakt zur unteren hat (auch wenn sie fast vollständig über dem Abgrund schwebt), wird sie nicht fallen. Erst ab sechseinhalb Monaten wird ihnen langsam bewusst, dass die Szene, in der die obere Box mit 85Prozent über dem Abgrund schwebt, eigentlich nicht möglich ist. Jedenfalls schließt Renée Baillargeon das aus dem Vergleich der Blickzeiten mit denen in einer Kontrollbedingung. Hier befand sich direkt neben dem gestreiften Podest noch ein weiteres einfarbiges Podest, so dass die Box faktisch gar nicht fallen konnte, egal wie weit sie über den Rand der gestreiften Box hinaus geschoben wurde. Die Autorin fand keine Unterschiede im Blickverhalten zwischen beiden Bedingungen, wenn die Box nur 30Prozent über den Rand der gestreiften hinaus geschoben wurde, sehr wohl aber einen Unterschied in der 85-Prozent-Bedingung. Hier schauten Babys über sechs Monate deutlich länger auf die Szene mit der schwebenden Box als auf die Kontrollszene.

An dieser Stelle zeigt sich sehr schön, wie der Prozess des Wissenserwerbs nach Baillargeon verlaufen könnte: Von völligem Unwissen über Unterstützungsrelationen (siehe Spelkes Versuch mit dem fallenden Ball), über die einfache Regel: wenn Kontakt (egal wie viel), dann Unterstützung, bis hin zu der differenzierteren Regel: Es kommt auf die Menge des Kontakts/der Unterstützung an. Irgendwann, allerdings erst deutlich später, mag noch die Erkenntnis hinzukommen, dass die Menge der Fläche oder des Volumens eines Objektes nicht wirklich entscheidend ist, sondern vielmehr der Masseschwerpunkt, aber das passiert sicher nicht im Säuglingsalter.

Nach der Vorstellung von Renée Baillargeon ist die Erwartungsbildung von Babys in Versuchen der hier geschilderten Art immer auch als *Problemlöseprozess* zu verstehen, in dem die Kinder Wissen unterschiedlicher Art kombinieren, um Vorhersagen zu machen. Dies lässt sich gut an den Versuchen mit der verschobenen Box demonstrieren. Hier hatte sich gezeigt, dass sechseinhalb Monate alte Babys von einer Box, die nicht mit einem hinreichend großen Teil ihrer Bodenfläche auf einem Podest aufliegt, erwarten, dass sie nach unten fällt. Im Alter von dreieinhalb Monaten reagierten sie nur dann überrascht, wenn die Box überhaupt nirgends mehr auflag und frei in der Luft schwebte. Anders verhielt es sich jedoch, wenn eine menschliche Hand die Box über den Abgrund schob. Hatte die Hand weiterhin physischen Kontakt zur Box, indem sie die Box entweder festhielt (Kontrollbedingung) oder mit dem Zeigefinger berührte (Experimentalbedingung), so zeigten die Kinder keine Blickpräferenz für Testszenen, in denen die Box nirgends mehr auflag. Nur wenn sich die Hand zurückzog und die Box alleine in der Luft schwebte, reagierten die Kinder auf das unmögliche Ereignis mit gesteigertem Interesse. Renée Baillargeon interpretiert dieses Ergebnis als Beleg dafür, dass Babys über die Situation nachdenken und physikalische Schlussfolgerungen ziehen, die von den Rahmenbedingungen der Szene abhängen. Dabei gehen sie zum Teil von vereinfachten Vorstellungen aus (solange ein Objekt ein anderes berührt, fällt es nicht), aber sie reagieren flexibel und machen sich einen Reim auf das, was sie konkret sehen.

Einschränkend gilt es zu beachten, dass Renée Baillargeon und Elisabeth Spelke unterschiedliche Annahmen über das Verständnis der Babys von Schwerkraft zu haben scheinen. Während Spelke sagt, dass sich dieses Verständnis erst mit acht bis zehn Monaten entwickle, geht Baillargeon indirekt davon aus, dass es bereits bei dreieinhalb Monate alten Babys vorhanden ist. Wichtig ist in diesem Zusammenhang die Berücksichtigung der genauen Bedingungen, unter denen eine bestimmte Art von Wissen zur Anwendung kommt. So mag es durchaus sein, dass die zeitliche Abfolge, die konkret beteiligten Objekte und deren räumliche Beziehung zueinander wichtig dafür sind, ob Babys eines bestimmten Alters konkrete Erwartungen ausbilden. Unabhängig von solchen methodischen Feinheiten lässt sich aber feststellen, dass Wissen über Schwerkraft sich offensichtlich im Verlauf des ersten Lebensjahres entwickelt.

Die Entwicklung des Denkens über räumliche Relationen

Es ist eine Sache zu wissen, was die Begriffe oben und unten, vorne und hinten, größer und kleiner bedeuten. Eine andere Sache ist es, dieses Bedeutungswissen zu nutzen, um die Welt zu verstehen. Wir müssen uns immer wieder klar machen, dass das erste Lebensjahr für Kinder ganz wichtig ist, um die Grundlagen für solche Verstehensprozesse zu entwickeln. Eine interessante Versuchsserie zum Thema stammt wieder von Renée Baillargeon:

Die Forscherin wollte das kindliche Verständnis von *Größenrelationen* untersuchen. Dazu zeigte sie Babys im Alter von fünfeinhalb Monaten eine Hasenfigur, die erst von rechts nach links und dann zurück über eine Bühne glitt. In der Mitte der Bühne stand ein Wandschirm, hinter dem die Hasenfigur zeitweise verschwand. Den Kindern wurden abwechselnd Szenen mit einem kleinen oder großen Hasen gezeigt, bis sie sich daran satt gesehen hatten. Nach Beendigung der Familiarisierungsphase wurde aus dem Wandschirm ein Stück entfernt, so dass ein großes, nach oben offenes Fenster entstand.

In der Testphase sahen die Babys weiterhin Bewegungsszenen mit den beiden Hasen, die im Fensterausschnitt des Wandschirms nicht auftauchten. Für den kleinen Hasen handelte es sich dabei um ein mögliches Ereignis, weil seine Hasenohren noch unterhalb des Fensterrandes blieben. Für den großen Hasen aber handelte es sich um ein unmögliches Er-

Studie zum Wissen über Unterstützungsrelationen

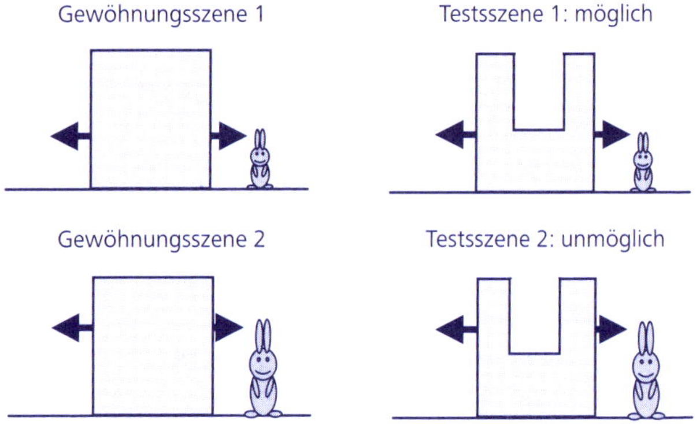

In der *Gewöhnungsphase* wird das Kind mit zwei abwechselnd präsentierten Szenen vertraut gemacht: Ein kleiner Hase (Szene 1) oder ein großer Hase (Szene 2) gleiten hinter einem Wandschirm hin und her.
Zu Beginn der *Testphase* wird aus dem Wandschirm der mittlere obere Teil entfernt. Dann wechseln sich wieder der kleine und der große Hase dabei ab, hinter dem Wandschirm entlangzugleiten. In der Lücke des Wandschirms ist nichts zu sehen. Dabei handelt es sich im Fall des kleinen Hasen um ein mögliches und in dem Fall des großen Hasen um ein unmögliches Ereignis.

eignis, denn seine Ohren hätten im Fenster auftauchen müssen. (Tatsächlich wurden zwei große Hasen verwendet: einer stand links und einer rechts der Fensteröffnung.) Die fünfeinhalb Monate alten Babys reagierten mit verstärkter Aufmerksamkeit auf das unmögliche Ereignis, also die Szene mit dem großen Hasen.

Renée Baillargeon machte den gleichen Versuch dann noch einmal in einer leicht variierten Form. Sie gewöhnte die Kinder nur an Szenen mit dem kleinen Hasen, der hinter dem vollständigen Wandschirm entlang rutschte. Vor Beginn der Testphase entfernte sie entweder den oberen oder den unteren Teil des Wandschirms. Das unmögliche Ereignis bestand nun darin, dass der kleine Hase nicht im unteren Fenster auftauchte, wenn er sich hinter dem Wandschirm bewegte. Beim möglichen Ereignis tauchte er nicht im oberen Fenster auf. Zum Erstaunen der Wissenschaftlerin differenzierten fünfeinhalb Monate alte Babys nicht zwischen beiden Testszenen. Baillargeon interpretiert das als Hinweis auf die physikalische Problemlösefähigkeit der Kinder. Sie glaubt, die Kinder nahmen an, dass sich zu beiden Seiten des Fensters jeweils ein Hase befindet (was auch tatsächlich der Fall war).

Allerdings muss man grundsätzlich vorsichtig sein, wenn von negativen Ergebnissen auf höhere geistige Leistungen geschlossen wird. Es gibt dann nämlich immer auch noch alternative Erklärungen (beispielsweise, dass die Kinder einfach keinen Unterschied zwischen den Testszenen sehen). Ob Renée Baillargeon tatsächlich Recht hat oder ob es eine einfachere Begründung für die fehlende Blickpräferenz gibt, bleibt daher vorerst offen. Unterstellt man einmal, die Säuglinge hätten tatsächlich über räumliche Relationen nachgedacht, so wären die Ergebnisse einmal mehr ein starkes Argument dafür, dass Babys sehr früh über *Objektpermanenz* verfügen, wobei sie nicht nur zu wissen scheinen, dass etwas hinter dem Wandschirm ist, sondern auch, wie groß es ist, wie es sich bewegt und unter welchen Umständen es zu sehen sein sollte.

Eine weitere Versuchserie beschäftigt sich mit *Inhaltsrelationen*. Renée Baillargeon und ihre Mitarbeiterinenn setzten Babys im Alter von fünfeinhalb Monaten vor eine kleine Bühne, auf der zwei Verdeckungen – ein durchsichtiger Plastikbecher und ein etwas größerer Käfig – zu sehen waren. Im Käfig befand sich ein kleiner Bär. Nachdem die Kinder diese Szene eine kurze Weile betrachtet hatten, wurde ein Wandschirm vor die Objekte geschoben, so dass man sie nicht mehr sehen konnte. Im nächsten Schritt bewegte sich eine Hand hinter den Wandschirm, kam mit dem Käfig wieder zum Vorschein und verschwand am Bühnenrand. In einem zweiten Schritt griff die leere Hand wieder auf die Bühne, langte hinter den Wandschirm und holte den Bären hervor. Diese Ereignissequenz ist möglich. Unmöglich war dagegen eine Sequenz, bei der sich der kleine Bär am Anfang der Szene unter dem

Studie zum Wissen über Inhaltsrelationen

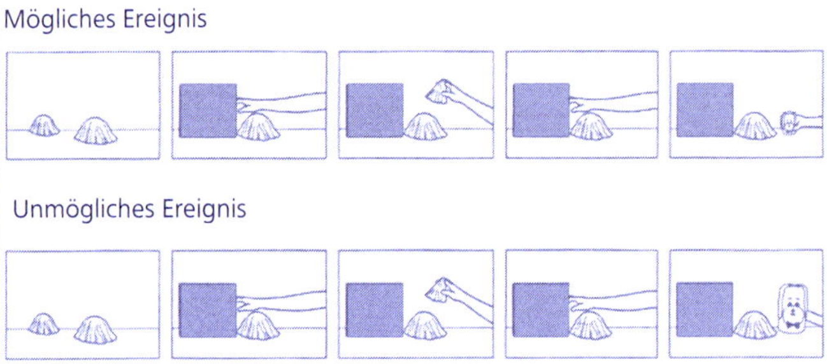

In diesem Versuch sieht das Kind zwei unterschiedlich große Objekte, die mit Tüchern bedeckt sind. Dann wird ein Wandschirm vor das kleinere Objekt gestellt und eine Hand greift hinter den Wandschirm.
Von dort holt sie entweder ein kleines Objekt hervor (mögliches Ereignis) oder ein großes Objekt (unmögliches Ereignis).

Plastikbecher befand. Jetzt war es unmöglich, dass die Hand erst den Käfig und dann den Bären hinter dem Wandschirm hervorholte, weil der Becher noch nicht entfernt worden war.

Obwohl die Testszenen zwischen Kontroll- und Versuchsbedingung identisch waren, betrachteten die Kinder die unmögliche Ereignissequenz länger als die mögliche. Wurde der gleiche Versuch allerdings mit einem Plastikbecher durchgeführt, der mit der Öffnung nach oben dastand und bei dem der Kopf des Bären über den Becherrand hinaus ragte, so dass er problemlos von oben aus dem Becher gehoben werden konnte, gab es keinen Unterschied mehr zwischen Versuchs- und Kontrollbedingung. Aus ihren Ergebnissen zog Renée Baillargeon verschiedene Schlüsse: (1) Kinder des untersuchten Alters mussten über Objektpermanenz verfügen und die beteiligten Objekte (Bär, Becher, Käfig) auch dann repräsentieren, wenn sie hinter dem Wandschirm verborgen waren. (2) Es musste ihnen klar sein, dass die Hand nicht durch den Plastikbecher hindurch greifen konnte, was eine Verletzung des Soliditätsprinzips bedeuten würde.

Zwischenfazit

In vorangegangenen Abschnitt wurden Studien von Spelke, Baillargeon und Mitarbeitern beschrieben, die sich alle mit dem Wissen und Verständnis physikalischer Gesetze im ersten Lebensjahr befassen und das *Erwartungsverletzungsparadigma* verwendet haben. Sieht man einmal von den konkreten Inhalten ab, mit denen sich einzelne Versuche beschäftigen, so werden derzeit drei zentrale Thesen diskutiert: (1) Kinder kommen nicht nur mit bestimmten Wahrnehmungsfähigkeiten zur Welt, sondern sie verfügen auch über Kernwissen in der Physik. Dazu gehört das Wissen über die Kohärenz der Form sowie die Kontinuität der Existenz und Bewegung von Objekten, einschließlich des Wissens darum, dass zwei materielle Objekte nie gleichzeitig die gleiche Position im Raum einnehmen und sich nur durch direkten Kontakt gegenseitig in Bewegung versetzen. (2) Bei ihrer Interpretation physikalischer Ereignisse benutzen Babys zunächst recht allgemeine Regeln (z.B. Objekte, die direkten Kontakt zu anderen haben, fallen nicht). Diese allgemeinen Regeln werden erst durch zunehmende Erfahrung präzisiert (bezogen auf das Beispiel: Bei Objekten, die irgendwo aufliegen, kommt es darauf an, wie weit sie aufliegen; bei Objekten, die zu anderen Kontakt haben, kommt es darauf an, wie genau dieser Kontakt aussieht). (3) Babys interpretieren Situationen und reagieren flexibel auf unterschiedliche Konstellationen von Objekten und deren Beziehung zueinander. Sie sind von früh an physikalische Problemlöser.

Mathematisches Denken

Die Idee von der Domänenspezifität im kindlichen Denken wird besonders gut nachvollziehbar, wenn man sich bewusst macht, dass es etwas anderes ist, über Ursache und Wirkung nachzudenken als über Zahlen, Mengen und mathematische

Regeln. Aber ist das die Folge von Lernerfahrungen oder von Unterschieden der Verarbeitung im Gehirn, die vielleicht von Anfang an existieren? Bis man diese Frage beantworten kann, wird es wohl noch eine Weile dauern. Zunächst muss man herausfinden, was Babys überhaupt über Mengen wissen.

Wie wir sehen werden, nehmen sie Mengen schon im ersten Lebensjahr wahr und unterscheiden sie nach ihrer Größe. Bereits vor zwanzig Jahren wurde dies im Rahmen von Versuchen gezeigt, in denen man vier Monate alte Babys an verschiedene Konstellationen von 2 bzw. 3 Punkten gewöhnte. Nach der Familiarisierungsphase wurde im Test ein Punkt dazu gegeben oder weggenommen. In beiden Fällen reagierten die Kinder mit einem Anstieg ihres Interesses. Sie hatten also die Änderung bemerkt – und zwar unabhängig davon, ob sich die Punktanzahl vergrößert oder verkleinert hatte. Präsentierte man die gleiche Aufgabe mit einer größeren Punktzahl, so dass Veränderungen von 4 nach 6 Punkten (und umgekehrt) zu sehen waren, scheiterten die Babys. Ähnliche Beobachtungen machte man sogar bei Neugeborenen.

Prentice Starkey, der als Erster die Idee zu diesem Experiment gehabt hatte, dachte sich später noch weitere Aufgaben aus, um etwas über das mathematische Denken von Babys zu erfahren: In einem Versuch wurden den Kindern Bilder von zwei bzw. drei Punkten nebeneinander gezeigt. Aus einem Lautsprecher zwischen beiden Abbildungen ertönten dann entweder zwei oder drei Trommelschläge, wobei die absolute Länge der Tonfolgen jeweils konstant gehalten wurde. Im Alter von sechs bis acht Monaten bevorzugten die Kinder tatsächlich die Abbildung mit jener Punktzahl, die mit der Anzahl der Trommelschläge übereinstimmte. Aus diesen Befunden meinte man schließen zu können, dass Babys bis drei zählen können und dass sie eine Verbindung zwischen akustischer und visueller Wahrnehmung herstellen. Diese Annahme wirkte sehr stimulierend auf die Säuglingsforscher. Nun wollte man wissen: Können Babys wirklich zählen, oder erfassen sie Mengen eher unbewusst und intuitiv?

Vor mehr als zehn Jahren suchte Karen Wynn nach einer Möglichkeit, das zu testen. Sie hat fünf Monate alte Babys vor eine kleine Bühne gesetzt, auf der sie sahen, wie eine Mickeymaus einfach da stand und ein Wandschirm sich in regelmäßigen Abständen langsam vor ihr hob und senkte. Hatten sich die Kinder an diese Szene gewöhnt, passierte etwas Neues: Noch während der Wandschirm die Maus verdeckte, kam von der Seite eine Hand auf die Bühne, schob eine zweite Mickeymaus hinter den Wandschirm und zog sich wieder leer zurück. Anschließend wurde der Wandschirm angehoben und gab den Blick frei auf eine von zwei Testszenen: Entweder die Kinder sahen wieder nur eine Mickeymaus auf der Bühne stehen, weil die Versuchsleiterin an der Hinterwand der Bühne eine Klappe geöffnet und die neu hinzu gekommene Maus heimlich wieder entfernt hatte, als der Wandschirm die kritische Szene noch verdeckte (mathematisch-physikalisch unerwartetes Ereignis), oder sie sahen zwei Mickeymäuse (erwartetes Ereignis). Mit anderen Worten: Der Anblick von nur einer Maus war zwar vertraut, aber unerwartet, während der Anblick von zwei Mäusen unvertraut, aber erwartet war.

Versuche zur Mengenerfassung

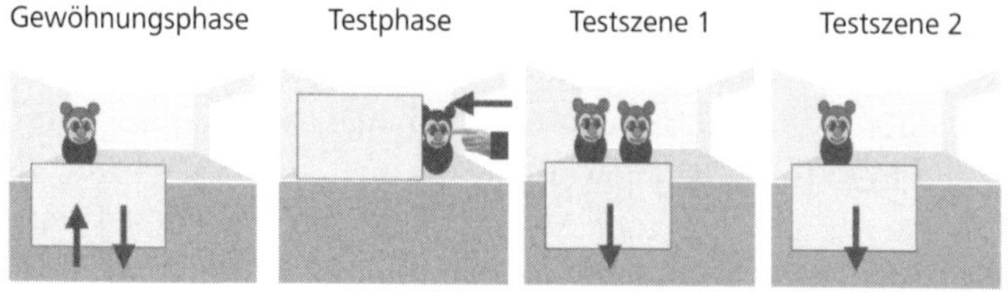

In der *Gewöhnungsphase* hebt und senkt sich ein Wandschirm vor einer Mickeymaus.
Die *Testphase* beginnt, wenn der Wandschirm die Maus bedeckt. Eine Hand schiebt eine weitere Mickeymaus hinter den Wandschirm und zieht sich dann zurück.
In den anschließenden Testszenen sieht man entweder 1 oder 2 Mäuse, sobald sich der Schirm wieder senkt. Es wird geprüft, welche Testszene das Kind interessanter findet.

Unter diesen Umständen schauten die Babys länger auf das Ereignis mit nur einer Maus. Nun könnte man einwenden, dies sei noch kein eindeutiges Indiz dafür, dass Babys eins und eins zusammen zählen können, sondern es sei auch denkbar, dass die Kinder generell lieber auf eine anstatt auf zwei Mäuse schauen. Dieses Argument ist aber nicht haltbar. Zwei Beobachtungen sprechen dagegen: (1) Unter Kontrollbedingungen (d.h. ohne vorherige Familiarisierungsphase) schauen die Babys länger auf die Szene mit zwei Mäusen. (2) Dreht man den Versuch um, indem man die Babys an die Gegenwart von zwei Mickeymäusen gewöhnt und vor Beginn der Testphase eine Hand erscheinen lässt, die eine der beiden Mäuse für das Kind gut sichtbar hinter dem Wandschirm herauszieht und wegnimmt, dann schauen die Kinder anschließend länger auf die Szene mit zwei Mäusen – also wiederum auf das unerwartete Ereignis.

Tony Simon und Susan Hespos haben das gleiche Experiment mit einer interessanten Variation eingeführt: Sie tauschten hinter dem Schirm eine der Figuren gegen eine eindeutig anders aussehende aus (Ernie gegen Bert), um zu prüfen, ob die Kinder wirklich nur auf eine Veränderung der Anzahl reagieren. Und so war es auch. Wenn wir uns an die Versuche von Fei Xu und Susan Carey zur *Objektindividuation* erinnern, scheint das kaum verwunderlich. Kinder repräsentieren, dass etwas hinter dem Wandschirm ist und möglicherweise auch, wie viel davon und wo genau, aber nicht unbedingt, wie das, was sich dort befindet, im Detail aussieht. Dafür sind ihre Gedächtnisfunktionen noch nicht weit genug entwickelt.

Karen Wynn hat ihre Experimente später noch mit weiteren Mengenkonstellationen durchgeführt (z.B. 3 minus 1, 5 plus 5 oder 10 minus 5) und dabei ihre ursprünglichen Ergebnisse bestätigt. Auch andere Forscher haben ihre Methode aufgegriffen und um intermodal angelegte Studien erweitert, die ähnliche Resultate erbrachten. Trotzdem ist bis heute umstritten, ob man aus den geschilderten Beobachtungen wirklich schließen darf, dass Babys zählen können. Warum?

Leslie Cohen und Kathryn Marks fanden Hinweise darauf, dass bei fünf Monate alten Kindern eine allgemeine Tendenz besteht, in Zählversuchen der geschilderten Art die vertraute Testszene zu bevorzugen – unabhängig davon, ob es sich um das mögliche oder unmögliche Ereignis handelt. Andere Studien weisen auf ein weiteres Problem hin: Informationen zur Anzahl vorhandener Objekte sind oft nicht eindeutig zu trennen von Informationen über andere physikalische Eigenschaften wie etwa den Prozentsatz der Fläche, die von den Objekten eingenommen wird oder der Länge sichtbarer Konturen. Denkt man etwa an das erste Experiment mit den Punkten, so muss man zugestehen, dass sich mit der Anzahl der Punkte (die alle gleich groß waren und in Schwarz vor weißem Hintergrund gezeigt wurden) auch die Größe der mit schwarzer Farbe bedeckten Fläche verändert hat. Es könnte also sein, dass die Babys nicht wirklich auf einen Wechsel der Anzahl von Punkten, sondern auf einen Wechsel der Menge von Schwarz und Weiß im Testbild reagiert haben. Das wäre zwar immer noch ein Beleg für ihre Fähigkeit, Quantitäten zu erfassen, aber nicht dafür, dass sie zählen können.

In ähnlicher Weise kann man argumentieren, dass Kinder in intermodalen Studien eine Übereinstimmung zwischen der gezeigten Punkte-Anzahl und der Anzahl von Trommelschlägen bevorzugten, weil sie auf die Dichte der Tonabfolge geachtet haben und nicht auf die Anzahl der Töne. Nachfolge-Studien dokumentieren, dass solche Argumente durchaus ernst genommen werden müssen. Es ist also generell sehr schwierig, aber äußerst wichtig, mit Material zu arbeiten, das das Risiko von Fehlschlüssen reduziert oder ganz vermeidet. Autoren, die dies versucht haben (dazu gehören unter anderem, Feigenson, Xu, Carey und Spelke) konnten die These von Karen Wynn nicht bestätigen. Allerdings machten sie eine andere interessante Beobachtung:

Im Alter von sechs Monaten konnten Babys zwischen 8 und 16 Punkten unterscheiden (die Abbildungen wurden bezüglich ihrer Helligkeit, Konturlänge, Dichte, Größe der Elemente und Größe des gesamten Bildes gleich gestaltet), nicht aber zwischen 8 und 12 Punkten. Ebenso konnten Kinder gleichen Alters zwischen 16 und 32 Punkten differenzieren, aber nicht zwischen 16 und 24 Punkten. Gleiches galt für die Unterscheidung zwischen 4 und 8 Punkten, aber nicht für 2 vs. 4 oder 1 vs. 2 Punkte. Was lässt sich aus einem solchen Ergebnismuster schließen?

Babys scheinen durchaus mit einem intuitiven Mengenverständnis auf die Welt zu kommen. Dafür muss es sich aber um Mengen mit mehr als drei Elementen handeln und um Unterschiede in einem Verhältnis von 2 : 1 (oder zumindest kleiner als 2 : 3). Diese Annahme wird zusätzlich gestützt durch Beobachtungen an Erwachsenen und an Tieren, die Folgendes zeigen: Ähnlich große Mengen sind schwerer zu unterscheiden als sehr unterschiedlich große Mengen. So macht es Tieren, Babys und auch Erwachsenen weniger Probleme, auf einen Blick den Unterschied zwischen 10 und 20 Einheiten zu erkennen als den Unterschied zwischen 19 und 20. Schon Säuglinge scheinen ein «ungefähres», aber in der Regel kein exaktes Gefühl für Mengen zu haben. Dabei ist es offensichtlich schwerer, Unterschiede zu erkennen, wenn es sich um große Quantitäten handelt. So wird der Unterschied zwischen 800 und 900 Einheiten nicht so leicht erkannt wie der Unterschied zwischen 100 und 200, obwohl es sich in beiden Fällen um die gleiche Differenz handelt. Diese Beobachtung gilt übrigens nicht nur für die Anzahl von Punkten, sondern auch für andere quantifizierbare physikalische Dimensionen wie etwa Helligkeit oder Lautstärke. Mittlerweile mehren sich die Hinweise darauf, dass die Quantifizierung von Eigenschaften in speziell dafür vorgesehenen Hirnregionen beider Schläfenlappen repräsentiert und unabhängig von der Art der Eigenschaft ist.

Interessanterweise scheint die Verarbeitung von kleinen Mengen und Zahlen eigenen Regeln zu folgen, denn die Ergebnisse aus entsprechenden Versuchen passen nicht so gut zu den Ergebnissen aus Studien, in denen mit Mengen größer als

3 gearbeitet wurde. Ließen Feigenson, Carey und Hauser zehn bis zwölf Monate alten Säuglingen die Wahl zwischen einem großen Kräcker und zwei kleinen Kräckern, die zusammen genau halb so viel Fläche einnahmen wie der große, entschieden sich die Kinder für den einen großen Kräcker. Durften sie jedoch zwischen einem größeren und zwei kleineren Kräckern wählen, wobei der größere nicht mehr doppelt so groß war wie die beiden kleineren zusammen, zeigten sie keine eindeutigen Vorlieben. Wenn alle Kekse gleich groß waren, entschieden sich die Babys eindeutig für die größere Anzahl, sofern die Wahl zwischen 1 und 2 oder 2 und 3 Keksen bestand. Dagegen gab es keine systematische Präferenz, wenn sie sich zwischen 2 und 4, 3 und 4 oder 3 und 6 Keksen entscheiden mussten und damit die magische Zahlengrenze von 3 überschritten wurde.

Die Autoren schließen aus den Ergebnissen, dass Mengen unter 3 bzw. 4 qualitativ anders verarbeitet werden als Mengen mit mehr Elementen. Ähnliche Beobachtungen wurden auch bei Affen gemacht, die kleinere Mengen von Äpfeln sehr gut unterscheiden konnten, aber bei Mengen mit über 4 Elementen scheiterten. Erwachsene, denen man ganz kurz ein Bild mit einer definierten Anzahl von Punkten zeigte und die dann gefragt wurden, wie groß die Anzahl war, brauchten umso länger für ihre Antwort, je größer die Anzahl der gezeigten Elemente war. Die Reaktionszeit stieg aber nicht gleichmäßig, sondern nur minimal (50 ms) mit jedem Element, solange die Gesamtzahl kleiner blieb als 4. Danach stieg sie mit jedem weiteren Element drastisch (300 ms) an. Solche und andere Beobachtungen führten zu der Hypothese, dass Menschen und andere höhere Säugetiere im Verlauf der Evolution einen intuitiven Zahlensinn zur Erfassung kleiner Mengen entwickelt haben, der es ihnen erlaubt, Mengen geringen Umfangs auf einen Blick zu erfassen, ohne zählen zu müssen. Das nennt man in der Fachsprache *subitizing*. Sobald wir mit größeren Mengen geistig operieren, wird das richtige Zählen notwendig. Da Babys hierzu noch nicht fähig sind, beurteilen sie Mengen nur grob. Unterschiede zwischen gegebenen Mengen müssen hinreichend groß sein, damit sie erkannt werden. Außerdem ist die Leistung besser, wenn es sich um überschaubare Mengen handelt.

Bis heute ist noch unklar, wie man sich die Erfassung kleiner Mengen genau vorstellen kann. Feigenson, Carey und Hauser gehen von dem Modell der *parallelen Individuation (object files)* aus. Dieses Modell besagt, dass unser Geist für jedes Objekt, das die Aufmerksamkeit seines Betrachters geweckt hat, einen eigenen *object file* im Geiste öffnet, wobei maximal 3 oder 4 solche *object files* parallel geöffnet sein können. Der Vorteil dieses Modells, das eher allgemeine Aussagen zum Aufmerksamkeitsverhalten macht, liegt vor allem darin, dass es erklären kann, wieso bestimmte physikalische Variablen (z.B. die von den Objekten eingenommene Fläche) Einfluss auf die Differenzierung von Mengen haben können. Hätten wir einen *analogen Zahlensinn* im Kopf, so dürften entsprechende Faktoren keinen Einfluss auf unsere Mengenbeurteilung haben und es wäre ausschließlich die Anzahl vorhandener Elemente entscheidend. Das ist jedoch nicht der Fall und auch aus biologischer Sicht wenig sinnvoll. Denken wir etwa an das Beispiel mit den Keksen: Wenn ich mehr zu essen haben möchte, interessiert mich eigentlich gar nicht die konkrete Anzahl von Keksen, sondern tatsächlich nur das Gesamtvolumen.

Denkbar ist auch, dass sowohl eine analoge Repräsentation von Mengen als auch die Öffnung von *object files* im Kopf parallel existieren: Vielleicht hat uns die Evolution darauf vorbereitet, kleine Mengen (Anzahlen) bis 4 auf einen Blick wahrzunehmen, und gleichzeitig mit der Fähigkeit ausgestattet, für jede Einheit einen eigenen *object file* zu öffnen. Diese Frage müssen zukünftige Forschungsarbeiten klären.

Zwischenfazit

Die Verarbeitung von Mengeninformation unterscheidet sich nicht grundsätzlich zwischen Babys und Erwachsenen, sondern scheint allgemeinen und vergleichbaren Regeln zu gehorchen. Offensichtlich werden Babys bereits mit der Fähigkeit geboren, Quantitäten zu unterscheiden. Sie können dies umso besser, je größer (absolut und relativ) die Unterschiede zwischen zwei gegebenen Mengen sind, und es fällt ihnen leichter, wenn eine kleinere Anzahl von Elementen im Spiel ist als wenn es sich um eine große Anzahl handelt. Zunächst wird dabei Information über die Anzahl mit Information über andere physikalisch relevante Faktoren (z.B. Flächengröße, Konturlänge der zu vergleichenden Elemente) kombiniert. Erst später gelingt es den Kindern, sich alleine an der Anzahl vorhandener Elemente zu orientieren. Wie schon für das physikalische Denken lässt sich auch für den Zahlensinn feststellen, dass Neugeborene vermutlich nicht als Tabula rasa zur Welt kommen, sondern gut darauf vorbereitet sind, Mengeninformationen effektiv zu verarbeiten.

Psychologisches Denken

Wie bereits mehrfach betont wurde, besteht eine Besonderheit von Lebewesen darin, ihr Bewegungsverhalten von innen heraus zu steuern. Anders als Bälle fallen Vögel in aller Regel nicht vom Himmel, bis sie auf ein Hindernis stoßen, sondern bleiben in der Luft, Fische schwimmen auch gegen die Strömung und Landtiere kriechen bzw. laufen auf nicht-linearen Bewegungsbahnen. Lebewesen aller Art starten und stoppen ihre Bewegung von sich aus. Aber warum tun sie das?

Sie haben ihre Gründe. Wenn wir das Verhalten von Lebewesen erklären wollen, sprechen wir von *Intentionen* und meinen damit Motive, Bedürfnisse, Interessen, Wünsche. Im vorliegenden Fall könnte es etwa sein, dass der Mensch Hunger hat und sich zum Tisch bewegt, weil er etwas essen will. Intentionen richten sich in der Regel auf ein bestimmtes Ziel (hier: etwas zu essen). Begreifen schon Babys, dass Lebewesen Intentionen haben und zielgerichtetes Verhalten zeigen? Wissen sie, dass jedes Lebewesen andere geistige Zustände hat, die man nur indirekt erschließen kann? Und haben sie schon eine Vorstellung davon, dass man in sozialen Zusammenhängen bestimmte Handlungsrollen einnimmt? Zu diesen Fragen gibt es eine Vielzahl spannender Untersuchungen, von denen hier nur wenige exemplarisch dargestellt werden können.

Erkennen Babys intentionales Verhalten?

Zunächst werde ich von Studien berichten, in denen gar keine wirklichen Lebewesen vorkommen, sondern nur abstrakte Figuren. Das ist zum Beispiel bei den Versuchen von Philipp Rochat und Mitarbeitern der Fall. Hier bewegen sich zwei Punkte unterschiedlicher Farbe auf einem Computerbildschirm. In einer Versuchsbedingung verhalten sich die Punkte wie Jäger und Gejagter, das heißt, ein Punkt beschleunigt und entfernt sich von dem andersfarbigen, sobald Letzterer ihm zu nahe kommt. Umgekehrt wird er immer langsamer, wenn sich die Distanz zum Verfolger vergrößert. Der zweite Punkt folgt stets dem Bewegungspfad des ersten Punktes. In einer weiteren Versuchsbedingung sehen die Kinder, wie sich zwei Punkte in vergleichbarer Weise bewegen, aber ihr Bewegungsmuster ist nicht koordiniert wie im ersten Fall. Beschleunigung und Verlangsamung sowie die Richtung der Bewegung sind also unabhängig voneinander. Gewöhnt man je eine Gruppe neun Monate alter Kinder an eine der beiden Szenen und zeigt ihnen anschließend die gleichen Szenen noch einmal, wobei nun beide Punkte ihre Rollen tauschen, so interessieren sich die Kinder in der Versuchsbedingung mit Jäger und Gejagtem mehr für die Testszenen als die Kinder der Versuchsbedingung, in der sich beide Objekte unabhängig voneinander verhalten. Dies wird als Hinweis gewertet, dass den Punkten nur in der ersten Bedingung eine soziale Rolle (und damit eine Intention) zugeschrieben wird und sich die Kinder dann wundern, wieso aus dem Jäger plötzlich ein Gejagter wird und umgekehrt. Im zweiten Fall gibt es keine vergleichbaren sozialen Rollen, so dass der Tausch keine weitere Bedeutung hat.

Gergely Csibra und Kollegen interessieren sich ebenfalls für das frühe Intentionalitätsverständnis von Babys und haben auch mit grafischen Figuren gearbeitet, die sich auf einem Computerbildschirm bewegen. In einem Versuch dieser Art, den die Arbeitsgruppe im Jahr 1995 veröffentlichte, sahen zwölf Monate alte Kinder einen großen und einen kleinen Kreis, die durch eine Barriere (ein schwarzes Rechteck) räumlich voneinander getrennt waren. Bevor die Bewegung begann, pulsierten beide Kreise zweimal. Das sah aus, als würden sie atmen. Dann rollte der kleine Kreis auf die Barriere zu, zog sich wieder ein Stück zurück und setzte anschließend zum Sprung über die Mauer an. Auf der anderen Seite angekommen, rollte er zum großen Kreis und beide pulsierten nochmals zusammen. Erwachsene unterstellten dem kleinen Kreis die Absicht, sich mit dem großen vereinigen zu wollen und dafür ein Hindernis zu überwinden.

In der Testphase wurde die Barriere entfernt. Die Wissenschaftler machten dabei folgende Vorhersagen: Wenn die Babys den kleinen Kreis als intentionales Wesen wahrnehmen, dann sollten sie im Test nicht verwundert sein, wenn sich der kleine Kreis nun auf direktem Wege dem Ziel nähert, auch wenn seine Bewegungsbahn damit stark von der Familiarisierungsphase abweicht. Wenn die Babys die Kreise aber nicht als intentionale Wesen interpretieren, dann sollten sie es normal finden, wenn sich der kleine Kreis trotz Entfernung der «Mauer» auf dem gleichen Bewegungspfad bewegt wie vorher und eher verwundert reagieren, wenn er plötzlich einen neuen Weg nimmt.

Versuche zum frühen Intentionsverständnis

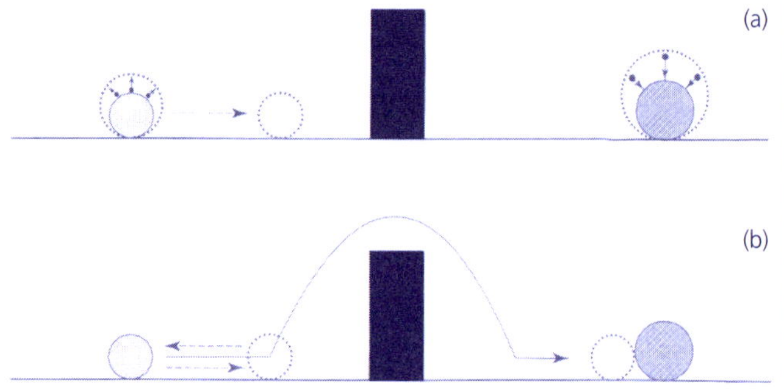

In der *Gewöhnungsphase* wird dem Kind eine Computeranimation von zwei pulsierenden Bällen (groß und klein) gezeigt, die auf gegenüberliegenden Seiten einer Barriere liegen. Der kleine Ball rollt ein Stück auf die Mauer zu, kehrt wieder um, setzt erneut an und springt über die Mauer, um nahe beim großen Ball zur Ruhe zu kommen.
In der *Testphase* wird die Mauer entfernt und die Kinder sehen abwechselnd zwei Testszenen: In Testszene 1 bewegt sich der kleine Ball wie zuvor. In Testszene 2 bewegte er sich linear auf den großen Ball zu.

Tatsächlich zeigten die Babys eine Blickpräferenz für die Testszene mit dem springenden Ball. Csibra und Mitarbeiter werten dies als Hinweis, dass die Babys das Geschehen als Handlung eines intentionalen Wesens interpretierten, von dem sie eigentlich dachten, es würde den direkten Weg zum Ziel wählen, wenn keine Barriere den Weg versperrt. Später hat Csibra den gleichen Versuch auch noch mit neun Monate alten Babys wiederholt und dasselbe Ergebnis ermittelt.

Nun mag sich der Leser fragen, warum beide Studien abstrakte Punkte oder Figuren auf Computermonitoren verwendet haben, um etwas darüber herauszufinden, wie Babys über Lebewesen denken. Die Antwort auf diese Frage ist eigentlich ganz einfach: Würde man keine Formen, sondern reale Lebewesen zeigen, könnte man nie klären, ob es Merkmale des Aussehens oder des Verhaltens sind, die Babys dazu bringen, bestimmte Erwartungen auszubilden. Eigentlich interessiert Babyforscher aber, welches *Verhalten* Objekte zeigen müssen, um als intentionale Wesen wahrgenommen zu werden. Daher ist es sehr nützlich, Versuche mit abstrakten Computeranimationen durchzuführen.

Ausgehend von den geschilderten Befunden lässt sich spekulieren, dass die Wahrnehmung von Intentionalität wahrscheinlicher wird, wenn Objekte ihr Verhalten auf andere Objekte oder Wesen abstimmen, ohne sich physikalisch zu berühren. Allerdings darf es sich vermutlich nicht um perfekte Kontingenz handeln. Stellt man sich vor, die beiden Punkte im ersten Versuch würden immer die gleiche Distanz zueinander halten, so entstünde der Eindruck, zwischen beiden gebe es eine unsichtbare Verbindung. Sie würden also nicht aufeinander reagieren, sondern ihr Bewegungsverhalten würde direkt voneinander abhängen, und dann wäre ein Rollenwechsel wohl lange nicht so interessant.

Denken Sie einen Moment lang daran zurück, was im ersten Kapitel über das soziale Engagement von Babys gesagt wurde: Neugeborene sind darauf angewiesen, dass Erwachsene ihre Signale wahrnehmen, dass sie verstehen, welche Bedürfnisse und Intentionen ihr Baby hat und ihm helfen, diese zu befriedigen. Es geht also von Anfang an darum, dass Lebewesen aufeinander reagieren. Dabei ist perfekte Kontingenz in den Reaktionen der Eltern auf ihre Kinder nicht unbedingt optimal für die Entwicklung. Besser scheint es, wenn die elterlichen Reaktionen im Prinzip vorhersagbar, nicht aber hundertprozentig berechenbar sind. Denn auch das macht das Verhalten von Lebewesen zu etwas Besonderem: Sie reagieren flexibel, abhängig von ihren eigenen Intentionen, den physikalischen Rahmenbedingungen und den Bedürfnissen eines anderen Wesens. Und ihr Verhalten ist in der Regel rational, obwohl es sich nur selten exakt vorhersagen lässt. Das zu begreifen, ist eine zentrale, aber keinesfalls triviale Entwicklungsaufgabe der frühen Kindheit.

Wie schon erwähnt, sind Intentionen zielgerichtet. Die Intentionen in den oben beschriebenen Versuchen waren «vor

Verfolger fliehen», «Verfolgten jagen», «sich dem anderen annähern». Im zweiten Versuch gab es dabei noch eine interessante Rahmenbedingung: Wenn ein konkretes Handlungsziel vorliegt und vom Kind als solches erkannt wird, dann erwartet es offensichtlich nicht, dass dieses Ziel immer auf die gleiche Weise erreicht wird, sondern auf dem bestmöglichen Weg. Das zeigt sich auch im Imitationsverhalten.

Intentionalitätsverstehen im Umgang mit Menschen

Die Intention anderer zu verstehen – zu begreifen, warum ein Mensch etwas tut und es auf ganz bestimmte Weise tut – ist gar nicht so einfach. Die auffälligsten Veränderungen lassen sich hier im Alter zwischen zwei und fünf Jahren beobachten, also jenseits des ersten Lebensjahres. Es gibt jedoch erste Vorläufer der so genannten *theory of mind* (Theorie mentaler Zustände), die man bei Babys beobachten kann. Im Folgenden geht es um weitere Versuche zum Intentionalitätsverständnis, bei denen nun aber auch Information über das Aussehen der Akteure eine Rolle spielt:

So machte Amanda Woodward folgende interessante Beobachtung: Sie setzte sechs Monate alte Babys vor eine kleine Bühne, auf der zwei Podeste nebeneinander aufgestellt waren. Auf dem linken Podest lag ein Ball und auf dem rechten Podest ein Bär. Während der Familiarisierungsphase sahen die Kinder wiederholt, wie eine Hand vom rechten Bühnenrand her auftauchte, den Bär vom rechten Podest nahm, und sich wieder zurückzog. Nach der Gewöhnungsphase wurde die Bühne verdeckt und die Versuchsleiterin tauschte für das Kind unsichtbar die Plätze von Bär und Ball aus. Anschließend wurde der Blick auf das Geschehen wieder freigegeben und die Hand griff wieder vom rechten Rand her auf die Bühne. In einer Testszene nahm sie den Bär vom linken Podest (neuer Pfad, altes Objekt) und in der zweiten Testszene den Ball vom rechten Podest (alter Pfad, neues Objekt).

Die Babys zeigten eine eindeutige Präferenz für die Szene mit dem Objektwechsel, obwohl die Bewegung die gleiche war wie zuvor. Wurde anstelle des menschlichen Arms ein mechanischer Greifarm verwendet (oder war der Arm vollständig mit einem metallisch glänzenden Handschuh bedeckt), sahen sie lieber die Szene mit dem Pfadwechsel. Diesem Ergebnismuster zufolge scheinen selbst sehr junge Kinder nur von einer menschlichen Hand (mit Haut und Haaren) zu erwarten, dass sie zielgerichtet nach einem bestimmten Objekt greift – egal, wo es steht. Offensichtlich spielt hier aber bereits die Objekterkennung eine zentrale Rolle. In ähnliche Richtung weisen ja auch die Befunde zum frühen Kausalverstehen von Rebecca Saxe und Kollegen sowie unsere eigenen Studien zum *Ambiguitätsparadigma*, über die ich zu Beginn dieses Kapitels berichtet habe. Dabei gilt es zu bedenken, dass Menschen und Tiere von Babys schon sehr früh als besondere Arten wahrgenommen werden. Nur wenn Kinder ein gegebenes Objekt aufgrund äußerer Merkmale bzw. seines Verhaltens eindeutig als Lebewesen erkennen können, schreiben sie ihm Intentionen zu. Am einfachsten geht das natürlich beim Menschen, denn der ist Babys am besten vertraut.

Psychologisches Wissen und nonverbale Kommunikation

Auch im Alltag lässt sich das wachsende Intentionalitätsverstehen von Babys innerhalb der zweiten Hälfte des ersten Lebensjahres beobachten – und zwar an ganz einfachen Handlungen. Dazu gehört etwa, der Zeigegeste oder dem Blick eines Erwachsenen zu folgen. Warum sollte ein Kind das tun? Und welche Fähigkeiten sind nötig, um das zu können? Zunächst muss das Baby lernen, dass Menschen (oder Tiere) mit den Augen ihre Aufmerksamkeit auf bestimmte Dinge richten. Will man wissen, worauf sie achten, muss man ihrem Blick folgen. Und das wiederum ist wichtig, damit man mit ihnen über Dinge in der Welt kommunizieren kann – auch nichtsprachlich. Die Zeigegeste ist eine Verlängerung des eigenen Blicks; sie macht es leichter, die Richtung der Aufmerksamkeitslenkung zu verstehen. Noch einfacher ist es zu wissen, worauf sich eine andere Person bezieht, wenn sie nach einem Gegenstand greift oder ihn tatsächlich berührt. Babys sehen im Alltag sehr oft, wie Menschen erst auf etwas schauen, dann den Arm in die entsprechende Richtung ausstrecken und schließlich danach greifen. Das Greifen ist eine motorische Handlung, die Kinder besonders früh als intentional verstehen, wie die Versuche von Woodward dokumentieren. Geht es darum, lediglich den Blick als Hinweisreiz zu nutzen, so dauert es noch etwas länger, bis Babys das können. Das zeigt der folgende Versuch:

Eine Person sitzt vor dem Kind und hat rechts und links vor sich jeweils ein interessantes Objekt (z.B. wieder einen Bär und einen Ball). Die Person richtet zunächst den Blick auf das Kind, wendet sich dann aber einem der beiden Objekte zu (z.B. einem Bär), blickt erstaunt und erfreut zugleich, greift mit beiden Händen nach dem Objekt, zieht es zu sich heran und hält es vor den Bauch. Die gleiche Szene wird dem Kind wiederholt gezeigt, damit es sich daran gewöhnen kann. Anschließend kommt ein Wandschirm ins Spiel und verdeckt den unteren Teil der Szene. Jetzt sieht man nur noch den Oberkörper und den Kopf der handelnden Person. Wieder verfolgt das Baby, wie die Person mit gleichem Interesse wie vorher in die gleiche Richtung schaut. Nach kurzer Zeit wird der Wandschirm gesenkt, um den Blick freizugeben auf eine von zwei möglichen Ausgängen der Szene: Entweder hält die Person wieder den Bär (erwartungskonform) oder den Ball (erwartungsverletzend). Erst mit zwölf Monaten schauten die Babys länger auf das erwartungsverletzende Ereignis. Anscheinend waren sie überrascht, wenn eine Person nach einem Objekt schaute und dann nach einem anderen griff.

Wie Beate Sodian und Claudia Thoermer herausfanden, können zwölf Monate alte Babys verschiedene kommunikative Gesten (Schauen, Zeigen, Greifen) als Hinweise auf die Handlungsabsicht einer Person interpretieren. Wenn eine Person ein Objekt mit freundlichem Interesse anschaut und dabei ein anderes ohne Absicht berührt, beziehen sich die Babys bei ihrer Handlungsvorhersage auf die intentional bedeutsame Handlung (das Schauen). Offensichtlich sind sie gegen Ende des ersten Lebensjahres schon recht gut in der Lage zu erkennen, auf welche Objekte eine Person ihre Intention richtet.

Wenn zwei Personen (z.B. Kind und Mutter) gemeinsam ihre Aufmerksamkeit auf den gleichen Gegenstand richten, nennt man das *Triadische Aufmerksamkeit* oder auch *Joint Attention*. Joint Attention ist von zentraler Bedeutung für die Verständigung über Objekte. Im Rahmen eigener Versuche wollten wir klären, ob Babys diese Fähigkeit auch nutzen können, um zu verstehen, dass eine andere Person Dinge einer ganz bestimmten Art haben möchte – ob sie also in der Lage sind, ihr kategoriales Objektwissen mit dem psychologischen Wissen über Hinweise auf intentionale Zustände anderer Personen zu kombinieren. Dazu haben Kathrin Schleicher und ich folgenden Versuch entwickelt: Wieder sitzt eine Person dem Kind gegenüber. Sie hat rechts und links vor sich zwei Objekte stehen: ein Fahrzeug und ein Tier. Dann wendet sie ihren Blick mit erstaunt freudigem Gesichtsausdruck auf eines der beiden Objekte, zeigt darauf und sagt: «So eins will ich haben!», greift das Objekt, zieht es zu sich heran und sagt (noch immer darauf schauend): «Meins!» Die Szene ist zu Ende. Im nächsten Familiarisierungsdurchgang beginnt die gleiche Szene von vorne, aber vor der Person liegen zwei neue Objekte: ein neues Fahrzeug und ein neues Tier. Wieder richtet die Person ihre Aufmerksamkeit auf das Objekt der gleichen Kategorie wie zuvor (z.B. wieder auf das Tier) und zeigt ihm gegenüber das gleiche Verhalten. So geht es insgesamt zehn Familiarisierungsdurchgänge lang weiter. Jedes Mal werden zwei neue Objekte präsentiert und jedes Mal orientiert sich die Person auf das Objekt der gleichen Art (z.B. immer wieder auf das Tier). Dabei wechselt die Position des Zielobjekts mehrfach, so dass es sich gleich oft rechts und links vor der Person befindet und auch der Blick-, Zeige- und Bewegungspfad variiert. Die elfte Szene (Test) unterscheidet sich von den vorherigen nur in einem Punkt: Die Person richtet ihre Intention nun auf das Exemplar der entgegengesetzten Kategorie.

Mit zwölf Monaten nahm die Blickdauer gegen Ende der Familiarisierungsphase ab und stieg sprunghaft in der letzten Szene wieder an. Folglich war der Kategorienwechsel den Kindern durchaus aufgefallen. Die Frage ist nur, warum? Vielleicht lag es einfach daran, dass immer Objekte der gleichen Art bewegt und ins Zentrum der Szene gerückt wurden? Dagegen sprechen Beobachtungen, die wir im Rahmen einer Nachfolgestudie machen konnten. Hier wurden die Szenen stark verkürzt. Das Kind sah nur, wie sich die Person freudig einem der beiden Objekte zuwandte. Noch bevor sie etwas sagen konnte oder nach dem Objekt griff, wurde die Szene in einem Standbild eingefroren. Unter dieser Bedingung fanden wir die die gleichen Effekte wie zuvor. Weder die Sprache noch die Greifbewegung oder die Veränderung der Objektposition konnten also erklären, weshalb die Kinder erkannten, dass immer Objekte der gleichen Art das Interesse der handlenden Person fanden. Die einzige Information, die hierfür zur Verfügung stand, war das Blickverhalten der handelnden Person.

Trotzdem können wir noch nicht ganz sicher wissen, ob unser Befund auf Intentionalitätsverständnis hindeutet. Dazu müsste man zeigen, dass eine Lenkung der Aufmerksamkeit auf Objekte der gleichen Art keinen Effekt hat, wenn diese Lenkung durch ein eindeutig nichtintentionales Wesen erfolgt. Ob das tatsächlich so ist, untersuchen wir gerade zusammen mit Beate Biedermann im Rahmen eines anderen Versuchs. Hier spielt eine Schreibtischlampe die Hauptrolle: Diese Lampe steht in der Mitte hinter beiden Objekten und dreht sich zunächst in Richtung auf ein Objekt, um es anschließend anzustrahlen – diesmal nicht im übertragenen psychologischen, sondern im physikalischen Sinn. Wenn die Kinder tatsächlich Intentionalitätswissen anwenden, sollte sich unter diesen Umständen kein Kategorisierungseffekt zeigen, weil kein intentionales Wesen vorhanden ist. Man wird sehen …

Psychologisches Wissen über Handlungsrollen

Psychologisches Wissen ist nicht nur Wissen davon, dass einer Handlung eine Intention zugrunde liegt, sondern es geht um mehr. Es gibt ganz verschiedene Intentionen, welche man an ganz unterschiedlichen Hinweisreizen erkennt. In sozialen Zusammenhängen muss dabei eine Differenzierung des Wissens über Handlungsrollen eintreten. Erste Ansätze für solche Differenzierungsprozesse waren schon im Zusammenhang mit den Studien von Philipp Rochat angesprochen worden: Hier konnten Kinder bereits im Alter von neun Monaten zwischen Jäger und Gejagtem unterscheiden.

Zusammen mit Bärbel Schöppner und Beate Sodian habe ich das frühkindliche Wissen über Handlungsrollen in einem anderen Kontext untersucht: Dabei ging es um die Frage, ob Babys die Handlungen des Gebens und Nehmens als intentionale Handlungen begreifen. Dazu sahen sie, wie zwei Handpuppen am rechten und linken Rand einer kleinen Bühne standen. Eine von beiden hielt eine Blume in der Hand. Dann liefen beide aufeinander zu. In der Mitte übergab Puppe A die Blume an Puppe B, und beide gingen wieder in ihre Ecke zurück. Nachdem die Kinder diese Szene wiederholt gesehen hatten, wurden ihnen abwechselnd zwei Testszenen gezeigt: In einer Szene blieb jede Puppe auf ihrer Seite, aber die Blume wurde nun von B an A überreicht (Rollenwechsel). In der anderen Testszene wechselten die Puppen ihre Seite, aber die Blume wurde nach wie vor von A an B überreicht (Pfadwechsel). Diese zweite Testszene hatte äußerlich einen größeren Neuheitswert, aber die erste Testszene sollte den Kindern interessanter erscheinen, wenn sie realisieren, dass sich auf psychologischer Ebene hier einiges ändert (aus dem Geber wird ein Nehmer und umgekehrt).

Tatsächlich interessierten sich zwölf Monate alte Babys mehr für den Rollen- als den Pfadwechsel. Das war allerdings nicht der Fall, wenn die Übergabe ohne Intention erfolgte. Dazu liefen die Puppen auf den gleichen Bahnen wie vorher und auch die Blume war zunächst bei A und hinterher bei B. Ein wichtiger Unterschied bestand jedoch darin, dass Puppe A die Blume nun zufällig fallen ließ, nachdem sich beide Figuren in der Mitte getroffen hatten, und Puppe B sie wieder aufhob – die Übergabe also unabsichtlich erfolgte. Diese Veränderung führte dazu, dass die Babys keine Bevorzugung der Testszene mit Rollenwechsel mehr zeigten. Auch wenn sich anstelle der Puppen Häuser aufeinander zu bewegten und die Blumen den «Hausbesitzer» wechselten, trat keine eindeutige Bevorzugung einer der beiden Testszenen auf. Solche Beobachtungen legen den Schluss nahe, dass Kinder gegen Ende des ersten Lebensjahres bereits einiges über Intentionen wissen und diese nur Lebewesen, nicht aber unbelebten Objekten zuschreiben.

Von der Imitation zum Beobachtungslernen

Bereits im ersten Kapitel war die Rede von *Imitieren* und *Beobachtungslernen.* Ab ca. drei bis vier Monaten beginnen Babys, mimische Gesten bewusst zu imitieren. Sobald sich ihr Verhaltensrepertoire um das gezielte Hantieren mit Objekten erweitert hat (ab ca. sechs Monaten), findet man auch eine Imitation des Gebrauchs von Artefakten oder Werkzeugen. Damit solche Handlungen, die verstärkt gegen Ende des ersten Lebensjahres vorkommen, möglich sind, muss ein Kind das Verhalten des Modells aufmerksam beobachten und in seinem Gedächtnis speichern, es auf seine eigenen Handlungen übertragen (planen) und diese Handlungen dann ausführen. An jeder Stelle dieses Prozesses kann es Schwierigkeiten haben, was vermutlich erklärt, warum es so lange dauert, bis auch komplexere Handlungen von Kindern nachgeahmt werden.

Etwa im Alter von neun Monaten beginnen Babys zu begreifen, dass es verschiedene Wege gibt, ein gegebenes Ziel zu erreichen. Andrew Meltzoff beobachtete an etwas älteren Kindern (14 Monate) folgendes Verhalten: Wenn der Versuchsleiter ihnen vormacht, wie man einen Lichtschalter mit der Stirn anschaltet und sie anschließend selbst an den Schalter lässt, benutzen sie entweder die Hand oder auch die Stirn. Mit anderen Worten: Sie haben das Ziel der Handlung erkannt und wählen entweder den gleichen oder einen anderen Weg, um es zu realisieren. Das «Wie» spielte also gar nicht die entscheidende Rolle, wenn die Intention einmal verstanden wurde. Im Rahmen einer Nachfolge-Untersuchung, die vor kurzem in der Zeitschrift *Nature* publiziert wurde, konnte György Gergely zeigen, dass die Imitation des «Stirndrückens» bei jüngeren Kindern größer war, wenn das erwachsene Modell die Hände frei auf dem Tisch liegen hatte als wenn die Hände hinter dem Rücken zusammen gebunden waren. Warum ist das so?

Wenn Babys sehen, wie eine Person zu einem ungewöhnlichen Mittel greift, um ein Ziel zu verfolgen, und die normalen Mittel (hier: die eigenen Hände) sind nicht verfügbar, dann gibt es eine plausible Erklärung dafür, warum die Person auf ungewöhnliche Weise handelt. Die Babys mögen sich denken, dass ihre eigenen Hände durchaus zur Verfügung stehen und sie das gleiche Ziel auf anderem (leichterem) Weg erreichen können als ihnen dies vorgemacht wurde. Wenn sie aber sehen, dass eine Person ihr Ziel ohne Not mit ungewöhnlichen Mitteln verfolgt, denken sie vielleicht, das Modell habe bestimmt einen wichtigen Grund, es so und nicht anders zu machen. In diesem Fall sind sie eher geneigt, das ungewöhnliche Verhalten zu imitieren.

Ich konnte an meiner kleinen Tochter Beobachtungen machen, die sehr gut zu dieser Annahme passen: Bei uns steht der Fernseher in einem Schrank, ziemlich nahe am Boden. Wenn ich ihn an oder aus mache, benutze ich im Stehen oft meinen großen Zeh. Zugegeben – das ist eine durchaus ungewöhnliche Art, den Fernsehschalter zu bedienen, und meine kleine

Tochter (damals drei Jahre) hat mir mehrmals verwundert dabei zugesehen. Dann habe ich beobachtet, wie sie selbst versucht hat, den Fernseher anzuschalten. Obwohl sich der Schalter genau in Greifhöhe vor ihr befand, hat sie dazu ihr kleines Beinchen so weit nach oben gehoben, dass sie schließlich auf den Po fiel. Offensichtlich war sie überzeugt, dass Mama schon ihre Gründe hat, es so und nicht anders zu machen, und dass es sich lohnen könnte, das Gleiche zu tun.

Zwischenfazit

Babys machen schon im ersten Lebensjahr einen klaren Unterschied zwischen Objekten, die zielgerichtetes Verhalten zeigen und solchen, auf die das nicht zutrifft. Sie erkennen intentionale Wesen an ihrem Verhalten (selbstinitiierter Bewegung, die variieren kann, aber stets auf das gleiche Ziel gerichtet bleibt) sowie an Merkmalen der äußeren Erscheinung (Gesichter, Haut/Fell, Körperkonfiguration). Sie verstehen, dass sich Handlungsziele gleichermaßen auf bestimmte Objekte wie ganze Objektklassen richten können. Sie lernen allmählich, verschiedene Verhaltensweisen (Greifen, Zeigen, Blicken) als Hinweise auf den Aufmerksamkeitsfokus einer anderen Person zu werten und diesen Fokus mit anderen zu teilen. Sie beginnen damit, das Verhalten von Lebewesen in Rollenzusammenhängen zu verstehen. Für einfache Handlungen wie Verfolgung und Flucht, Geben und Nehmen wurde entsprechendes Wissen bereits nachgewiesen. Wenn sie das Verhalten anderer Menschen beobachten, suchen sie nach Gründen, warum eine gegebene Person eine Handlung auf ganz spezifische Weise ausführt, und berücksichtigen diese Überlegungen beim Imitieren.

Zusammenfassung

Der Aufbau von Wissen über die Welt erfolgt vermutlich von Anfang an bereichsspezifisch. Babys können sehr früh zwischen Lebewesen und unbelebten Objekten, zwischen Quantitäten und Qualitäten differenzieren. Diese Unterscheidungen bilden den Ausgangspunkt für den Aufbau von Wissen über Physik, Mathematik und Psychologie. Die Entwicklung physikalischen und psychologischen Wissens verfolgt dabei das Ziel, Verhalten von Dingen, denen das Baby in der Welt begegnet, sicher vorhersagen zu können und Gesetzmäßigkeiten zu erkennen. Eine wichtige Voraussetzung dafür ist die Fähigkeit, über Ursache und Wirkung nachzudenken. Da für die Vorhersage des Verhaltens von Lebewesen psychologische Ursachen (Intentionen oder Gefühle) bedeutsam sind, während solche Aspekte für die Vorhersage des Verhaltens von unbelebten Gegenständen keine Rolle spielen, und Babys offensichtlich sehr früh lernen, solche Unterschiede wahrzunehmen, erscheint es kaum verwunderlich, dass die Differnzierung zwischen den Wissensdomänen Physik und Psychologie sehr früh gelingt. Der Aufbau mathematischen Wissens dient primär dem Zweck, Quantitäten beurteilen zu können. Dies gilt sowohl für kontinuierliche Mengen, wie etwa Sand, Flüssigkeit oder Knete, als auch für diskrete Mengen, wie etwa die Anzahl von Keksen, Tönen oder beliebigen materiellen Einheiten.

Bereichsübergreifend lässt sich feststellen, dass die Denkentwicklung von Babys nicht bei null anfängt. Vielmehr geht man heute davon aus, dass Babys bereits über definierbare Grundstrukturen der Informationsverarbeitung verfügen, die ihnen helfen, sich verschiedene Wissensdomänen nach und nach zu erschließen.

SCHLUSSFOLGERUNGEN

Dieses Buch beschäftigt sich mit dem Denken im ersten Lebensjahr. Mein wichtigstes Ziel bestand darin, deutlich zu machen, dass die Fähigkeit zu denken nicht von einem Tag auf den anderen ganz plötzlich auftaucht, sondern das Resultat eines ziemlich komplizierten Wechselspiels von Reifungsprozessen und ständig wachsenden Erfahrungen darstellt. Die vorangegangenen Kapitel haben dem Leser ein Gefühl dafür vermittelt, wie vielschichtig das entsprechende Geschehen ist. Diese Einsicht regt hoffentlich dazu an, genau hinzusehen und pauschalen Aussagen über die geistigen Möglichkeiten von Babys eine klare Absage zu erteilen. Das gilt sowohl für die Vorstellung, Säuglinge kämen als kleine Genies zur Welt, als auch für die Behauptung, Säuglinge im vorsprachlichen Alter seien noch nicht wirklich in der Lage zu denken. Babys unter einem Jahr sind durchaus zu komplexen geistigen Leistungen fähig und haben noch vor ihrem ersten Geburtstag in allen wichtigen Inhaltsbereichen das Fundament für ihre weitere Wissensentwicklung gelegt. Dennoch unterscheiden sich ihre Wahrnehmung und ihr Denken wesentlich von der Wahrnehmung und dem Denken Erwachsener, so dass es durchaus lohnt, zu überlegen, welche Mechanismen altersbezogene Veränderungen am besten erklären.

Angesichts der Vielfalt von Einzelerkenntnissen, die ich Ihnen präsentiert habe, mögen Sie fragen, ob sich die unterschiedlichen Beobachtungen überhaupt in ein allgemeines Modell der vorsprachlichen geistigen Entwicklung integrieren lassen. Das abschließende Kapitel dreht sich um diese Frage. Dabei möchte ich mich zunächst kritisch mit der Theorie von Jean

Piaget auseinander setzen. Aber auch modernere Ansätze, wie etwa die Kernwissenshypothese und der domänenspezifische Ansatz kommen zur Sprache. Schließlich werde ich die Perspektive der Hirnforschung, die bislang noch in keinem etablierten Modell berücksichtigt wurde, in die Diskussion einbringen. Am Ende geht es dann um Visionen: Welche Fragen sind noch offen? Was werden wir in zehn bis zwanzig Jahren über das Denken im ersten Lebensjahr wissen? Und wie kann uns dieses Wissen im konkreten Umgang mit Kindern helfen?

Kritische Würdigung der Theorie von Jean Piaget

Piagets Theorie der geistigen Entwicklung ist zweifellos die bislang einflussreichste Theorie auf diesem Gebiet – nicht zuletzt deshalb, weil ihr Autor einen überschaubaren Begriffsrahmen zur Beschreibung von altersbedingten Veränderungen geschaffen hat, der auch für Laien gut nachvollziehbar ist. Dennoch möchte ich Ihnen nahe legen, nicht den bequemen Weg zu gehen und einfach dabei zu bleiben, sondern aus einer gewissen Distanz heraus zu beurteilen, welche Elemente von Piagets Theorie durch neuere Daten gestützt werden und wo Defizite bestehen.

Was motiviert Entwicklung?

Zentrale Prozesse der Auseinandersetzung mit der Umwelt sind laut Piaget die *Assimilation,* die *Akkomodation* und die *Äquilibration.* Dass sich schon ein Baby Umgebungsbedingungen anpasst *(Akkomodation)* und umgekehrt bemüht ist, die Umwelt seinen Denk- und Handlungsmöglichkeiten anzupassen *(Assimiliation)*, ist sicher richtig. Auch die Vorstellung, das Streben nach einer Balance zwischen beiden Prozessen *(Äquilibration)* stelle ein wichtiges Motiv für Veränderungen im Denken dar, klingt auf Anhieb plausibel.

Als typischen Fall von *Assimilation* im ersten Lebensjahr zitiert Piaget den Versuch von Babys, Objekte in den Mund zu nehmen, um sie an das eigene Saugschema anzupassen. Gleichzeitig wird hier das Prinzip der *Akkomodation* deutlich: Wenn ein Kind seinen Mund mehr oder weniger weit aufmacht in Abhängigkeit davon, ob es ein großes oder kleines Objekt hineinstecken will, adaptiert es sein Saugschema an den Gegenstand der Anwendung. Für eine erfolgreiche Ausführung der Handlung sind beide Teilprozesse gleichermaßen wichtig. Durch Erfahrung mit vielen ähnlichen Situationen adaptiert und erweitert das Kind seine motorischen Schemata.

Piaget nimmt an, dass diese Anpassungsleistungen auf der motorischen Ebene das spätere Denken vorbereiten. So soll das Kind gegen Ende des zweiten Lebensjahres über die zunehmende Verinnerlichung von Handlungen die *Symbolfunktion* erwerben. Diese Funktion versetzt es in die Lage, unabhängig von der Wahrnehmung über Dinge nachzudenken und geistige Repräsentationen von Objekten oder Vorgängen mit Worten zu verknüpfen. Wie sich der Autor die Bezüge zwischen der motorischen und der kognitiven Entwicklung im ersten Lebensjahr konkret vorstellt, bleibt jedoch unklar. Eigentlich gibt es im Stadium der *sensumotorischen Intelligenz* nur die Wahrnehmung und die Motorik. Kognitive Errungenschaften sind die Verknüpfung von Sinnesmodalitäten *(sensumotorische Koordination)* und die *einfache Objektpermanenz*, die Fähigkeit also, Objekte auch außerhalb der unmittelbaren Wahrnehmung geistig zu repräsentieren. Letztere soll gegen Ende des ersten Lebensjahres erreicht werden.

Versucht man, die Entstehung der Objektpermanenz mit den Begriffen Assimilation, Akkomodation und Äquilibration zu erklären, dann wird es schwierig. Was wird hier eigentlich an welches Schema assimiliert, inwiefern zeigt das Kind Akkomodationsverhalten und worin besteht der Prozess der Äquilibration? Erst wenn es um ältere Kinder geht, die bereits ein kommunizierbares Bild von der Welt haben, lassen sich die drei zentralen Begriffe der Piaget'schen Theorie auch im Hinblick auf geistige Schemata sinnvoll interpretieren. Ob dieser begriffliche Rahmen aber wirklich nützlich ist, wenn man die Denkentwicklung im ersten Lebensjahr beschreiben will, muss dahin gestellt sein. Leider ist es praktisch kaum möglich, beim einzelnen Baby zu sagen, von welchem geistigen Schema es ausgeht, wann und warum es mit der Assimilation neuer Erfahrung scheitert und wie es dann seine mentalen Vorstellungen akkomodiert. Ältere Kinder kann man nach ihren konkreten Gedankengängen fragen – Babys nicht.

In jedem Fall scheint sich auf geistiger Ebene im ersten Lebensjahr bereits wesentlich mehr zu entwickeln, als Piaget dies annahm. Säuglinge nehmen nicht nur wahr und lernen nicht nur auf motorischer Ebene, sondern sie zeigen auch kognitive rege Aktivitäten, deren Entstehung und Veränderung mit den von Piaget eingeführten Begrifflichkeiten nur unzureichend erklärt werden können.

Das Kind als Konstrukteur seiner geistigen Wirklichkeit

Großen Einfluss hat bis heute Piagets Bild vom Kind als einem *Konstrukteur* der eigenen Wirklichkeit. Im Unterschied zur empiristischen Tradition gehen wir inzwischen davon aus, dass Babys keine einfachen Datensammler sind, die zunächst ungefiltert ihre Umgebung wahrnehmen und entsprechende Erfahrungen unstrukturiert abspeichern. Wie ich versucht habe deutlich zu machen, ordnen und kombinieren Babys das, was sie erfahren, von Anfang an. In diesem Sinne stimme ich Piaget durchaus zu, wenn er sagt, dass Kinder ihre Wirklichkeit «konstruieren».

Die Kategorisierung ist hierfür ein gutes Beispiel: Gemeinsamkeiten zwischen verschiedenen Objekten zu erkennen und einen Prototypen zu bilden, bedeutet, im Geiste etwas Neues zu formen, das auf Wahrnehmungserfahrungen basiert, in der Realität aber nicht unbedingt vorkommen muss. Auch die zahlreichen Versuche, in denen Wandschirme verwendet werden, damit das Kind Erwartungen über das dahinter stattfindende Geschehen ausbildet, deuten an, dass Kinder schon im vorsprachlichen Alter ein geistiges Abbild der Wirklichkeit nutzen, um Vorgänge zu simulieren, Situationen zu interpretieren oder sogar Probleme zu lösen.

Man sollte jedoch nie vergessen, dass solche Konstruktionsprozesse kein Hexenwerk sind und oft automatisch ablaufen, weil unser neuronales System darauf ausgerichtet ist, Informationen auf unterschiedlichen Abstraktionsebenen parallel zu verarbeiten und Verbindungen zwischen einzelnen Informationseinheiten herzustellen. Dafür ist weder Sprache notwendig, noch muss sich das Kind dieser Verarbeitungsprozesse unbedingt bewusst sein.

Wahrnehmung, Motorik und Denkentwicklung

Dass Piaget der Wahrnehmung und Motorik in den ersten Lebensjahren besondere Bedeutung beimisst, wird mit dem Begriff der *sensumotorischen Intelligenz* auf den Punkt gebracht. Am Anfang gibt es nach Auffassung des Autors vor allem *Reflexe*. Diese erlauben es dem Neugeborenen, sich aktiv mit seiner Umwelt auseinander zu setzen. Später werden Handlungen gezielt wiederholt und geübt. Das nennt man *primäre* und *sekundäre Kreisreaktionen*. Schließlich ist das Kind ab Mitte des zweiten Lebensjahres fähig, unterschiedliche Handlungsschemata miteinander zu kombinieren und diese Kombinationen einzusetzen, um Ziele zu erreichen *(tertiäre Kreisreaktionen)*. Mit der *Symbolfunktion* hat das sensumotorische Stadium im Alter von zwei Jahren seinen Gipfel erreicht.

Wie Sie inzwischen wissen, spielt die Motorik in den meisten Untersuchungen der modernen kognitiven Säuglingsforschung nur eine untergeordnete Rolle, während die Bedeutung der Wahrnehmung besonders stark betont wird. Das hat auch etwas mit den Techniken der Datengewinnung zu tun.

Piaget musste noch ohne raffinierte Methoden wie das Habituations-Dishabituationsparadigma oder das Erwartungsverletzungsparadigma auskommen. Seine Erkenntnisse stützen sich auf die direkte Verhaltensbeobachtungen an seinen eigenen Kindern. Das ist ein Problem – nicht nur, weil man von diesen Einzelfällen nicht ohne weiteres auf alle Kinder generalisieren darf, sondern vor allem, weil die geistigen Leistungen von Babys leicht unterschätzt werden, wenn man nur ihr motorisches Verhalten, das sich frei beobachten lässt, interpretiert.

Piagets Vorstellungen zur sensumotorischen Entwicklung weisen zwei entscheidende Schwachstellen auf: Zum einen verwendet er häufig motorische Leistungen (z.B. Greifhandlungen, manuelle Exploration von Objekten) als Ausdruck kognitiver Fähigkeiten und vergisst dabei, dass motorische Leistungspotentiale im ersten Lebensjahr stärker begrenzt sein mögen als die geistigen Fähigkeiten. Zum anderen betrachtet er Denken als verinnerlichtes Handeln und macht damit die motorische Entwicklung zu einer notwendigen Voraussetzung für die geistige Entwicklung. Dass das nicht stimmen kann, liegt jedoch auf der Hand.

Ein Kind, das ohne Arme zur Welt kommt, kann genauso denken lernen wie eines, das besonders schnell krabbelt und läuft oder eine früh entwickelte Feinmotorik hat. Körperliche Behinderung und geistige Entwicklung sind nicht notwendigerweise miteinander verknüpft. Entscheidend ist, dass ein Baby genügend Informationen über verschiedene Sinneskanäle erhält, denn die Wahrnehmung stellt eine notwendige Voraussetzung für die kognitive Entwicklung dar. Wie wichtig sie ist, wurde unter anderem an Studien zur Entwicklung des räumlichen Sehens deutlich gemacht. Fehlt in einer sensiblen Phase der Hirnreifung im primären visuellen Cortex die angemessene Stimulation, dann sind die Objekt- und Raumwahrnehmung – elementare geistige Leistungen mit weitreichenden Implikationen für die Denkentwicklung – möglicherweise auf Dauer eingeschränkt. Ähnlich verhält es sich mit der Lautdiskrimination oder der Gesichterwahrnehmung. In allen diesen Fällen lässt sich innerhalb des ersten Lebensjahres ein Zeitfenster ausmachen, in dem unser Gehirn anscheinend bestimmte Außenreize braucht, um sich normal weiterentwickeln zu können. Da sich die Wahrnehmung mit der Erweiterung von Handlungsspielräumen durch zunehmende Mobilität und Geschicklichkeit verändert, beeinflusst die körperliche Entwicklung die kognitive Entwicklung also vor allem indirekt.

Man kann die Rolle der Motorik aber auch aus einem anderen Blickwinkel beleuchten – indem man sie nicht als Voraussetzung für die geistige Entwicklung von Säuglingen interpretiert, sondern als wichtigen Indikator für den Reifungszustand des Gehirns. Wie im ersten Kapitel deutlich gemacht wurde, untersuchen Kinderneurologen den Reflexstatus von Neugeborenen und Säuglingen, weil bestimmte motorische Verhaltensweisen als Frühindikatoren einer neuronalen Fehlentwicklung gelten, die durchaus Konsequenzen für den kognitiven Bereich haben kann.

Wir sollten aber stets im Kopf behalten, dass der Umkehrschluss deshalb noch lange nicht gilt: Jene Kinder, die sich als motorisch besonders geschickt erweisen, werden nicht automatisch hervorragende geistige Leistungen erbringen. Ein späteres Sprachgenie erkennt man nicht daran, dass es als Baby besonders viel mit den Händen exploriert, und kaum ein berühmter Fußballstürmer landet auf geistiger Ebene immer nur Treffer – ganz einfach deshalb, weil es keinen kausalen Zusammenhang zwischen dem Erwerb motorischer Kompetenzen und höheren geistigen Leistungen gibt.

Wenn dennoch von einigen Wissenschaftlern behauptet wird, spezielle Bewegungsprogramme dienten der Förderung der Intelligenz, dann sind solche Aussagen also mit Vorsicht zu genießen. Vielleicht haben auch Sie schon einmal davon gehört, dass es für Babys ganz wichtig sei zu krabbeln, weil durch das Krabbeln das mathematische Denken gefördert werde? Solchen Aussagen liegen oft recht allgemeine Überlegungen zugrunde. In jedem Fall erfordert das Krabbeln die Koordination von Informationen aus beiden Hirnhälften, weil die Bewegungen der rechten und linken Körperhälfte zeitlich aufeinander abgestimmt sein müssen. Wenn ein Baby krabbelt, mag dies tatsächlich die physiologische Brücke zwischen beiden Hirnhälften (das *Corpus Calosum*) stärken, was sich seinerseits wieder günstig auf bestimmte Teilprozesse der Denkentwicklung auswirken könnte, aber dieser Zusammenhang besteht nur indirekt. Die Koordination zwischen beiden Gehirnhälften wird im Alltag auf vielfältige Weise trainiert – auch bei Kindern, die nicht krabbeln. Insofern besteht also kein Anlass, sich Sorgen zu machen, wenn der eigene Nachwuchs lieber robbt oder sich gleich auf beide Beine stellt. Eine Karriere als Mathematiker(in) ist damit keinesfalls ausgeschlossen! In der Zusammenschau wird offensichtlich, dass Piaget die Bedeutung der Motorik für die geistige Entwicklung im Säuglingsalter überschätzt hat. Seine Idee, Kinder würden das Denken lernen, indem sie eigene Handlungen verkürzten, bis sie schließlich symbolisch repräsentiert würden, muss in Zweifel gezogen werden. Es mag Prozesse der Verinnerlichung und Verkürzung von Handlungen geben, aber sie stellen nur eine von mehreren Möglichkeiten des Aufbaus von Denkschemata dar. Das Denken von Babys entsteht nicht primär durch eigene motorische Aktivität, sondern vornehmlich durch genaue Wahrnehmung und die Weiterverarbeitung entsprechender Informationen. In diesem Punkt unterscheidet sich die moderne Auffassung eindeutig von Piagets Ansatz!

Gegenstände der Denkentwicklung

Piaget hat sich fast ausschließlich für die Auseinandersetzung des Babys mit der dinglichen Umwelt interessiert. Dabei nahm er kaum Bezug auf die Tatsache, dass Babys vor allem mit Personen zu tun haben und in Interaktionen lernen. Für ihn stand die Beschäftigung mit Objekten im Vordergrund.

Ob das so sinnvoll ist – vor allem, wenn es um die Entwicklung im ersten Lebensjahr geht –, ist fraglich. Babys sind in dieser Zeit stark auf ihre Bezugspersonen angewiesen. Erwachsene steuern in erheblichem Umfang, welchen Reizen ein Kind ausgesetzt ist, solange es sich noch nicht von selbst fortbewegen kann. Ferner ist ein Baby extrem abhängig von seinen primären Bezugspersonen, wenn es um die Befriedigung elementarer Bedürfnisse geht. Folglich liegt es auf der Hand, dass Säuglinge ihre geistigen Kapazitäten auch dafür nutzen, das Verhalten ihrer sozialen Umwelt vorherzusagen und zu verstehen. Das Lernen in Interaktionen, mit dem sich Piaget kaum beschäftigt hat, muss deshalb einen wichtigen Stellenwert in jeder Theorie haben, die sich auf die frühe Kindheit bezieht.

Wenn kognitive Ansätze und Informationsverabeitungstheorien dies bislang noch nicht in ausreichendem Maße getan haben, so wohl vor allem deshalb, weil es sehr schwierig ist, Entwicklungsprozesse zu verstehen, die unmittelbar aus sozialen Interaktionen resultieren. Piaget betrachtet das Kind als Akteur und Konstrukteur, während die Umwelt vornehmlich eine passive Rolle spielt, indem sie als Gegenstand geistiger Betrachtungen dient. Das vereinfacht die Analyse von Veränderungen im Denken enorm, denn sie finden nur auf einer Seite (beim Kind) statt. Ein solches Vorgehen ist prinzipiell legitim, nur muss man sich bewusst machen, dass damit ein breiter Bereich von Entwicklungsprozessen ausgeklammert bleibt – jene nämlich, die durch direkte Interaktion mit anderen Menschen angestoßen werden.

Auch wenn man nicht den Anspruch erhebt, das dynamische Geschehen in Interaktionen in seiner Vollständigkeit theoretisch zu erfassen, ist es dennoch wichtig zu thematisieren, auf welche Art von Gegenständen sich die eigenen Überlegungen beziehen. In seiner Beschreibung der Denkentwicklung von Säuglingen konzentriert sich Piaget auf die Auseinandersetzung von Babys mit der unbelebten Umwelt. An entsprechenden Beispielen will der Autor allgemeine Prinzipien der kognitiven Veränderungen im ersten Lebensjahr deutlich machen und lässt dabei außer Acht, dass diese Veränderungen durchaus domänenspezifisch sein können.

Neuere Ansätze

Der Wert von Piagets Arbeiten für die nachfolgende Forschung kann kaum überschätzt werden. Wie kein anderer hat er Wissenschaftler auf der ganzen Welt durch eine Fülle interessanter Beobachtungen stimuliert, neue Fragen zu stellen und nach neuen Antworten zu suchen. Auch wenn sein Ansatz inzwischen als überholt gilt, so bildet er doch den Angelpunkt für alle wichtigen neuen Konzeptionen, die heute diskutiert werden.

Bereichsspezifizische Ansätze

Der kritischen Auseinandersetzung mit Piagets Stadienkonzept der geistigen Entwicklung ist es zu verdanken, dass wir Denkentwicklung heute als *bereichsspezifisch* begreifen, was bedeutet, dass sich das Wissen und Denken in jedem Inhaltsbereich nach einer eigenen Logik und in seinem eigenen Tempo entwickelt. Wenn man die Entwicklung des mathematischen Denkens verstehen möchte, sind andere Phasen besonders wichtig und man braucht eine andere Art der Beschreibung als wenn man die Entwicklung des sozialen bzw. psychologischen Denkens verstehen will.

Ein möglicher Einwand gegen diese Sichtweise besteht darin, dass alle geistige Entwicklung sich letztlich auf die gleichen hirnphysiologische Basisprozesse zurückführen lässt, weshalb man nach einheitlichen, bereichsübergreifenden Mechanismen der Entwicklung suchen sollte. Doch obwohl sich die neurologischen Prozesse, die dem Wissenserwerb in verschiedenen Inhaltsbereichen zugrunde liegen, nicht prinzipiell voneinander unterscheiden, kann die Art der Information, um die es geht, und die Bedeutung, die diese Information für das Verhalten hat, durchaus unterschiedlich sein. So wie wir Hören und Sehen als etwas ganz Verschiedenes betrachten, obwohl akustische und visuelle Daten von der gleichen Art grauer Zellen in unserem Gehirn verarbeitet werden, können wir auch physikalisches und psychologisches Denken als etwas Verschiedenes betrachten. Die Differenzierung in einzelne Wahrnehmungsmodalitäten oder Wissensdomänen hat primär etwas damit zu tun, wie die beteiligten Neurone untereinander vernetzt sind.

Mir ist es ganz wichtig, deutlich zu machen, dass unser Denken sich aus verschiedenen Teilleistungen zusammensetzt, von denen jede sich in ihrem eigenen Tempo entwickelt. Das gilt sowohl für basale Leistungen wie etwa die Wahrnehmung von Farben oder Tönen als auch für komplexere Leistungen wie etwa die Raumwahrnehmung oder das Erkennen kausaler Zusammenhänge.

Die Veränderungen, die im Kopf eines Babys stattfinden, lassen sich gut mit den Abläufen auf einer Großbaustelle vergleichen: An vielen Orten wird gleichzeitig gebaut, und einige Teile des Gesamtkomplexes können erst entstehen oder miteinander verbunden werden, wenn andere Komponenten fertig gestellt sind. Wer die Funktion von Teilen eines Gesamtkomplexes verstehen will oder wissen möchte, wie sie konstruiert sind, muss sich zunächst auf einzelne Bereiche konzentrieren. Wer aber das komplette Bauwerk begreifen möchte, der muss ein Stück Abstand nehmen und sein Augenmerk auf die Verknüpfung der verschiedenen Elemente auf unterschiedlichen Ebenen richten. Eine umfassende neue Theorie der geistigen Entwicklung sollte beiden Ansprüchen parallel Rechnung tragen.

Momentan befinden wir uns meiner Einschätzung nach in einer Phase der Forschung, in der wir vor allem Daten sammeln und für einzelne Inhaltsbereiche beschreiben, was Entwicklung konkret bedeutet. Die Blütezeit allgemeiner kognitiver Entwicklungstheorien ist vorerst vorbei, weil sie sich im

Lichte neu gewonnener Erkenntnisse nicht wirklich bewährt haben. Bevor die Zeit reif ist für neue Versuche, die geistige Entwicklung bereichsübergreifend erklären, wird es vermutlich noch eine Weile dauern. Um im Bild der Großbaustelle zu bleiben: Wir sind noch damit beschäftigt, das Wachsen einzelner Gebäudeteile nachzuvollziehen. Das Gesamtkonzept ist vermutlich erst dann erkennbar, wenn wir erkennen, wie die einzelnen Einheiten miteinander in Verbindung stehen und aufeinander aufbauen.

Kernwissenshypothese

Sich auf die domänenspezifische Sichtweise einzulassen, heißt nicht unbedingt, dass man auf die Suche nach allgemeinen Gesetzmäßigkeiten der Denkentwicklung gänzlich verzichtet. Das hat Elizabeth Spelke mit ihrer *Kernwissenshypothese* anschaulich deutlich gemacht: Unabhängig von dem Bereich, den ich betrachte, kann ich fragen, ob bereits die Baugrube ausgehoben, das Fundament gelegt bzw. ein Bauplan erstellt wurde, wenn Babys zur Welt kommen. Spelke vertritt die Ansicht, dass das Fundament für den Wissensaufbau in bestimmten Inhaltsbereichen bereits bei Neugeborenen vorhanden ist.

Argumente für die Kernwissenshypothese kommen aus verschiedenen Richtungen: Zunächst lässt sich festhalten, dass die Evolution das Gehirn des Menschen und seiner Vorfahren über Jahrtausende hinweg immer weiter verändert hat, wobei dieser Prozess zu einer Verbesserung unserer geistigen Leistungsfähigkeit und zu einer Optimierung unserer Anpassung an die Umwelt geführt hat. Es scheint daher nahe liegend anzunehmen, dass Evolutionsprozesse auch Auswirkungen auf konkrete geistige Leistungen höherer Art haben.

Weiterhin muss man sich klar machen, dass die Annahme früher kognitiver Lernprozesse in einzelnen Bereichen nur dann plausibel erscheint, wenn man Aussagen darüber machen kann, worauf sie aufbauen. Was ist schon da, wenn wenige Wochen alte Babys in besonderer Weise auf Lebewesen und unbelebte Objekte reagieren? Wie kann man erklären, dass sie bei Studien zur intermodalen Wahrnehmung die Anzahl von Punkten und Tönen miteinander in Verbindung bringen? Solche Fragen sind schwer zu beantworten, wenn man nicht unterstellt, dass uns bestimmte höhere Verarbeitungsformen sehr früh zur Verfügung stehen.

Wer annimmt, dass Babys nicht als Tabula rasa zur Welt kommen, sondern Kernwissen in einzelnen Bereichen mitbringen, gilt als *Nativist*. Das bedeutet keinesfalls, alles sei in den Genen verankert. Immerhin stellt die Geburt eine Art künstlichen Nullpunkt dar, weil die Gehirnentwicklung schon vorher einsetzt, wie die Versuche zum *pränatalen Lernen* gezeigt haben. Man kann also sagen, dass ein Baby zum Zeitpunkt seiner Geburt bereits eine Anpassung an seine Umwelt vorgenommen hat, die auf Erfahrungen basiert. Damit macht die alte Frage «Angeboren oder erlernt?» aus heutiger Sicht keinen richtigen Sinn mehr. Gleiches gilt für die Formulierung: «Genetisch bedingt oder erfahrungsbedingt?» Genetische Programme können nur dann ablaufen, wenn zur richtigen Zeit die richtige Art von Stimulierung erfolgt. Das gilt für das Gehirnwachstum genauso wie für andere Entwicklungsprozesse. Jede Entwicklung ist immer das Resultat einer Kombination aus Anlage und Umwelt.

Was die Kernwissenshypothese interessant macht, ist eigentlich etwas anderes: Die Frage nämlich, ob es geistige Schemata (im weiteren Sinne) gibt, die das ganze Leben hindurch konstant bleiben und keinem Wandel unterliegen. Wollte man die Computermetapher bemühen, so könnte man fragen, ob es sich um Hardware oder Software handelt, die unsere Informationsverarbeitung steuert. Oder anders ausgedrückt: Gibt es Strukturen in unserem Gehirn, die sich gar nicht oder sehr schwer verändern lassen? Das Gehirn in seinem groben anatomischen Aufbau ändert sich kaum nach der Geburt. Aber kann das auch für bestimmte Strukturen auf untergeordneten

Ebenen gelten? Und wenn ja, wie konkret sind die Verarbeitungsprozesse festgelegt, die sich daraus ergeben? Dies zu klären, wird eine wichtige Aufgabe der künftigen Forschung sein.

Auf der Suche nach allgemeinen Entwicklungsmechanismen

Ohne Zweifel verändert sich die Informationsverarbeitung im Verlauf des ersten Lebensjahres ganz wesentlich. Ein Großteil der zu beobachtenden Entwicklungen lassen sich als das Resultat von zwei komplementären Prozessen verstehen: der *Differenzierung* und der *Abstraktion.* Diese Begriffe sind ähnlich allgemein wie die der Assimilation und Akkomodation, von denen Piaget spricht. Folglich erlauben sie eine Zusammenfassung verschiedener beobachtbarer Phänomene. Gleichzeitig lassen sich entsprechende Prozesse für ganz unterschiedliche Inhaltsbereiche des frühkindlichen Denkens nachweisen. Denken Sie etwa an die Kategorienbildung: Wenn ein Baby eine Objektkategorie formt, so geschieht das entweder durch Zusammenfassung verschiedener Dinge auf der Basis von Gemeinsamkeiten (Abstraktion) oder durch Betonung von Unterschieden (Differenzierung). Der im ersten Lebensjahr zu beobachtende *global-to-basic-level shift* ist vermutlich so zu erklären, dass am Anfang die Abstraktionsbildung dominiert und später Differenzierungsprozesse einsetzen. Aber auch in späteren Jahren spielen stets beide Prozesse parallel eine Rolle. Es ändert sich vor allem der Bewusstseinsgrad, mit dem bestimmte Abstraktions- und Differenzierungsleistungen ausgeführt werden. Ein kleines Baby mag eine abstrakte Kategorie «Tier» bilden, weil es noch gar nicht scharf genug sieht, um Hunde von Katzen zu unterschieden, weil angeborene Wahrnehmungsschemata ihm signalisieren, dass alle Tiere bestimmte Merkmale gemeinsam haben (z.B. Gesichter), weil es zu schnell oder breit generalisiert oder weil implizite Lernprozesse es früh in die Lage versetzen, auf bestimmte Eigenschaften besonders zu achten (z. B. Körperteile, die der Fortbewegung dienen). Ein älteres Kind mag die gleiche Kategorie «Tier» auf einer anderen Grundlage bilden. So interessiert es sich vielleicht besonders für Tiere, weil man mit ihnen spielen kann, weil man sie versorgen darf bzw. weil sie Nachwuchs haben. Noch später gehen wir möglicherweise von biologischen Definitionen aus, die wir aus Büchern oder dem Schulunterricht kennen.

Abstraktionen können das Resultat früher Generalisierungen, selektiver Beachtung bedeutsamer Merkmale oder umfassender Vergleiche auf verschiedenen Ebenen sein. Sie können unbewusst oder bewusst ablaufen, selbst geformt werden oder kulturell übernommen sein. Ähnliches gilt für den Prozess der Differenzierung: Wenn ein Kind eine Unterscheidung trifft, so kann diese Leistung auf automatische Wahrnehmungsprozesse zurückzuführen sein; sie mag auf einer einzelnen bedeutsamen Erfahrung basieren oder das Ergebnis einer mehrschichtigen differenzierten Ähnlichkeitsanalyse sein. Auch hier gilt wieder, dass Differenzierungsleistungen sowohl unbewusst als auch bewusst ablaufen können.

Nicht nur am Beispiel der Kategorienbildung lassen sich die beiden zentralen Prozesse der Abstraktion und Differenzierung gut demonstrieren: In der Physik wurde am Beispiel des Wissens über *Unterstützungsrelationen* besonders anschaulich deutlich, dass Kinder zunächst vergleichsweise allgemeine physikalische Regeln anwenden, um das Verhalten von Objekten vorherzusagen (z. B.: Objekte, die andere berühren, fallen nicht). Allmählich lernen sie dann, genauer hinzuschauen und vorherzusagen, unter welchen Umständen das Objekt fällt oder nicht (z. B.: Es kommt darauf an, wie groß die Auflagefläche ist, aber nicht darauf, welche Farbe das Objekt hat). Mit anderen Worten: Sie differenzieren ihr Wissen über Unterstützungsrelationen.

Im Bereich des mathematischen Denkens wurde gezeigt, dass Kinder zunächst eine eher grobe Mengendifferenzierung vornehmen und später lernen, auch kleine Mengen adäquat voneinander zu unterscheiden, indem sie bewusst zählen. Gleichzeitig wird ihnen klar, dass man zur Bestimmung der Anzahl von Dingen unter Umständen von Mengeninformation abstrahieren muss – etwa, wenn man mehrere kleine Kekse und einen großen (mit mehr Gesamtfläche) vor sich hat.

Und schließlich reagieren Babys im sozialen Bereich zunächst offen auf alle Menschen, während sie schon in der zweiten Hälfte des ersten Lebensjahres zwischen vertrauten und unvertrauten Personen, Kindern und Erwachsenen sowie Männern und Frauen unterscheiden, parallel dazu aber eine Kategorie Mensch bilden, die sie von Säugetieren abgrenzen, was wiederum einem Abstraktionsprozess entspricht. An diesem letzten Beispiel zeigt sich anschaulich, dass es keine allgemeine fixe Abfolge von Abstraktion und Differenzierung gibt, sondern dass beide Prozesse in allen Altersstufen stattfinden und sich in einem ständigen Wechselspiel befinden, welches sich in ganz verschiedenen Inhaltsbereichen beobachten lässt.

Beiträge der Neuropsychologie

Die genannten Begriffe haben einen wichtigen Vorteil: Sie lassen sich gezielt mit Aspekten der neuronalen Verarbeitung und der Gehirnentwicklung in Verbindung bringen. *Differenzierung* entspricht der selektiven Stärkung von bestimmten Verbindungen – etwa durch die Bildung zusätzlicher Dendriten und Synapsen, durch chemische Veränderungen an den Synapsen oder durch den Abbau von anderen Verbindungen. *Abstraktionsleistungen* können auf ganz unterschiedliche Weise neurologisch abgebildet sein. Bei sehr jungen Säuglingen mögen sie dadurch zustande kommen, dass Erregung, die durch spezifische Reize ausgelöst wird, vergleichsweise breit streut. Dies kann mit der fehlenden Reife des sensorischen Apparates oder mit fehlenden Wahrnehmungserfahrungen in Zusammenhang stehen. Es gibt aber auch noch andere Möglichkeiten der Abstraktionsbildung: Die Verarbeitung von Information erfolgt in unserem neuronalen System stets auf mehreren Hierarchie-Ebenen parallel. Die Wahrnehmung eines einzelnen Objekts (z.B. einer Giraffe) aktiviert auf untergeordneter Ebene bestimmte Neuronenverbände, die Wahrnehmung eines zweiten Objekts (z.B. eines Vogels) aktiviert andere Neuronenverbände. Zwischen beiden Aktivierungsmustern mag es Überschneidungsbereiche geben. Wenn das Baby zeitnah verschiedene Objekte sieht, die immer wieder bestimmte äußerliche Gemeinsamkeiten aufweisen, dann würden die Überlappungsbereiche besonders verstärkt. Das könnte beispielsweise bedeuten, dass die Kinder implizit lernen, dass Tiere typischerweise Gesichter und so etwas wie Beine haben. Parallel zur Aktivierung auf unterer Ebene würden auch auf übergeordneter Ebene Neuronenverbände stimuliert. Diese könnten Aktivierungsmuster aufweisen, die von vornherein Gemeinsamkeiten zwischen den Objekten repräsentieren, sich aber nicht unbedingt nur auf Merkmale der äußeren Erscheinung beziehen müssen, sondern auch auf kausale und funktionale Eigenschaften (z.B. «kann sich von alleine bewegen») beziehen können.

Das Lernen findet also stets auf unterschiedlichen Ebenen parallel statt. Solange der Prozess der Differenzierung noch nicht eingetreten ist, dürften implizite Abstraktionen vergleichsweise häufig vorkommen. Später kann es auch über bewusste gedankliche Prozesse zur Abstrationsbildung kommen, indem das Kind aufgrund vorheriger Erfahrungen selektiv seine Aufmerksamkeit auf bestimmte Aspekte einer Situation, eines Ereignisses oder eines Objekts richtet und so spezifische Merkmale in den Vordergrund rückt. Diese Form der Abstraktionsbildung setzt jedoch die Fähigkeit zur Differenzierung voraus.

Wie wir aus der Entwicklungsneurobiologie wissen, liegt die Phase des verstärkten Dendriten- und Synapsenwachstums, das den Grad der Vernetzung von Neuronen bestimmt, für viele Bereiche des Gehirns im ersten bis zweiten Lebensjahr. Es ist davon auszugehen, dass diese Veränderung der Neuronenstruktur das Lernen nachhaltig beeinflusst. Wenn zum Beispiel bekannt ist, dass die Anzahl der Synapsen im visuellen Kortex mit etwa einem halben Jahr ihr Maximum erreicht und danach wieder reduziert wird, dann können wir davon ausgehen, dass bestimmte Differenzierungsprozesse erst einsetzen, sobald synaptische Verbindungen wieder abgebaut werden (also im zweiten halben Jahr). Vermutlich ist die Verarbeitung vor Beginn des massiven Verbindungsaufbaus undifferenzierter – was konkret bedeuten würde, dass die frühen Wahrnehmungserfahrungen eher abstrakter Natur sind.

Piagets Theorie der Denkentwicklung nimmt keinen Bezug auf die neurobiologischen Grundlagen geistiger Prozesse, weil es in ihrer Entstehungszeit solche Erkenntnisse nur vereinzelt gab. Je nachdem, ob ich über Objekte nachdenke, die sich bewegen und ihre Form verändern oder die reglos bleiben, mit denen ich etwas tun will oder die etwas mit mir machen, die Geräusche von sich geben oder riechen, sind ganz andere Gehirnareale mit ihrem jeweils eigenen Reifungstempo an der Verarbeitung der entsprechenden Informationen beteiligt. Eine moderne Theorie der geistigen Entwicklung muss diesen Tatsachen Rechnung tragen. Erste Ansätze in diese Richtung sind bereits jetzt im Rahmen einiger domänenspezifischer Theorien erkennbar.

Auch wenn über die neurologische Entwicklung unterschiedlicher Hirnareale noch nicht genügend bekannt ist, um darauf aufbauend eine allgemeine Theorie der geistigen Entwicklung zu konzipieren, werden zumindest gezielte Einzelhypothesen geprüft. Darüber hinaus lassen sich schon jetzt einige Schlussfolgerungen grundsätzlicher Art ziehen.

Die zum Teil dramatischen Veränderungen unseres Gehirns während des ersten Lebensjahres sprechen eindeutig dafür, dass geistige Prozesse bereits bei den ganz Kleinen eine große Rolle spielen. Das Gehirn «reift» nicht im luftleeren Raum, sondern es ist auf Stimulation angewiesen, damit diese Veränderungen überhaupt stattfinden können. Das gilt insbesondere für den Auf- und Abbau neuronaler Verbindungen. Die sich allmählich formenden Verarbeitungsstrukturen resultieren stets aus einem Wechselspiel von (a) Stimulierung durch die Umwelt, (b) dem Reifungsstand der relevanten neurologischen Strukturen und (c) individuellen Verarbeitungsmechanismen des Kindes. Indem wir unser Wissen über die Reifung des frühkindlichen Gehirns und die Erfahrungsabhängigkeit von Reifungsprozessen erweitern, schaffen wir die Voraussetzungen dafür, biologisch verankerte Entwicklungsmodelle zu konzipieren. Dabei muss man sich klar machen, dass die Denkentwicklung bereits in der Schwangerschaft mit der Entstehung des Gehirns ihren Anfang nimmt.

Dass vor allem im visuellen Kortex gerade im ersten Lebensjahr so viel passiert, sollte uns allerdings auch zu denken geben, wenn wir von sehr frühen geistigen Leistungen höherer Art hören, die eigentlich eine differenzierte visuelle Wahrnehmung voraussetzen. Es ist gut möglich, dass die Denkfähigkeiten von Babys durch manche Forscher überschätzt wird, weil sie sich bislang nicht hinreichend um die Frage gekümmert haben, was Babys in den ersten Lebenswochen überhaupt wahrnehmen und verarbeiten können.

Wo steht die Säuglingsforschung in zwanzig Jahren?

Hätten wir in den vergangenen fünfzig Jahren nicht sehr viel über das Denken von Babys gelernt, dann wäre dieses Buch wohl nie geschrieben worden. Die Fortschritte, von denen bisher die Rede war, haben wir vor allem der Entwicklung neuer Methoden zu verdanken, etwa der Saug- oder Blickpräferenzmethode, dem Habituations-Dishabituationsparadigma oder seiner Weiterentwicklung: dem Erwartungsverletzungsparadigma. Dass insbesondere die letztgenannte Methode von verschiedenen Experten mittlerweile kritisch bewertet wird, sollte uns zur Vorsicht mahnen, aber nicht zu dem voreiligen

Schluss verleiten, dass es sich um ein unbrauchbares Paradigma handelt. In Kombination mit anderen Methoden ist das Erwartungsverletzungsparadigma nach wie vor ein äußerst hilfreiches Instrument zur Gewinnung von Hinweisen auf frühkindliches Denken und Problemlösen. Oft gibt es auch gar keine andere Alternative.

Eine allgemeine Schwierigkeit der gegenwärtigen kognitiven Säuglingsforschung besteht darin, dass fast alle Untersuchungen zu höheren Kognitionen etwas mit dem Sehsinn zu tun haben – ganz einfach deshalb, weil die Blickpräferenzmethode sich am besten auf visuelle Reize anwenden lässt. Wenn wir aber ein komplexes Bild von den geistigen Leistungen der Babys bekommen wollen, müssen wir künftig auch andere Modalitäten stärker beachten. Das gelingt am ehesten, wenn wir neurobiologische Maße verstärkt in die Analyse einbeziehen.

Es ist bereits jetzt abzusehen, dass physiologische und neurophysiologische Methoden in naher Zukunft eine immer größere Rolle spielen werden. Hier lassen sich Indikatoren für Prozesse, die im Gehirn ablaufen, objektiv erfassen. Gerade die Messung von Hirnströmen erlaubt zudem eine sehr zeitnahe Messung von Verarbeitungsprozessen. Auch wenn es weltweit erst wenige Labore gibt, die mit entsprechenden Messungen bei Säuglingen arbeiten, wachsen die Erkenntnisse auf diesem Gebiet stetig. Zusätzlich gewinnen nicht-invasive bildgebende Verfahren allmählich an Einfluss. Es liegt auf der Hand, dass der allgemeine Trend zur Untersuchung von Denkprozessen über bildgebende Verfahren auch vor der Säuglingsforschung nicht Halt machen wird.

Diese Entwicklung ist prinzipiell zu begrüßen, denn in keinem Alter verändert sich das Gehirn stärker als in den ersten Lebensjahren, und parallel dazu verändert sich das Denken in fundamentaler Weise. Was liegt also näher als nach Verbindungen zwischen diesen beiden Arten von Veränderungen zu suchen? Vielleicht wird es in zehn bis zwanzig Jahren möglich sein, bestimmte Entwicklungsrisiken viel früher festzustellen als bisher. Damit würden auch die Chancen steigen, durch rechtzeitige Interventionen und Trainingsprogramme Fehlentwicklungen zu vermeiden, und das wäre ein wirklich großer Gewinn für unsere Gesellschaft!

Zurzeit sind die Möglichkeiten, entsprechende Forschung zu betreiben, noch stark begrenzt. Aus nahe liegenden Gründen gibt es nur sehr wenige mikroanatomische Untersuchungen an gesunden Kindergehirnen, so dass unser Wissen über die Veränderung neuronaler Prozesse der Informationsverarbeitung bislang recht rudimentär ist. Bildgebende Techniken sind noch nicht weit genug entwickelt, um den Nachweis subtiler Veränderungen der Vernetzungsstruktur zu erlauben. Die funktionelle Bildgebung kann man bei Babys nicht ohne weiteres einsetzen, weil die Kinder sich «in der Röhre» unwohl fühlen und Beruhigungsmedikamente brauchen, um es länger darin auszuhalten. Man kann ihnen auch keine Aufgaben stellen, wie dies in Studien mit Erwachsenen immer getan wird, weil sie noch keine Instruktionen verstehen. Aus ethischen Gründen darf man sie ohnehin nur dann an einer solchen Untersuchung teilnehmen lassen, wenn es dafür medizinische Gründe gibt. Es wird also wohl noch eine ganze Weile dauern, bis diese Hürden durch den technischen Fortschritt überwunden werden und wir systematische Bezüge zwischen Hirnprozessen und Denkprozessen bei Babys auf breit gesicherter Datenbasis herstellen können. Wir sind aber auf dem besten Wege dahin.

Selbstverständlich nützt die beste Messung von Gehirnprozessen nur dann etwas, wenn sie mit guten Verhaltensdaten in Beziehung gesetzt werden kann. Deshalb bleibt es für Psychologen eine der größten Herausforderungen der kommenden Jahre, neue Paradigmen und Methoden der Verhaltensanalyse zu entwickeln und die Denkentwicklung zunächst auf der Verhaltensebene so genau wie möglich zu beschreiben. Gerade die Konzeption neuer Versuchsanordnungen, die Rückschlüsse auf Denkprozesse zulassen, macht die Säuglingsforschung intellektuell so reizvoll. Unsere Versuche müssen harten Kriterien genügen, um sich in der Praxis zu bewähren: Experimentelle Aufgaben müssen kurz sein, den Kindern Spaß machen und ohne verbale Erklärung auskommen. Darüber hinaus sollten die Leistungen von Kindern möglichst eindeutig interpretierbar sein. Denn jede mögliche Alternativ-Interpretation eines Befundes macht zusätzliche Kontrollstudien nötig.

Im Hinblick auf die Erfassung von Verhaltensdaten werden die Methoden auch immer weiter verfeinert. Insbesondere die Möglichkeiten der Videoanalyse haben sich in den vergangenen Jahren stark verbessert. So ist es beispielsweise möglich, aus der Mikroanalyse von Mutter-Kind-Interaktionen Rückschlüsse auf die Feinfühligkeit der Mutter oder auf die Kontingenz von Reaktionen beider Interaktionspartner zu ziehen. Blickdauer und -richtung einer Testperson lassen sich bereits heute durch computergesteuerte Videoanalysen messen. Schon bald wird es also möglich sein, Blickverhalten voll automatisch auszuwerten. Somit besteht sogar Aussicht, dass wir methodische Zugänge finden, das komplexe Geschehen in sozialen Interaktionen künftig besser zu verstehen und damit dem Anspruch Rechnung zu tragen, die Erfahrungswelt der Interaktionen besser in unseren Theorien abzubilden. Insgesamt kann man wohl sagen, dass die Säuglingsforschung in Bewegung ist und wir in den kommenden Jahren auf wirklich spannende neue Erkenntnisse hoffen dürfen.

Bei allen diesen theoretischen und praktischen Überlegungen im Hinblick auf Zukunftsperspektiven der Forschung darf jedoch eines nicht außer Acht gelassen werden: Babys sind in erster Linie wunderbare kleine Wesen, mit denen wir sorgsam und liebevoll umgehen müssen. Erst in zweiter Linie sollten wir sie als interessante Objekte wissenschaftlicher Untersuchungen betrachten. Das bedeutet, dass wir uns stets fragen müssen, inwiefern unsere Forschung Kindern wirklich nützt. Bestimmte Fragen, deren Beantwortung vielleicht aus theoretischer Sicht sinnvoll wäre, sollten wir lieber zurückstellen, bis es Methoden gibt, sie zu untersuchen, ohne Babys allzu große Unannehmlichkeiten zu bereiten.

Wie nützt die Säuglingsforschung Eltern?

Schon im Einleitungskapitel hatte ich betont, dass sich dieses Buch nicht als Ratgeber versteht und auch keine Normtabellen enthält, aus denen man ablesen könnte, ob der eigene Nachwuchs sich altersgemäß entwickelt. Was also kann es Eltern nützen, sich mit den neuen Erkenntnissen der Säuglingsforschung zu beschäftigen? In erster Linie wird es den Blick schärfen dafür, dass das Weltbild eines Babys bereits im ersten Lebensjahr recht konkrete Konturen bekommt. Kinder – so hoffe ich gezeigt zu haben – werden als sinnliche Wesen geboren, die von Geburt an aktiv auf ihre Umgebung reagieren, die bestimmte Reize brauchen, damit sich ihr Geist entwickeln kann und bei denen zu bestimmten Zeiten bestimmte Entwicklungsschritte «dran» sind.

Im ersten Lebensjahr werden die Weichen dafür gestellt, wie wir die Kommunikation mit anderen Menschen erleben, wie wir komplexe visuelle und akustische Reize wahrnehmen oder Objekte in Kategorien einordnen. In genau dieser Zeit entscheidet sich auch, ob wir unsere Umwelt grundsätzlich als chaotisch und unvorhersehbar oder als strukturiert und kontrollierbar erleben. Weiter machen Kinder in Auseinandersetzung mit Menschen und Dingen die Grunderfahrung, selbstwirksam zu sein oder eher machtlos. Eltern tragen mit ihrer Erziehungshaltung ganz wesentlich zu diesen ersten Erfahrungen bei. Wenn wir es schaffen, unseren Kindern einen stabilen, aber nicht allzu starren Rahmen zu bieten, wenn wir auf ein Baby eingehen, ohne uns seinen Bedürfnissen völlig unterzuordnen, und wenn wir mit wachen Augen auf das Kind schauen, um zu sehen, welche Dinge es gerade beschäftigen, dann sind entscheidende psychologische Voraussetzungen für eine gesunde Entwicklung gegeben.

LITERATURVERZEICHNIS

Bailey, D. B., Bruer, J.T., Symons, F.J. & Lichtman, J.W. (2001). *Critical thinking about critical periods.* Baltimore, MA: Paul Brookes Publishing.

Baillargeon, R. (1994). How do infants learn about the physical world? *Current Directions,* 3, 133–140.

Bowlby, J. (1969). Attachment and loss: Vol. 1. *Attachment.* New York, NY: Basic Books.

Braun, K., Kermz, P., Wetzel, W., Wagner, T. & Poeggel, G. (2003). Influence of parental deprivation on the behavioral development in Octodon degus: modulation by maternal vocalization. *Developmental Psychobiology,* 42, 237–245.

Brazelton, T.B. (1994). *Babys erstes Lebensjahr.* München: DTV.

Csibra, G., Gergely, G., Koos, O. & Brockbank, M. (1999). Goal attribution without agency cues: The perception of «Pure rason» in infancy. *Cognition,* 72, 237–267.

Darwin, M. & Slater, A. (2000). *Infant development.* Oxford, UK: Blackwell.

DeCaspar, A. J. & Fifer, W. P. (1980). Of human bonding: Newborns prefer their mothers' voices. *Science,* 208, 1174–1176.

De Haan, M. & Johnson, M. H. (2003). *The cognitive neuroscience of developement.* New York, NY: Psychology Press.

Diamond, A. (1991). Neuropsychological insights into the meaning of object concept development. In S. Carey & R. Gelman (Eds.), *The epigenesis of mind. Essays on biology and cognition* (pp.67–110). Hillsdale, NJ: Erlbaum.

Dornes, M. (1999). *Der kompetente Säugling.* Frankfurt a.M.: Fischer.

Eliot, L. (2001). *Was geht da drinnen vor?* Berlin: Berlin Verlag.

Elsner, B. & Pauen, S. (in press). Physiological and behavioral parameters of infants' categorization: Heart rate and duration of examining. *Developmental Science.*

Fischer, C.B., Sontheimer, D., Bauer, J. & Linderkamp, O. (2000). Die Känguruh-Pflege Frühgeborener. Stand der Forschung und Erfahrungen in Heidelberg. *Gynäkologische Praxis,* 24, 239–248.

Flammer, A. (1999). *Entwicklungstheorien.* München: Hans Huber.

Fogel, A. (1997). *Infancy.* San Francisco, CA: West Publishing.

Goswami, U. (2001). *So denken Kinder.* Bern: Hans Huber.

Johnson, M.H. & Morton, J. (1991). *Biology and cognitive development.* Cambridge, MA: Blackwell.

Johnson, M.H. (1997). *Developmental cognitive neuroscience.* Malden, MA: Blackwell.

Kavšek, M.J. (2000). *Visuelle Wahrnehmung im Säuglingsalter. Methoden und Befunde.* Lengerich: Pabst Verlag.

Linderkamp, O., Gharavi, B. & Schott, C. (2004). Das Konzept der Sanften Pflege frühgeborener Kinder – Eine Übersicht. *Kinderkrankenschwester,* 23, 312–316.

Mandler, J.M. (1992). How to build a baby: II. Conceptual primitives. *Psychological Review,* 99, 587–604.

Mandler, J.M. (2000). Perceptual and conceptual processes in infancy. *Journal of Cognition and Development,* 1, 3–36.

Mandler, J.M. & McDonough, L. (1998). On developing a knowledge base in infancy. *Developmental Psychology,* 34, 1274–1288.

Nathanielsz, P.W. (1996). *Life before birth.* New York, NY: Freeman.

Nathanielsz, P.W. (1999). *Life in the womb.* Ithaca, NY: Promethean Press.

Largo, R.H. (2001). *Babyjahre.* München: Piper.

Papousek, M. Schieche, M. & Wurmser, H. (2001). *Regulationsstörungen der frühen Kindheit.* München: Hans Huber.

Pauen,S. (2000). Developing ontological categories of matter: Stable dimensions and changing concepts. In W. Schnotz, S. Vosniadou, & M. Carretero (Eds.), *New perspectives on conceptual change* (pp. 15–31). Amsterdam: Elsevier.

Pauen, S. (2000). Early differentiation within the animate domain: Are humans something special? *Journal of Experimental Child Psychology,* 75, 134–151.

Pauen, S. (2000). Wie werden Kinder Selbst-Bewusst? In A. Newen & K. Vogeley (Hrsg.), *Selbst und Gehirn* (S. 291–314). Paderborn: Mentis.

Pauen, S. (2002). Evidence for knowledge-based categorization in infancy. *Child Development,* 73, 116–1033.

Pauen, S. (2003). Der lange Weg zum ersten Wort. *Geist und Gehirn, 1.* Heidelberg: Spektrum Verlag.

Pauen, S. (2003). Säuglingsforschung: Die Kognitive Perspektive. In H. Keller (Hrsg.), *Handbuch der Kleinkindforschung* (S. 283–318). Beltz Verlag: Weinheim.

Pauen, S. (2004). Zeitfenster der Gehirn- und Geistesentwicklung. Modethema oder Klassiker. *Zeitschrift für Pädagogik.*

Pauen, S. (im Druck). Kategorien- und Konzepterwerb. In B. Sodian &

W. Schneider (Hrsg.), *Kognitive Entwicklung, Enzyklopädie der Psychologie*. Göttingen: Hogrefe-Verlag.

Pauen, S. (im Druck). Psychologie des Säuglings- und Kleinkindalters. In M. Hasselhorn & R.K. Silbereisen (Hrsg.), *Psychologie des Säuglings- und Kleinkindalters. Enzyklopädie der Psychologie*. Göttingen: Hogrefe-Verlag.

Piaget, J. (1975). Der Aufbau der Wirklichkeit beim Kinde. In J. Piaget, *Gesammelte Werke, Bd.2*. Stuttgart: Klett-Kotta.

Piaget, J. (2002). *Das Erwachen der Intelligenz beim Kinde*. Stuttgart: Klett-Kotta.

Quinn, P.C., Eimas, P.D. & Rosenkrantz, S.L. (1993). Evidence for representations of perceptual similar natural categories by 3-month-old and 4-month-old infants. *Perception*, 22, 463–475.

Rauh, H. (2002). Frühe Kindheit. In R. Oerter & L. Montada (Hrsg.), *Entwicklungspsychologie*. Weinheim: Beltz Verlag.

Rochat, P. (1999). *Early social cognition*. Mahwah, NJ: Erlbaum.

Rochat, P., Morgan, R. & Carpenter, M. (1997). Young infants' sensitivity to movement information specifying social causality. *Cognitive Delvelopment*, 4, 537–561.

Ross, G. (1980). Categorization in 1- to 2-year-olds. *Developmental Psychology*, 16, 391–396.

Rovée-Collier, C.&Hayne, H. (1987). Reactivation of infant memory: Implications for cognitive development. *Advances in Child Development and Behaviour*, 20, 185–238.

Saxe, R., Tennenbaum, J.B. & Carey, S. (2005). Secret Agents. Inferences about hidden causes by 10- and 12-month-old infants. *Psychological Science*, 16 (12), 995–1001.

Schöppner, B., Sodian, B. & Pauen, S. (in press). Encoding action roles in meaningful social interaction in the first year of life. *Infancy*.

Siegler, B., DeLoach, J. & Eisenberg, N. (2005). In S. Pauen (Hrsg.), *Entwicklungspsychologie im Kindes- und Jugendalter*. Heidelberg: Spektrum Verlag.

Slaughter, V. Heron, M. & Sim, S. (2001). Development of preferences for the human body shape in infancy. *Cognition*, 85, 71–81.

Sokolov, E.N. (1966). Orienting reflex as information regulator. In A.N. Leontiev, A.R. Luria, E.N. Sokolov & O.S. Vinogradova (Eds.), *Psychological research in the USSR*, Vol.1. Moscow: Progress Publishers.

Spelke, E.S. (1991). Physical knowledge in infancy: Reflections on Piaget's Theory. In S. Carey & R. Gelman (Eds.), *The Epigenesis of the Mind: Essays on Biology and Cognition* (133–169). Hillsdale, NJ: Lawrence Erlbaum.

Spelke, E.S. (2003). What makes us smart? Core knowledge and natural language. In D. Gentner, & S. Goldin-Meadow (Eds.), *Language in mind* (Chap. 10). Cambridge MA: Bradford Book.

Spelke, E.S., Breilinger, K., Macomber J. & Jacobsen, K. (1992). Origins of knowledge. *Psychological Review,* 99, 605–632.

Spelke, E.S., Phillips, A. & Woodward, A.L. (1995). Infants' knowledge of object motion and human action. In A.J. Premack, D. Premack & Sperber, D. (Eds.), *Causal Cognition: A multidisciplinary debate* (44–78). Oxford: Clarendon Press.

Spitz, R. (1967). *Vom Säugling zum Kleinkind.* Stuttgart: Klett.

Stern, D.N. (1992). *Die Lebenserfahrung des Säuglings.* Stuttgart: Klett Cotta.

Thoermer, C. & Sodian,B. (in press). Preverbal infants' understanding of referential gestures. *International Journal of Behavioral Development.*

Tomasello, M. (1995). Joint attention as social cognition. In C. Moore & P.J. Dunham (Eds.), *Joint attention: Its origins and role in development* (pp.103–130). Hillsdale,NJ: Lawrence Erlbaum.

Trevarthen, C. (1979). Communication and cooperation in early infancy: A description of primary intersubjectivity. In M.M. Bullowa (Ed.), *Before speech: The beginning of interpersonal communication* (pp.321–347). New York, NY: Cambridge University Press.

Wishart, J.G. & Bower, T.G.R. (1984). Spation relations and the object concept: A normative study. In L.P. Lipsitt & C. Rovee-Collier (Eds.), *Advances in infancy research,* 3, (pp. 57–123). Norwood, NJ: Ablex.

Woodward, A.K. (1998). Infants selectively encode the goal object of an actor's reach. *Cognition,* 69, 1–34.

Wynn, K. (1992). Addition and substraction by human infants. *Nature,* 358, 749–750.

Xu, F. & Carey, S. (1996). Infants' metaphysics: The case of numerical identity. *Cognitive Psychology,* 30, 11–153.

REGISTER